臺灣歷史與文化 研究輯刊

二四編

第 2 冊

日治時期北臺灣柑橘產業暨民俗文化研究

陳芷琳 著

花木蘭文化事業有限公司

國家圖書館出版品預行編目資料

日治時期北臺灣柑橘產業暨民俗文化研究／陳芷琳 著 -- 初
版 -- 新北市：花木蘭文化事業有限公司，2023〔民 112〕
目 10+222 面；19×26 公分
（臺灣歷史與文化研究輯刊二四編；第 2 冊）
ISBN 978-626-344-359-4（精裝）
1.CST：柑橘類 2.CST：產業發展 3.CST：日據時期 4.CST：臺灣
733.08   112010196

臺灣歷史與文化研究輯刊
二四編　第二冊　　　　　　ISBN：978-626-344-359-4

日治時期北臺灣柑橘產業產業暨民俗文化研究

作　　者　陳芷琳
總 編 輯　杜潔祥
副總編輯　楊嘉樂
編輯主任　許郁翎
編　　輯　張雅淋、潘玟靜　美術編輯　陳逸婷
出　　版　花木蘭文化事業有限公司
發 行 人　高小娟
聯絡地址　235 新北市中和區中安街七二號十三樓
　　　　　電話：02-2923-1455／傳真：02-2923-1452
網　　址　http://www.huamulan.tw 信箱 service@huamulans.com
印　　刷　普羅文化出版廣告事業
初　　版　2023 年 9 月
定　　價　二四編 9 冊（精裝）新台幣 26,000 元

日治時期北臺灣柑橘產業暨民俗文化研究

陳芷琳　著

作者簡介

陳芷琳，因對傳統工藝抱有興趣而進入國立東華大學藝術創意產業學系就讀，學習如琉璃、陶藝、編織、草木染等工藝的操作及文創領域的經營與行銷，並於 2019 年 6 月畢業。在就讀大學的期間，透過不同領域的課程擴展視野，逐漸發掘出對臺灣民俗文化的探究之心，故更加聚焦該領域，入讀國立臺北大學民俗藝術與文化資產研究所，主要專注於無形文化方面的討論，並以柑橘為探討對象，從產業發展到對臺灣民俗文化的影響為題撰寫碩士論文，於 2023 年 2 月完成畢業。

提　　要

　　地處熱帶及亞熱帶氣候區交界處的臺灣，因極佳的氣候條件使其具有豐富的物產，在果實物產方面，多種水果種類隨清代移民陸續傳入，經過日治時期的發展使臺灣有著「水果王國」之稱號。然在日治時期，相較起一般所熟知的芭蕉及鳳梨，同樣受到臺灣總督府重視且輸出值居第一、移出值第二的柑橘卻甚少人注意，更無柑橘與歲時禮俗、生命禮俗及常民生活聯繫之討論。故本文從柑橘類的生長環境條件與清領時期柑橘類植物的引進及種植開頭，以日治時期的統計資料中經常可見、多生長於北臺灣的小型柑橘品種及具有民俗文化意涵為條件，舉出本文所重點關注的椪柑、桶柑、雪柑、金柑、酸橘及虎頭柑等 6 種柑類果實，並從日治時期出版之專著、期刊、統計資料、報刊及調查報告，整理及分析當時總督府針對臺灣柑橘產業所進行的各項調查、試驗與施策，了解柑橘產業如何從依賴政府的獎勵補助及園藝試驗機構的輔助下，逐漸發展成可獨立營運的地方產業，並透過各個銷售組織外銷至日本及其他國家，創造臺灣輸出生果第一及移出第二的佳績，為臺灣賺進不少外匯。而除了在經濟上的貢獻，柑橘在民俗文化及常民的生活中，從祭祀供品、嫁妝、建築裝飾，到藥材、飲食及清潔劑，都有著柑橘類的身影，且時至今日依然留存，更被做為社區營造及地方創生之元素。雖然產地幾經變化，卻無改變人們對柑橘的重視與喜愛，可見柑橘在臺灣的經濟、文化及地方發展方面都扮演著重要的角色。

致謝辭

　　歷經三年半的學習與拚搏，儘管因為各種原因和考量使題目多次變動，但在這個過程中，我也從指導教授對每個題目的分析和觀點獲益良多，讓我能在撰寫本論文時，得以掌握來自各個面向對柑橘產業所造成的影響，更加準確的取得資料來論述，並完成求學階段的一大里程碑。

　　首先要感謝的是指導教授俞美霞老師。在碩一、碩二修課期間，即給予我許多的指導、鼓勵與提攜；到了撰寫碩論期間，協助我在繁雜的資料堆中找到明確的方向並時刻注意是否偏移，且除了與我討論進度外，亦時不時關心我的身體健康，更在我遇到困境時為我加油打氣，支持著我一路完成碩論的寫作。再來要感謝的是口試委員林保堯老師與洪健榮老師。兩位老師不管是在大綱考還是論文口試，都給予了很多的建議及鼓勵，讓我能夠以多元的角度來看待同一件事情，更加完善日治時期柑橘產業的架構與時代樣貌。

　　所上的老師、助教、同學與學弟妹們也都在這段時間給了我很多的支持與鼓勵，時常邀請我小聚或來一趟文資之旅，放鬆撰寫論文的緊繃情緒，偶爾也會在聊天中討論各自遇到的困難，從而引發新的思路或觀點來突破瓶頸，讓我感到十分幸運與他們在研究所相遇。

　　最後，感謝我的家人讓我從小能夠自由追尋我所喜愛的事物，儘管他們可能沒有興趣，卻還是願意陪我去田調、幫我一起尋找柑橘相關的事物，讓我可以繼續走下去。研究所三年多來的學習與訓練培養出我獨立思考及田野調查的能力，也讓我能夠戰勝挫折並勇敢面對未來的挑戰。

目

次

表目次

第一章　緒　論

第一節　研究動機與目的

　　臺灣位處熱帶及亞熱帶季風氣候區的交接處，日照充足、雨水豐沛，氣候溫暖濕潤且土壤肥沃，得以全年孕育不同種類的水果，而有「水果王國」之稱，在近代更讓多地以水果作為特產發展觀光，而這些水果雖然自清代便開始陸續傳入臺灣，但在當時的輸出產品以米、糖、樟腦為大宗，水果並無大量的產出，且多以在生產地附近消費為主，僅有少量外銷至大陸，直到日治時期，才開始出現大量輸出的情形。而在眾多水果物產中，除了一般所熟知的芭蕉及鳳梨外，柑橘類水果在日治時期也是不可被忽略的，產量及種植面積或許無法與前兩者相比，在輸出方面卻是早於芭蕉、移出方面早於芭蕉與鳳梨的。

　　一直到今日，說到柑橘的生產期，自每年的十月開始到來年的二、三月，各品種黃橙黃橙的柑仔（臺語）和金柑（金棗）陸續採收上市，諸如椪柑、桶柑、海梨柑、砂糖橘、佛利蒙、安可柑、茂谷柑、帝王柑、虎頭柑、金柑等小型的柑橘品種，都是農曆年前後產出的品種，桶柑更是因為盛產期在春節前後，外加諧音似「吉」與耐儲存的特性，而成為供桌上的吉祥物。〔註1〕在分布方面，本文所要探討的種類以柚子、文旦等大型柑橘類之外的小型柑橘品種為主，此類柑橘以臺中以北為主要產地，在日治時期更是以臺北州（包括今臺北市、新北市、基隆市及宜蘭縣範圍）及新竹州（包括今桃園市、新竹縣市及苗栗縣）為重。而這些被稱為柑橘類的果實，除了與年節的關聯外，也是日常

〔註1〕王禮陽，《台灣果菜誌》（臺北：時報文化，1994），頁126。

生活中隨處可見的，像是中藥材中具化痰解鬱、消積化滯功效的陳皮、青皮、橘紅、化橘紅、枳實、橘絡等，〔註2〕市面上常見的橘子茶、橘子罐頭、蜜餞或客家人的桔醬，一直到浴廁的清潔劑、洗衣精，可說是從古至今皆與生活有著緊密關聯的一種水果。

然而在查找這些小型柑橘品種時，真正於臺灣原生的少之又少，僅有的4個原生種也不為大眾所熟知，除去部分是經過培育發展出來的新品種，及部分來自日本、美洲等地，最古早也最經久不衰的品種，如椪柑、桶柑，則是在清領時期隨著移民由中國大陸華南地區引入，並連帶著與其相關的民俗一同帶入，在臺灣這片土地上生根，甚至因合適的環境條件、日本人的喜好及潛在的利益，在日治時期被總督府大力推廣並給予補助及獎勵。本文所要討論的種類以日治時期統計資料上被歸類於「柑類」的小型柑橘品種為主，在栽培面積上從1909（明治42）年的566甲到1942（昭和17）年已達4,692.13甲，收穫量從3,532,252斤（約2,119.3512公噸）增加到46,819,541斤（約28,091.7246公噸），生產價額也從147,384日圓增加到5,329,306日圓。〔註3〕

在蜜柑的輸出方面，1899（明治32）年即有4,101斤的出口量，相較起芭蕉1907年開始輸出要早許多，雖時有起伏，但在1934（昭和9）年突破到千萬斤的出口量，亦有746,066日圓的收入；而移出方面自1902（明治35）年開始，逐步從25,054斤（約15.0324公噸）增加到1933（昭和8）年突破三百多萬斤（約1,813.2852公噸），價額從1,552日圓成長到267,841日圓，〔註4〕更在1939（昭和14）年已然成為僅次於香蕉的園藝作物。〔註5〕直到現今，雖無法勝過鳳梨、釋迦、芒果等出口水果，但依然有栽種及外銷，2021年「鮮椪柑」項出口達2,772,991公斤（約2,772.991公噸），價值約156,616,000元新臺幣，多銷往汶萊、印尼、馬來西亞、新加坡、中國大陸、香港、澳門

〔註2〕吳中朝主編，《中藥材圖鑑：嚴選500種中藥材，教你輕鬆識藥、辨藥、用藥》（臺北：大都會文化，2015），頁276～277、286～287、297、383。

〔註3〕臺灣總督府農商局農務課編，《主要青果物統計‧昭和17年》（臺北市：臺灣總督府農商局農務課，1944），頁52。

〔註4〕臺灣總督府財務局稅務課編，《自明治三十九年治昭和十年臺灣貿易四十年表》（臺北市：臺灣總督府財務局稅務課，1936），頁85、499。臺灣總督府財務局稅務課編纂，《臺灣貿易年表‧大正九年～昭和十四年》（臺北市：臺灣總督府財務局稅務課，1922～1939年）。

〔註5〕臺灣經濟通信社編纂，《臺灣經濟の基礎知識（昭和十四年版）》（臺北市：臺灣經濟通信社，1939），頁237。

等亞洲國家，又以香港最多。〔註6〕

　　由此可見，柑橘類作物在與生活密切連結之時，也為臺灣賺進不少外匯，而在日治時期早有許多的試驗、研究、報刊、統計等資料，如《臺北州下の果樹園藝に就て》、《臺北州新莊郡下の高墻桶柑果實調查》、《熱帶產業調查會——柑橘產業ニ關スル調查書》、《主要青果物統計》、《臺灣日日新報》等，無不代表著當時日本人對臺灣產業的重視及付出的心力。而在近代對柑橘所做的學術研究中，大多是農業科學及生命科學學門針對植物病理治療與防治、萃取物質效用等方面所做的研究，少部分為近代的柑橘產業經營、果園管理、產品設計，對於在臺灣影響甚巨的緣由、一路至今的產業發展，除了曾立維〔註7〕有對日治時期臺灣柑橘產業進行較為詳細的分析及探討，郭文鐸〔註8〕及胡倍輔〔註9〕從地理學與全球化討論近代柑橘產業外，甚少人討論，且並無對柑橘與歲時禮俗、生命禮俗及常民生活聯繫之論述，故筆者認為此方面是本文可以發展的方向。

　　綜上所述，柑橘類不僅在經濟上有重要的貢獻，亦為地方發展帶來助益，更是一種與民俗、與生活密不可分的果實。然而在日治時期的資料中，除了新竹州的柑橘產量及種植面積均高於其他地區外，許多資料亦指出當時的臺北州，約略為現在的雙北、基隆與宜蘭地區，有僅次於新竹州的柑橘產量，〔註10〕但如今的這片區域，除宜蘭仍有金柑作為當地特產、八里柑橘栽種復興有成及大屯山區的桶柑園外，其餘地區甚少能見柑橘類植物的蹤跡，且當時因種植高墻桶柑而使其享有「和尚洲蜜柑」之稱的蘆洲，〔註11〕已遍布樓房與各式建設，無法想像此地做為一處低窪且平坦的土地，曾植有大片一般認為應該種

〔註6〕財政部關務署統計室編，《中華民國出口貿易統計月報》（臺北市：財政部關務署，2016年3月），104年1月～12月，第3表。

〔註7〕曾立維，〈日治時期台灣柑橘產業的開啟與發展〉（臺北市：國立政治大學史學研究所碩士論文，2006）。曾立維，〈日治時期臺灣植物檢查制度下的柑橘產業〉，《臺灣文獻》，61卷第1期（2010年3月），頁435～466。曾立維，〈日治時期新竹地區的農會與柑橘業之推廣〉，《臺灣文獻》，64卷第3期（2013年9月），頁185～232。

〔註8〕郭文鐸，〈臺灣柑橘栽培業之地理研究〉（臺北市：私立中國文化大學地學研究所博士論文，1983）。

〔註9〕胡倍輔，〈全球化化下國家與產業關係調整：以台灣柑橘產業為例〉（高雄市：國立中山大學政治學研究所碩士論文，2013）。

〔註10〕臺灣總督府殖產局編，《柑橘產業調查書》（臺北：臺灣總督府殖產局，1930），頁19～20。

〔註11〕臺灣總督府殖產局編，《柑橘產業調查書》，頁44～45。

植於山坡地上的桶柑，並被作為主要產地而被記錄在文獻中。隨著時代的變化、都市的發展、政策或環境的改變，柑橘產業或興盛、或衰落，但都無法抹滅曾經有過輝煌的記憶與紀錄，筆者欲透過本文的撰寫，一窺日治時期北臺灣種植柑橘的盛況。

　　本文將從清領時期柑橘類植物引進並種植開頭，以日治時期為主，分析當時臺灣總督府針對柑橘類植物所進行的各項政策及措施，再到輸移出的運送、行銷通路，最後以臺灣與柑橘類植物的民俗及生活應用作結。嘗試探討臺灣柑橘類植物的來源及品種；分析臺灣柑橘產業的興起緣由；以及探究柑橘類植物與民俗的關係。

第二節　研究範圍

　　柑橘屬無患子目芸香科（Rutaceae）之植物，在芸香科中，已知約有 13 個屬，柑橘屬（Citrus）為其中之一，也就是一般俗稱的「柑橘類」。然柑橘類是包含所有栽培用的屬和種之總稱，英文統稱 citrus fruits，故作為砧木使用的枳殼屬和加工用的金柑屬植物也包含在所謂的「柑橘類」中。不過柑橘類經自然授粉或人工授粉、嫁接使品種極其豐富，讓柑橘在分類上成為一件艱鉅且困難的工作，如世界著名美籍柑橘學分類學者 Walter Tennyson Swingle 將柑橘屬分成巴比達桔亞屬（Papeda）及真桔亞屬（Eucitrus），其中真桔亞屬共 10 個種中有 8 個種為重要經濟栽培種，也是生產平常作為水果食用的柑橘類植物；但在田中長三郎先生的分類法中，將許多的品種和雜交種升格為種（species），並認為柑橘屬下有 160 個種之多。〔註12〕如此複雜且未有定論的分類方式本文暫且不論，僅採用日治時期統計資料上常見的分類方式。「柑類」與「欒類」兩大分類在日治時期的統計資料上頻繁地出現，以其下所列舉的種類推估，當時將椪柑、桶柑、雪柑等經常被統稱為「橘子」的小型柑橘類品種歸類於「柑類」；文旦、斗柚、白柚等一般習慣所稱為「柚類」的大型柑橘類品種，歸類於「欒類」，而本文所要論述的，是在臺灣北部柑橘產業及民俗上具有重要地位的種類，產區主要分布於中南部地區的「欒類」便不在本文的討論範圍中。而日治時期對柑橘類進行討論的文獻眾多，雖採用的標準不盡相同，卻可見部分重複被提及的種類，下以表格的方式列舉 2 篇文章〈臺灣の柑橘

〔註12〕康有德，《水果與果樹》（臺北：黎明文化事業公司，1992），頁 59～61。

に就て〉與〈臺灣產柑橘類果實ノ數字的調查〉，及 7 本出版書《臺灣園藝》、《數字より見たる臺灣の農業》、《臺灣農業發達の趨勢》、《柑橘產業調查書》、《熱帶產業調查會：柑橘產業ニ關スル調查書》、《臺灣に於ける柑橘栽培》、《臺灣經濟の基礎知識（昭和十四年版）》所採用的品種，其中可見日治時期臺灣所出產的各類柑橘。

表 1-2-1　日治時期臺灣柑橘種類

1897 年〈臺灣の柑橘に就て〉〔註13〕	1910 年〈臺灣產柑橘類果實ノ數字的調查〉〔註14〕	1911 年《臺灣園藝》〔註15〕
椪柑	凸柑／椪柑	椪柑
雪柑	雪柑	雪柑
柚仔	桶柑／年柑	桶柑
紅柑	海梨柑（桶柑一種）	文旦
密桶柑	文旦	斗柚
恬結柑	斗柚	臍橙
酸結柑	其他柑橘類：虎頭柑、紅柑、元宵柑、甜橘、凸橘、酸橘、月橘、長金柑、圓金柑、臍橙、溫州、夏橙、九年母、山吹蜜柑	晚崙西亞橙
虎頭柑		
佛手柑		
給客橙（紅四季柑）		
1925 年《數字より見たる臺灣の農業》〔註16〕	1929 年《臺灣農業發達の趨勢》〔註17〕	1930 年《柑橘產業調查書》〔註18〕
椪柑	雪柑	椪柑
桶柑	椪柑	桶柑

〔註13〕〈臺灣の柑橘に就て〉，《臺灣日日新報》，1897 年 2 月 10 日，日刊 03 版。〈臺灣の柑橘に就て（承前）〉，《臺灣日日新報》，1897 年 2 月 11 日，日刊 03 版。〈臺灣の柑橘に就て（承前）〉，《臺灣日日新報》，1897 年 2 月 13 日，日刊 03 版。
〔註14〕島田彌市，〈臺灣產柑橘類果實ノ數字的調查〉，《臺灣農事報》，第 40 號（1910 年 3 月），頁 21～25。
〔註15〕芳賀鍬五郎，《臺灣園藝》（臺北：臺灣教育會，1911），頁 47～48。
〔註16〕臺灣總督府殖產局編，《數字より見たる臺灣の農業》（臺北市：臺灣總督府殖產局，1925），頁 16。
〔註17〕臺灣總督府殖產局農務課編，《臺灣農業發達の趨勢》（臺北市：臺灣總督府殖產局農務課，1929），頁 30～36。
〔註18〕臺灣總督府殖產局編，《柑橘產業調查書》，頁 43～51。

斗柚	桶柑	雪柑
文旦	其他蜜柑	文旦
其他蜜柑	文旦	斗柚
雪柑	斗柚	白柚
白柚	白柚	
1935 年《熱帶產業調查會：柑橘產業ニ關スル調查書》〔註19〕	1939年《臺灣に於ける柑橘栽培》〔註20〕	1939 年《臺灣經濟の基礎知識(昭和十四年版)》〔註21〕
椪柑	椪柑	椪柑
桶柑	高牆桶柑	高牆桶柑
雪柑	雪柑	雪柑
麻豆文旦	麻豆文旦	麻豆文旦
斗柚（麻豆白柚、烏葉柚、石頭柚）	麻豆白柚	斗柚類（麻豆白柚、晚白柚、烏葉柚、石頭柚）
檸檬	溫州蜜柑	檸檬
晚崙西亞橙	臍橙	晚崙西亞橙
臍橙	檸檬	臍橙
葡萄柚	晚白柚	葡萄柚
溫州蜜柑	晚崙西亞橙	
	葡萄柚	
	麻豆紅柚	
	カオパンシャム文旦	
	カオフアンシャム文旦	
	ナベレンシア―	
	八朔オレンヂ―	

作者整理。

　　自上表可知，1930 年以前，除 1911 年的《臺灣園藝》一書出現自北美引入的臍橙及原產西班牙的晚崙西亞橙外，其餘的「柑類」以椪柑、桶柑及雪柑

〔註19〕臺灣總督府殖產局特產課編，《熱帶產業調查會：柑橘產業ニ關スル調查書》（臺北市：臺灣總督府殖產局特產課，1935 年），頁 9～19。

〔註20〕新竹州農會編，《臺灣に於ける柑橘栽培》（新竹州：新竹州農會，1939），頁 10～14。

〔註21〕臺灣經濟通信社編纂，《臺灣經濟の基礎知識(昭和十四年版)》，頁 239～241。

等 3 個品種為多；到了 1930 年後的書籍，「柑類」除了最原先的 3 個品種外，開始頻繁出現臍橙、晚崙西亞橙、檸檬等以歐美為主產地的品種，及自日本引進的溫州蜜柑，皆是日本經過試驗後開始在臺灣栽植的。不過在《熱帶產業調查會：柑橘產業二關スル調查書》1909（明治 42）年至 1934（昭和 9）年的「柑橘種類別栽培面積收穫量及價額累年表」中，將臍橙、檸檬、溫州蜜柑與酸橘、金柑、佛手柑等品種歸類在「其他的柑橘類」，於產量方面亦無法與椪柑、桶柑等 3 個品種相比，〔註 22〕然其中的酸橘及金柑分別在竹苗及宜蘭地區的民俗與產業具有一定的重要性，另於《臺灣日日新報》中出現的虎頭柑至今仍是客家人過年不可缺少的一樣供品。綜上所述，本文將以椪柑、桶柑、雪柑、金柑、酸橘及虎頭柑等 6 個品種為討論對象。

在地理範圍的框定，椪柑的主要產地位於新竹州及臺中州，然 1934（昭和 9）年州廳別種類別栽培面積及收穫高累年表中，新竹州椪柑的栽培面積為 1,351.60 甲，臺中州為 773.04 甲，兩地栽培面積相差近一倍，產量分別為 14,026,002 斤（8415.6012 公噸）與 15,384,445 斤（9230.667 公噸），〔註 23〕臺中州雖以較小的面積收穫比新竹州多出 1,358,443 斤（815.0658 公噸）的椪柑，但栽種面積不如新竹州，且在桶柑與雪柑的種植面積及產量上，遠不如臺北和新竹兩州，其他州廳的產量更是無法相比擬，可見在「柑類」的栽培方面，還是以臺灣北部的臺北、新竹兩州為主，故在本文中不會對臺中州有太多的著墨。桶柑的主要產地位在臺北州及新竹州，1920（大正 9）年後均有 200 甲以上的種植面積和超過百萬斤的收穫，與其他地區不超過 10 萬斤（60 公噸）的產量相比，〔註 24〕可說是有著明顯的差距，可見其為臺灣北部地區有著重要影響性的品種。雪柑的主要產地位於臺北州，雖在全臺灣的產量相較起椪柑與桶柑而言著實不多，但相比其他地區，臺北州的種植面積、收穫量及價額均居於首位，代表雪柑在臺北州具有一定的代表性。

時間範圍方面，日治時期臺灣的行政區劃分經過多次變化，從最開始的三縣一廳，到 1926 年才定下五州三廳的劃分，若只單論某一時期的柑橘產業，

〔註 22〕臺灣總督府殖產局特產課編，《熱帶產業調查會：柑橘產業二關スル調查書》，頁 45。

〔註 23〕臺灣總督府殖產局特產課編，《熱帶產業調查會：柑橘產業二關スル調查書》，頁 26～27。

〔註 24〕臺灣總督府殖產局特產課編，《主要青果物統計‧昭和 3 年》（臺北市：臺灣總督府殖產局特產課，1929），頁 41～43。

會過於單薄且缺乏完整性，故本文所討論的時間範圍涵蓋整個日治時期，在稱呼地名時，將以資料時間相對應的名稱註記。然，在統計資料上的限制，本文在栽培面積及生產數量的分析從 1903（明治 36）年開始，輸移出的貿易資料部分，輸出最早記錄的年份為 1896（明治 29）年，但「蜜柑」項要到 1899（明治 32）年才有出口量的記錄，最後一筆日治時期蜜柑輸出的記錄則到 1939（昭和 14）年止，故在輸出的分析上，年代區間為 1899 年到 1939 年；移出最早記錄為 1897（明治 30）年，「蜜柑」則為 1906（明治 36）年，最後一筆記錄至 1939（昭和 14）年止，故在移出方面的分析，時間區間為 1906 年到 1939 年止。

第三節　研究方法

　　本文在資料採集方面，主要使用文獻資料分析法、歷史溯源法及田野調查法。以下分述三者之使用方式：

一、文獻資料分析法

1. 典籍史料及地方方志

　　使用《臺灣文獻叢刊》查找如《諸羅縣志》、《臺灣通志》、《新竹縣采訪冊》、《淡水廳志》、《噶瑪蘭廳志》等地方方志，並利用文建會及臺灣史博館出版之清代臺灣方志彙刊之版本，搜集清領時期臺灣各地與柑橘類植物相關之記錄，釐清日治時期前，臺灣所有之柑橘類植物以及其來源與規模，甚或其運輸路線與出口。

2. 相關出版品

　　參考日治時期出版之專著、期刊、統計資料、報表及調查報告，如《柑橘產業調查書》、《臺灣に於ける柑橘栽培》、《臺灣の柑橘產業》、《熱帶產業調查會──柑橘產業ニ關スル調查書》、《臺灣總督府事務成績提要》、《臺灣總督府農業試驗所業務功程》、《主要青果物統計》、《臺灣貿易年表》、《基隆稅關貿易月表》、《園藝試驗成績》等，整理並分析當時總督府對柑橘產業所做出之策略，是如何使其發展至僅次於香蕉及鳳梨之輸移出水果種類。在中華民國政府來臺後的進出口統計，民國 57 年～65 年使用《中華民國進出口貿易統計月報》，民國 78 年～104 年使用《中華民國臺灣地區出口貿易統計月

報》，105 年至今的進出口統計資料無出版，故使用「海關進出口統計」資料
庫。其他種植、技術、民俗、圖片等方面，則有《水果與果樹》、《果樹栽培指
南》、《經濟果樹》、《世界水果圖鑑》、《台灣蔬果食用百科》等。

　　3. 報刊、雜誌

　　參考《臺灣日日新報》、《府報》、《臺灣農事報》、《熱帶園藝》等刊物，了
解制度的實施、運行與效果，以及柑橘產業相關研究者的研究成果。

　　4. 近代相關研究著作

　　除文獻資料上的紀錄外，他人的研究成果及分析能加速筆者對不同領域
的認識與理解，讓筆者了解前人所做研究之未盡處並加以補足及擴展。

二、歷史溯源法

　　配合文獻資料分析法，追溯臺灣柑橘產業在清代的起始到日治時期的發
展，探究產業發展至今的歷程。

三、田野調查法

　　本文以文獻資料為主，田野調查為輔，透過訪查曾為重要產地或現有產地
之耆老與文史工作者，增補文獻與現實的連結，並了解當地與柑橘類作物之相
關民俗或應用，進而驗證文獻與書籍中的紀錄，或者發掘出少為人知的用途。

第二章　臺灣柑橘產業之沿革

　　臺灣的柑橘產業最早可以追溯到清領時期，如臺北州新莊郡鷺洲庄（今新北市蘆洲區及三重區範圍）有「和尚洲蜜柑」之稱的桶柑，是 1785（乾隆 50）年，也就是距當時 130 餘年左右開始栽種；或如臺南州曾文郡麻豆街（今臺南市麻豆區）的麻豆文旦，為 1701（康熙 40）年，距當時約 220 餘年前便有栽培的紀錄，故臺灣在柑橘栽培的歷史是頗為古老的。〔註1〕如此之久的栽培歷史加上日本人在此產業上投入許多心力進行調查與試驗，可見柑橘在臺灣是具有潛力的、適合發展的產業。以下將對柑橘類的生長環境與日治時期之前的狀況進行討論。

第一節　柑橘生長特性與地理環境

　　影響柑橘生長和發育的環境因子有許多，如雨量與水分、氣溫、土壤、風、日光等，且不同的品種所需的環境也不盡相同，下面將分別針對各項環境因子進行說明。

一、適時適量的降水與灌溉

　　柑橘為常綠果樹，需水量較多，但雨量過多，會妨礙枝葉充實及果實成熟。〔註2〕如春季發芽前後降雨會誘發瘡痂病、潰瘍病等病害發生，影響開

〔註1〕臺灣總督府殖產局編，《臺灣の農業》（臺北市：臺灣總督府殖產局，1935），頁 97。
〔註2〕梁顎編，《經濟果樹・下》（臺北市：豐年社，1979），頁 69。

花和結果；初夏多雨，則容易使果樹將養分運用於枝條的發育，使幼果落果。若收穫期多雨，則會造成果實開裂，並在低溫的環境下發生寒害。但若盛夏氣溫高且長期不降雨，根部吸收的水分不足以補充葉片的蒸發量，會使葉片萎凋並從果實奪取水分，造成生產的果實較小而減少收穫，或在結果枝助長害蟲的繁殖，此為旱害造成的影響。〔註3〕可以說植株生長、開花及果實發育期間，對水量或雨量都是有一定的要求，適當的降雨及水分供給調節是非常重要的。

在熱帶地區，除非是高冷地區，氣溫對於柑橘的分布不是關鍵的因素，反而是雨水的多寡比氣溫高低還來的重要。大致來說，如果年平均的降雨量在 800〜1,000 公厘，降雨分布也四季均勻，沒有灌溉柑橘也能生長正常。但由於各地的蒸發量不同，且土壤的保水能力有限，全年的降雨分布要比全年降雨量多寡要來的重要。在一年內大多數月分中，降雨量若大於蒸發量，僅有少許月份，如開花期和果實成熟期，雨量較少時反而對果樹的生育是有益的；如果降雨量少於蒸發量且長達三個月無降雨時，就需要人工灌溉補充。臺灣年平均降雨量各地大多超過 2,000 公厘，只是降雨的分布南北不同，而颱風期間雨量不定，年雨量雖多，對於柑橘的栽培，在旱季仍舊需要人工灌溉。〔註4〕

二、喜好高溫氣候

柑橘原產熱帶、亞熱帶，喜好高溫，對氣溫的適應性強。〔註5〕大致來說，以一年內最冷月份溫度攝氏15度的等溫線為地理界線的標記，約與南北緯35〜40度的界線相同。在近赤道地區，一般從海岸線到 2,000 公尺的高山都可栽培，但到了亞熱帶地區就會隨季節的變化而不同。如臺灣，在中部山區的柑橘園分布大約在 500 公尺以下的地區，而臺灣北端海拔 200〜300 公尺的山區，如陽明山，則為桶柑的主要產地。

柑橘樹生長最適宜的氣溫為攝氏 25〜30 度，超過或低於這個溫度範圍，生長情況就會受到影響，如超過攝氏 30 度的高溫或低於攝氏 13 度以下，柑橘樹將會停止生長。特別是夜間的高溫對柑橘傷害最重，夜間的高溫促使植物的

〔註3〕彌富忠夫，《臺灣の柑橘栽培法》（臺北市：臺灣園藝協會，1942），頁24。
〔註4〕康有德著，《水果與果樹》，頁76〜77。
〔註5〕梁頠編，《經濟果樹‧下》，頁68。

呼吸及蒸散作用率提高，而日間的高溫又使光合作用幾乎停止，在這樣的狀態下，柑橘的果色不僅無法橙黃，原本轉黃的果色還會再度退回綠色，因為使柑橘果實呈橙、黃或紅的色澤主要成分為胡蘿蔔素（carotenoids），是要在氣溫降到攝氏 13 度以下經過數小時後，才能充分的形成並表現出來的。故在熱帶地區栽培的柑橘或臺灣的早熟品種，如臺南在 10 月下旬即進入產期的青皮椪柑，果肉已經充分成熟可食用，而果皮仍呈青綠色，這便是果實成熟時，氣溫過高的關係；又如地中海地區生產的血柑，因果實中所含的花青素溶入汁液中，使果肉及果汁都呈血紅色，這是在相當低溫的環境才能充分呈現的。[註6]

　　新竹州農會所編輯的《臺灣に於ける柑橘栽培》[註7] 一書中提到，當栽培地溫度偏高時，則會有甜味增加、熟期早、外皮薄、外皮顏色淡及不耐貯藏搬運的優缺點。

1. 氣溫高的地區會使果實甜味增加

　　高橋郁郎在興津園藝試驗場進行針對溫州蜜柑在發育中，平均氣溫對果實成長率及主要成分含量的比較研究，研究從 1912（大正 1）年至 1921（大正 10）年，得出果實的發育品質及甜度與氣溫的高低有著密切關係。氣溫高的年度品質優良，游離酸減少使果實糖分高；氣溫低的年度果實發育較不良，品質也較差。復又將日本產的溫州蜜柑、夏橙等苗木移栽至臺灣，兩相比較後，日本產的酸味較強缺乏甜味，與臺灣產的仿若兩個品種；又將椪柑移至日本栽培，所生產出來的果實則缺乏椪柑獨特的甜味，失去椪柑的特質。

2. 氣溫高的地區果實熟期較早

　　日本產的水稻移到臺灣栽培，熟期提早約一個月左右，而臺灣產的丸糯（臺灣改良米種之一）移到日本栽種，成熟期較遲，且往往被降霜所害導致無法收成。以椪柑作為觀察對象，高雄州潮州地方（今屏東潮州）的椪柑要比北部的椪柑熟期要提早約 20 日，若移至日本栽培，熟期會比臺灣晚上 2～3 個月。這是氣溫高的地區熟期較早的證明。

3. 氣溫高會使外皮較薄

　　竹東郡橫山庄大山背（今新竹縣橫山鄉）、苗栗郡三叉庄魚藤坪（今苗栗縣三義鄉龍騰村）等海拔較高的地區，所出產的椪柑相比其他地方生產的椪柑

〔註 6〕康有德著，《水果與果樹》，頁 74～76。
〔註 7〕新竹州農會編，《臺灣に於ける柑橘栽培》。

果實外皮較厚；又臺南州麻豆產的文旦外皮薄，而臺灣北部地區產的文旦外皮厚；或如臺灣所產的檸檬，果皮粗厚也是因為氣溫的關係。

4. 氣溫高會使外皮顏色淡

南洋地區高溫地帶所產的蜜柑在成熟時，果皮成淡色，而溫帶地區所出產的則擁有鮮豔的色彩。如臺灣屏東所出產的椪柑，色彩會比北部出產的要淡；高地出產的會比低地出產的顏色要鮮紅；山區北面傾斜地出產的椪柑，則會比南面受良好日曬且無寒風吹襲的椪柑顏色要紅。

5. 氣溫高不利於貯藏與搬運

因為產地的氣溫低，使果皮較厚且質地緊密，果肉的酸味較強，故日本所生產的溫州蜜柑較耐貯藏與長途的搬運，與其品質特性有關。反觀臺灣所生產的溫州蜜柑，因氣溫偏高會使果皮較薄、甜味較豐，易成為孳生病蟲害或黴菌的環境，故較日本所產要不堪久放。〔註8〕

雖然柑橘類的原產地在熱帶、亞熱帶地區，但經過長時間的栽培後，也能適應溫帶地區的氣候，不過對冬天的抗寒性還是相對較弱，除了一小部分的品種之外，依然僅限於年均溫攝氏15度以上，最低溫不低於攝氏零下5度的溫暖地區適合栽種。〔註9〕而在這些柑橘類中，最耐高溫且耐寒力最弱的為枸櫞、萊姆，其次為檸檬、葡萄柚、文旦及佛手柑，適合栽培在中、南部高溫地區，再次為甜橙類，生長適溫為攝氏23～29度；較耐低溫的種類為酸橘、蜜柑類、金柑，最耐寒的為具落葉性的枳殼。溫州蜜柑生長適溫為攝氏26度，生產優良果最適溫度為攝氏16度；椪柑雖與溫州蜜柑同屬，但耐寒性較差，栽培適地在氣溫較高的中、南部地區，但高屏地區的平地因冬季溫度過高，所生產的果實果皮較厚，皮色不鮮，果汁淡，品質不如中部產的；而桶柑為甜橙與蜜柑類的雜交種，生長適溫介於兩者之間，不過在冬季氣溫較高地區，容易發生回青現象，使果肉成熟時果皮仍呈青色；金柑的耐寒性相當強，生長適溫也較蜜柑類低，在臺灣適合種植於北部地區。〔註10〕

三、微酸且排水佳的土地

柑橘對土壤的適應性很廣，自疏鬆的砂壤土到細重的粘土，生長都有良好

〔註8〕新竹州農會編，《臺灣に於ける柑橘栽培》，頁18～19。
〔註9〕農藝社編，《果樹栽培實務》（臺北市：武陵出版有限公司，1991），頁307～308。
〔註10〕梁鋆編，《經濟果樹‧下》，頁68～69。

的表現，不過為了維持產量，土壤中的排水尤為重要，粘重的土壤特別需要注意。一般公認柑橘園最好的土壤條件為：質地適中、組織均一，深而肥沃，排水良好、沒有鹽鹼分的積聚，不過如此完美的土地是不容易找到，雖然土壤中缺乏的化學成分可以透過施肥來補充，但物理性質的缺陷卻不是一朝一夕可以被矯正的。〔註11〕故在不同類型的土壤上栽植柑橘，應先了解其特性，並調整肥料的成分及給水的量，以提供柑橘所需的環境。

　　土壤的酸鹼值（pH 值）對柑橘類來說，pH 值 5～6 最為適合。pH 值過高，超過 6 時，某些元素如鋅及鐵，容易被固定，不利於吸收；若 pH 值 5 以下，土壤反應過酸，常會使果樹發生缺鋅或缺鐵、銅素流失或變成毒害的狀況，以致生長不佳，此種土壤可施石灰或白雲石灰等，以人為的方式矯正。不過在土壤性質不同時，效果也有差別，如在砂質壤土中，每公頃施以石灰 2,000 公斤可以在幾個月內使 pH 值由 4.3 上升到 5.9，然後再逐漸下降至 5.0；但在黏土中，要等到第三年才能出現矯正的效果。〔註12〕

　　土壤又分為表土與底土兩種，表土混合落葉或腐敗根莖堆積物，富含有機物，顏色呈暗色；底土為岩石風化粉碎所形成，有機物含量少或者缺乏有機物，顏色偏淡，但富含溶解性的成分，所以每年須以農具耕鋤，使表土與底土混合，提供果樹完整的養分。粘質壤土約有 25～40%為砂子，〔註13〕在這種土壤中，柑橘果樹的樹齡會較長，收穫的果實品質也會比較好，不過需要注意排水和防旱，否則容易誘發立枯病，使樹齡縮短、收穫不佳；〔註14〕砂質壤土為砂子含量 60～90%的土壤，〔註15〕此種土壤土質貧瘠，若表土淺、底土堅硬，會使樹形矮小，不充分施肥則不能豐產，費勞力又費資金，〔註16〕但果實的果皮薄、有光澤且富含甜味，雖然果形會較小使收穫量減少，〔註17〕卻容易受人工控制加以改良，可以深耕、補給有機物、防止表土流失及防止乾溼過度等方法，改善土性增加產量；若在土壤膨軟、表土深且富含有機質的肥沃腐植土或沖積土，可少施肥，栽培容易，〔註18〕雖容易豐產，但果樹

〔註11〕康有德著，《水果與果樹》，頁 78。
〔註12〕康有德著，《水果與果樹》，頁 78～79。
〔註13〕芳賀鍬五郎，《臺灣園藝》，頁 4。
〔註14〕彌富忠夫，《臺灣の柑橘栽培法》，頁 27～28。
〔註15〕芳賀鍬五郎，《臺灣園藝》，頁 5。
〔註16〕梁顎編，《經濟果樹・下》，頁 70。
〔註17〕彌富忠夫，《臺灣の柑橘栽培法》，頁 28。
〔註18〕梁顎編，《經濟果樹・下》，頁 70。

會將養分轉至生長，而非生產果實，使結果時間較晚、果皮厚且缺乏甜味，產出品質不佳的果實，可若是肥培得宜，儘管是土質不利的果園依然能夠經營生產。〔註 19〕

　　北臺灣盛產柑橘的地區，如臺北州新莊郡鷺洲庄，為第四紀沖積土層的分布地區，經由河川搬運與堆積作用沉積成的沖積平原，土質肥沃，加之淡水河流經，屬於適合種植農作物的土地；如臺北北側大屯山麓，為火山岩形成的地區，多為壤土與礫質壤土，土壤顆粒組成的粘粒、粉粒及砂礫含量適中，介於粘土和砂土之間，粘性較高，通氣透水，保水、保肥效果好，在大屯山麓高度較低處為柑橘的栽培適地，如栽培得宜易成良果產地〔註 20〕；如新竹郡新埔與關西的丘陵地，為第四紀洪積層，缺乏有機質、酸性高且不肥沃，為地質學家所稱，覆蓋 2～3 公尺厚老紅壤的臺地礫層，這種土質雖須以堆肥、種植綠肥或使用外地較肥沃的土壤（客土）來改善，但丘陵地排水良好，不肥沃的土質能使果樹將養分用於生產果實而非生長果樹本身，有利於長成風味佳的果實。

四、防風林設置的重要性

　　柑橘是怕風的果樹種類之一。〔註 21〕風除了會促進葉片及地面的水分蒸散，妨害果實的發育外，冬季寒冷強風會使葉片脫落；夏天強風則易損傷果皮，造成風疤果並誘發潰瘍病。〔註 22〕特別是椪柑，椪柑在樹型上枝條叢生的特性，在遇到強風時，會阻礙果樹的發育，結在枝條末端的果實會與枝條一起搖晃，造成果實品質損害。〔註 23〕又臺灣地區在夏秋兩季經常受颱風過境肆虐，暴風中心前進的速度緩慢，與日本相比，颱風通過日本只需 3～4 小時，而通過臺灣則需 10 個小時，因此颱風對臺灣造成的傷害要日本來的嚴重。〔註 24〕所幸此一時期的柑橘果粒尚小，除掉葉片、枝梢及果實擦傷或折傷外，多因地勢的隱蔽及防風林的保護，受害程度較其他果樹為輕。〔註 25〕故日治時期的學者認為，因為臺灣經常受暴風的危害，在果樹栽培上最

〔註 19〕彌富忠夫，《臺灣の柑橘栽培法》，頁 28。
〔註 20〕彌富忠夫，《臺灣の柑橘栽培法》，頁 28。王益厓，〈臺灣之柑橘及其分布〉，《臺灣銀行季刊》，第十卷第二期（1958 年 12 月），頁 78。
〔註 21〕康有德著，《水果與果樹》，頁 77。
〔註 22〕梁鶚編，《經濟果樹·下》，頁 69。
〔註 23〕彌富忠夫，《臺灣の柑橘栽培法》，頁 25。
〔註 24〕臺灣總督府殖產局編，《臺灣の農業》，頁 8。
〔註 25〕康有德著，《水果與果樹》，頁 77～78。

重要的設施是栽植防風林，尤其是臺灣西部與東部，以保護果樹及果實的安全。〔註26〕

　　在果樹栽培的選址上，主觀會認為要避免經常颳強風或是受季節風直吹的地點，但若選擇風較少或無風的地點，則又需擔憂其他的自然條件，如土質、濕度、日照等。所以加藤謙一認為，選擇較無風害的地點不如選擇土質較好的地點，然後栽植防風林。不過防風林的栽植仍須注意通風，以防植林過密造成病蟲害的蔓延，亦要針對不同的果樹種類進行適當的區劃。若樹種耐風性強，如蓮霧、番石榴、荔枝等，則採用長寬均 50 公尺的大區劃；若樹種耐風性弱，或需預防風期開花、結果，或如柑橘、咖啡、鳳梨等易折的種類，則須採用長 50 公尺、寬 30～40 公尺的中區劃，或長寬均 31.5 公尺的小區劃。然，防風林的植栽依然有其利害。防風林的區劃除了防止強風侵害外，也有美化果園、增添遮蔭的功用，又因適合作為防風林的樹種有部分具有經濟價值，如可作為薪炭材的相思木，可收成果實的龍眼、檬果，有其他收成的檳榔、麻竹、綠竹筍等，亦可為農民增添額外收入。不過因為防風林依然是植物的種植，可能會與作物爭搶養分及妨礙通風與排水，且因果園被防風林區劃開，在監督上會造成視線的障礙，而在農具的使用上則可能會受到限制。〔註27〕

五、充足且適度的日照

　　在乾旱和多雨的地方，光的強弱和光照時數雖然不同，但在柑橘的生長卻沒有明顯的差異。〔註28〕日照時間長，葉片所製造的碳水化合物多，可促果樹生長及提升果實的品質。〔註29〕若有充足的日光，則可抑制樹體的生長，使枝條堅實，促進花芽形成及果實的發育，〔註30〕但如果夏季太過強烈的日照，往往會使樹幹及果實損傷，是造成俗稱的「燒蜜柑」或「裂開果」的主因。〔註31〕不過過少的日照也會使開花期易落花，幼果期易落果。〔註32〕

〔註26〕加藤謙一，〈果樹栽培と防風林〉，《臺灣農事報》，第 281 號（1930 年 4 月），頁 43。

〔註27〕加藤謙一，〈果樹栽培と防風林〉，頁 43～49。

〔註28〕康有德著，《水果與果樹》，頁 77。

〔註29〕農藝社編，《果樹栽培實務》，頁 308。

〔註30〕梁頯編，《經濟果樹・下》，頁 69。

〔註31〕新竹州農會編，《臺灣に於ける柑橘栽培》，頁 23。

〔註32〕梁頯編，《經濟果樹・下》，頁 69。

　　再者，溫度與光線對病蟲害的發生有著密切的關係。潮濕高溫且陰暗的環境，發病機會較多，害蟲繁衍快速，〔註33〕故定期的進行整枝是必要的。在枝條生長過密時，無法照射到日光的枝條容易枯萎，必須剪去部分粗枝使日光透入果樹內部，使新枝生長，不過樹本身有新陳代謝的作用，不可過度剪枝。而果樹若生長得太大，則不利於採收，需花費 2～3 年的時間耐心修剪，剪枝時間應避免在寒冬或盛夏進行，一般都是在採收後，因修剪後可能會影響根或使粗枝產生日曬病而枯死，所以大切口應塗上蠟預防。〔註34〕

　　位處亞熱帶地區的北臺灣地區年平均溫度 22～23 度之間，年降雨量高於 1,000 毫米且分布平均，部分地區為土質肥沃、帶微酸的平地，加強排水即為良地；部分地區為土質較差的傾斜地，排水效果佳，但以堆肥、綠肥或混加較肥沃的客土改善土質，依然可成為種植小型柑橘類的良地。北臺灣地區因具備上述特質，極有利於小型柑橘類的生長及風味的醞釀，故不論在產量或是品質上，均比南臺灣要高出許多。

第二節　臺灣柑橘種苗的引入

　　柑橘類在世界分布極廣，年平均溫約攝氏 15～23 度的地區均有分布，以緯度而言，柑橘類分布範圍約在北緯 40 度到南緯 40 度之間。現今廣為栽培的柑橘類原生地原本僅集中於亞洲大陸之東南部，最遠只到太平洋東南部的少數島嶼，而印度東北部、緬甸北部一帶及中國中南部雲南省，是柑橘類兩個重要的原生地中心，也是現代柑橘類栽培種最重要的始源地。〔註35〕而位處北緯 22～25 度間的臺灣亦為柑橘類的適種地，更有南庄橙（Citrus taiwanica）、臺灣香檬（Citrus depressa，又名扁實檸檬）、橘柑（Citrus tachibana，又名番橘或立花橘）及酸橙（Citrus aurantium，僅存於蘭嶼，又名蘭嶼酸橙）等 4 種臺灣原生柑橘類，不過因其味酸、味苦不適合直接食用，僅能作為果汁、果醬、醬料、藥材、砧木等用途加工處理，〔註36〕相較起汁多味甜的其他外來品種，在地方產業發展上便顯得沒有特別的突出點而逐漸被忽略。

〔註33〕康有德著，《水果與果樹》，頁 77。
〔註34〕農藝社編，《果樹栽培實務》，頁 311～312。
〔註35〕林書妍、陳右人，〈台灣原生柑橘之研究及其利用現況〉，《植物種苗》，第 8 卷第 1 期（2006 年 3 月），頁 2。
〔註36〕林書妍、陳右人，〈台灣原生柑橘之研究及其利用現況〉，頁 1、3～7。

　　追朔中國有關柑橘的記錄，從《晏子春秋》：「橘生淮南則為橘，生於淮北則為枳。」之句及所衍伸出的成語「南橘北枳」可知，柑橘類在春秋時期已經是中國眾所周知的水果作物，唐代更是被作為供給宗廟的貢品而出名，到了明清兩代，福廣兩地的柑橘即已被販賣至上海、天津、北京、浙江、山東、關東、香港、新加坡、暹羅、安南等地，也作為冬季的禮品或婚禮等場合的贈謝品受到重視與歡迎。〔註37〕那麼從福廣兩地遷至臺灣的移民，將家鄉如此興盛與知名的產業及風俗攜至臺灣似乎就有一定的合理性。而在清代柑橘的貿易方面，黃叔璥《臺海使槎錄・卷二・商販》中的記載，可以看見柑橘類水果及其加工製品是漳州重要的貿易商品，由海船載運各式貨品至各地販售，並載各地特色物產回去銷售，在沿海地區及內陸，甚至臺灣地區的器物流通上有很大的貢獻，部分苗木應也是以此管道輸入臺灣的。

> 海船多漳、泉商賈，貿易於漳州，則載絲線、漳紗、翦絨、紙料、煙、布、草席、磚瓦、小杉料、鼎鐺、雨傘、柑、柚、青果、橘餅、柿餅，泉州則載磁器、紙張，興化則載杉板、磚瓦，福州則載大小杉料、乾筍、香菰，建寧則載茶；回時載米、麥、菽、豆、黑白糖□、番薯、鹿肉售於廈門諸海口，或載糖、靛、魚翅至上海。小艇撥運姑蘇行市，船回則載布四、紗緞、枲綿、涼煖帽子、牛油、金腿、包酒、惠泉酒；至浙江則載綾羅、綿綢、縐紗、湖帕、絨線；甯波則載綿花、草席；至山東販賣粗細碗碟、杉枋、糖、紙、胡椒、蘇木，回日則載白蠟、紫草、藥材、繭綢、麥、豆、鹽、肉、紅棗、核桃、柿餅；關東販賣烏茶、黃茶、綢緞、布四、碗、紙、糖、麵、胡椒、蘇木，回日則載藥材、瓜子、松子、榛子、海參、銀魚、蟶乾。海壖彈丸，海壖彈丸，商旅輻輳，器物流通，實有資於內地。〔註38〕

　　在1919（大正8）年三月，臺灣總督府殖產局對臺灣柑橘類進行調查，記錄到臺灣生產的柑橘類總數有18種和6種變種，柑橘屬有14個種及6個變種，金柑屬有3種，枸橘屬有1種，其中有6種為新創，4種為新變種。18種中，臺灣原有僅2個種，セイバレモン及ヒラミレモン（臺灣香檬），其餘有13個品種皆為支那、日本及外國輸入，而從支那輸入的品種，則主要是支那

〔註37〕松浦章，年旭譯，《茶葉・香蕉・鰹節──日治時期臺灣農水產品的海外輸出》（新北市：博揚文化，2018），頁3～28。

〔註38〕黃叔璥，《臺海使槎錄》（臺北市：臺灣銀行經濟研究室，1957），頁47～48。粗體為筆者標註。

人移民臺灣時所攜帶而來，又因當時移民主要聚居、開墾地區集中臺南、高雄一帶，臺灣柑橘栽培的沿革調查屬該區域最早。[註39] 不過因本文所要討論的地區為北臺灣的小型柑橘品種，故下表整理出的方志，不包括以南臺灣為主敘述範圍的方志，如《臺灣府志》、《鳳山縣志》等。

表 2-2-1　《臺灣文獻叢刊》中清代臺灣的柑與橘

作者／志書／年代／地區	內　容
周鍾瑄 《諸羅縣志》 1716（康熙 55）年修 南自蔦松、新港與臺灣縣接壤；東北至雞籠，山後皆屬之	橘：〈禹貢〉：「厥包橘柚」，漢時有橘官，民有橘籍。臺人誤以橘為柑。柑皮厚而蹙皺；橘皮薄而光潤，瓣隨手即開。臺產柑橘，味俱酸。又有四時橘，前生者紅、後結者青，花果一年相續。亦名公孫橘。沈文開「雜記」：「有番橘出半線諸山，樹與中原橘異。大如金橘，肉酸、皮苦，色黃可愛」。其詩云：「枝頭儼若掛疏星，此地何堪比洞庭，除是土番尋得則，滿筐攜出小金鈴」。 柑：〈南方草木狀〉：「橘之屬，甜美特異者」。閩中以漳產為上；北路紅柑、雪柑，供玩而已。沈文開「雜記」：「有番柑，種自荷蘭。大於番橘，肉酸、皮苦。荷蘭人夏月飲水，必取此和鹽搗作酸漿入之。多樹園中，樹與橘無異」。其詩云：「種出蠻方味作酸，熟來包燦小金丸；假如移向中原去，壓雪庭前亦可看」。[註40]
	土產柑、橘、柚，味酸。諸果熟時，俱泛海而至，充牣於市。[註41]
范咸 《重修臺灣府志》 1745（乾隆 10）年纂輯 臺灣西半部	柑（橘屬；有仙柑、紅柑、雪柑、盧柑、九頭柑數種。郡產惟紅柑、仙柑居多）、橘（一年相續，名曰公孫橘；又有四時橘，味酸）[註42]
余文儀 《續修臺灣府志》 1764（乾隆 29）年纂修 臺灣西半部	番柑，種自荷蘭；大於番橘，肉酸、皮苦。荷蘭人夏月飲水，必取此和鹽搗作酸漿入之。多樹園中，樹與橘無異。沈文開詩云：「種出蠻方味作酸，熟來包燦小金丸；假如移向中原去，壓雪庭前亦可看」（沈文開《雜記》）。臺產柑橘，味俱酸。有公孫橘，前生者紅、後生者青，花實四時相續。沈文開《雜記》：「番橘出半線，與中原橘異；大如金橘，肉酸、皮苦」。其詩云：「枝頭儼若

〔註39〕櫻井芳次郎，〈臺灣に於ける柑橘栽培沿革史〉，《臺灣農事報》，第 231 號（1926 年 4 月），頁 42～43。
〔註40〕周鍾瑄，《諸羅縣志》（臺北市：臺灣銀行經濟研究室，1962），頁 206～207。
〔註41〕周鍾瑄，《諸羅縣志》，頁 297。
〔註42〕范咸，《重修臺灣府志》（臺北市：臺灣銀行經濟研究室，1961），頁 508～509。

	掛繁星，此地何堪比洞庭！除是土番尋得到，滿筐攜出小金鈴」（「瀛壖百詠」）。〔註43〕
陳培桂 《淡水廳志》 1723（雍正元）年設廳～1870（同治9）年修纂 南起大甲溪、北至三貂嶺遠望坑，東側背倚加裡山脈和雪山山脈	柑（有蜜桶柑、雪柑、椪柑、番柑。沈文開「雜記」云：番柑種自荷蘭，大於番橘，肉酸皮苦。荷蘭人夏月飲水，必取此和鹽搗作酸漿入之。多樹園中，樹與橘無異）、橘（有公孫橘，前生者紅，後生者青。花實四時相續，番橘大如金橘，肉酸皮苦）〔註44〕
《清一統志臺灣府》 1764～1820（嘉慶）年間續修、重修	〈土產〉 柑【《府志》：有仙柑、紅柑、雪柑、盧柑、九頭柑數種。】〔註45〕
陳淑均纂 《噶瑪蘭廳志》 1831年採輯 1832（道光12）～1852（咸豐2）年纂輯 宜蘭	〈卷六・物產・果之屬〉 橘：一年相續者名「公孫橘」；又有四時橘，味酸。 柑：有仙柑、紅柑、雪柑、盧柑、九頭柑諸種，亦橘屬也。蘭柑微酸，不及彰化西螺。〔註46〕
	〈卷六・物產・果之屬・附考〉 番柑種自荷蘭，大於番橘，肉酸皮苦。荷蘭人夏月飲水，必取此和鹽，搗作酸漿入之。多樹園中，樹與橘無異。沈文開詩：「移出蠻方味作酸，熟來包燦小金丸。假如移向中原去，壓雪庭前亦可看」【《草木雜紀》】。 臺產柑橘味俱酸，有公孫橘，前生者紅，後生者青，花實四時相續。沈氏《雜記》：「番橘出半線，與中原橘異，大如金鈴，肉酸皮苦。」其詩云：「枝頭儼若掛繁星，此地何堪比洞庭。除是土番尋得到，滿筐攜出小金鈴。」【《瀛壖百詠》】。〔註47〕
丁紹儀 《東瀛識略》 1847年撰	〈卷五・海防　物產〉 公孫橘，前生者紅，後生者青，花實四時相續，大如金橘，肉酸味苦，與內地橘異，僅堪娛目而已。西螺柑，產彰化之西螺，蒂如梅花，色紅微黃，大者如缽，味甘而鮮。臺地菓品，推柑為最，產他處者即不逮。〔註48〕

〔註43〕余文儀，《續修臺灣府志》（臺北市：臺灣銀行經濟研究室，1962），頁615。
〔註44〕陳培桂，《淡水廳志》（臺北市：臺灣銀行經濟研究室，1963），頁318。
〔註45〕臺灣史料集成編輯委員會編輯，《清一統志臺灣府；臺灣采訪冊；澎湖續編》（臺北市：文建會，2007），頁87。係據清嘉慶重修「一統志」選輯「臺灣府」部分而成，因名之曰「清一統志臺灣府」。
〔註46〕陳淑均總纂，臺灣史料集成編輯委員會編輯，《噶瑪蘭廳志》（臺北市：文建會，2006），頁336。
〔註47〕陳淑均總纂，臺灣史料集成編輯委員會編輯，《噶瑪蘭廳志》，頁341～342。
〔註48〕丁紹儀，《東瀛識略》（南投市：臺灣省文獻委員會，1996），頁57。

沈茂蔭 《苗栗縣志》 1887（光緒 13）置縣～1890（光緒 16）年沈任苗栗知縣纂修 苗栗	〈卷五・物產考・果屬〉 柑：種類不一，苗產不如新竹、彰化為佳。《淡水廳志》云：「有密桶柑、雪柑、椪柑、番柑。沈文開《雜記》云：『番柑，種自荷蘭，大於番橘，肉酸皮苦。荷蘭人夏月飲水，必取此和鹽搗作酸醬入之。多樹園中；樹與橘無異。』」 橘：有大、小二種，大者一年一實，小者花實四時相續，名公孫橘，又名「月月橘」。肉酸，皮苦，作醬大、小皆宜。〔註49〕
唐贊袞 《臺陽見聞錄》 1981（光緒 17）年撰	〈卷下・菓品〉 柑子　柑子以彰化西螺為最美；東螺亦出柑，其味特苦。蒂如梅花，色紅、微黃，大者如缽，味甘而鮮。又有柑子、蜜橘之類，形如彈丸；土人和糖以充茶品。〔註50〕 公孫橘　公孫橘，前生者紅，後生者青。花實四時相續，大如金橘，肉酸味苦，與內地橘異；僅堪娛目。〔註51〕
薛紹元總纂 《臺灣通志稿》 1892（光緒 18）年纂全臺灣	〈物產・草木類・果之屬〉 橘，〈禹貢〉：「厥包橘柚」，漢時有橘官，民有橘籍。臺人誤以橘為柑。柑皮厚而皺皺，橘皮薄而光潤。【《諸羅縣志》】近有曬乾和糖為餅者。【《鳳山縣志》】一年相續，名曰「公孫橘」；又有四時橘，酸味。【《臺灣府志》】公孫橘前生者紅、後生者青，花實四時相續。番橘大如金橘，肉酸、皮苦。【《淡水廳志》】 謹案：《說文》：「橘果出江南。」蓋橘為南方之珍，不可移徙，故《考工記》云：「橘踰淮北為枳」也。〔註52〕 柑，《南方草木狀》：「橘之屬，甜美特異者。」北路紅柑、雪柑，供玩而已。【《諸羅縣志》】有仙柑、紅柑、雪柑、盧柑、九頭柑數種。郡產惟紅柑、雪柑居多。【《臺灣府志》】似桔而大，有蜜柑、椪柑數種。惟椪柑為上，產於西螺者尤佳。【《彰化縣志》】鳳山只有紅柑、雪柑二種。【《鳳山縣志》】有蜜桶柑、雪柑、椪柑、番柑。【《淡水廳志》】種自臺灣之西螺傳來，味美亦不少減。南簝、湖西、菓葉等社有之，種於近鄉宅內可避風處。【《澎湖廳志》】蘭柑微酸，不及彰化、西螺。【《噶瑪蘭廳志》】謹案：彰化縣屬西螺產柑，名「西螺柑」；熟時甜美，可比粵東「四會柑」，誠佳品也。柑頂堆凸隆起。考《桂海

〔註49〕沈茂蔭纂輯，臺灣史料集成編輯委員會編輯，《苗栗縣志》（臺北市：文建會，2006），頁 125。
〔註50〕唐贊袞，《臺陽見聞錄》（南投市：臺灣省文獻委員會，1996），頁 168。
〔註51〕唐贊袞，《臺陽見聞錄》，頁 170。
〔註52〕薛紹元總纂，臺灣史料集成編輯委員會編，《臺灣通志稿》（臺南市：國立臺灣歷史博物館，2011），頁 118。

虞衡志》云:「饅頭柑,近蒂起饅頭尖者,味香勝。」西
螺柑,殆即饅頭柑種類也。〔註53〕

橙,一名「雪柑」,人家間有種者。【《澎湖廳志》】

謹案:《埤雅》:「橙,橘屬,若柚而香。」臺之北路產橙
極盛,熟時皮紅而味甜,價亦不昂;此冬令之佳果。而
《淡水》、《噶瑪蘭》諸志不載,蓋即以為雪柑;而其實柑
與橙,二物也。

黃彈,味甘,微酸。【同上(《淡水廳志》)】。

謹案:《廣東通志》云:「黃皮果,大如龍眼,又名黃彈
子。皮黃白,有微毛。瓣白如肪,有青核數枚,甚酸澀。
食荔支太多,以黃皮解之。」是黃彈即黃皮,以其小圓如
彈丸,故又名黃彈也。〔註54〕

桔,實小、味酸。一年相續,名公孫桔;又有四季桔。
【《彰化縣志》】

謹案:《廣東通志》云:「桔似柑而小;赤者酢,亦如柑
大。」蘇軾有〈黃甘陸吉傳〉。臺人稱公孫桔、四季橘,
蓋橘桔聲近而誤也。〔註55〕

〈物產‧草木類‧果之屬‧附考〉

番柑,種自荷蘭,大於番橘,肉酸、皮苦。荷蘭人夏月飲
水,必取此和鹽搗作酸漿入之。多樹園中,樹與橘無異。
沈文開詩云:「種出蠻方味作酸,熟來包燦小金丸;假如
移向中原去,壓雪庭前亦可看。」【沈文開《雜記》】

臺產柑橘,味俱酸。有公孫橘,前生者紅、後生者青,花
實四時相續。沈文開《雜記》:「番橘出半線,與中原橘
異;大如金橘,肉酸、皮苦。」其詩云:「枝頭儼若掛繁
星,此地何堪比洞庭;除是土番尋得到,滿筐攜出小金
鈴。」【《瀛壖百詠》】

西螺柑,產彰化之西螺。蒂如梅花,色紅微黃,大者
如缽,味甘而鮮。臺地果品,推柑為最。【同上(《東瀛
識略》)】

西螺柑,《婆娑洋集‧孫爾準詩》:「西螺五寸柑」,自注:
「西螺產柑絕佳。」又詩「黃柑西路摘新霜。」【《福建
通志》】

柑樹高與牆齊,即結實纍纍;惟能生蟲,宜先刜去之。澎
地多風,故果實不植,而柑獨美盛,近比西螺,突過福
橘。【《澎湖廳志》】〔註56〕

〔註53〕薛紹元總纂,臺灣史料集成編輯委員會編,《臺灣通志稿》,頁119。
〔註54〕薛紹元總纂,臺灣史料集成編輯委員會編,《臺灣通志稿》,頁120。
〔註55〕薛紹元總纂,臺灣史料集成編輯委員會編,《臺灣通志稿》,頁120~121。
〔註56〕薛紹元總纂,臺灣史料集成編輯委員會編,《臺灣通志稿》,頁131~132。

陳朝龍 《新竹縣采訪冊》 1894（光緒20）年纂輯 北以竹北堡土牛溝與淡水線分界，南至竹南堡南港溪與苗栗縣分界，西以海為界，東與生番分界	〈卷一・山川〉 稷子阬山【俗或作「息仔坑」】：在縣西南十五里。……山麓民居十餘戶，產橘、柚、黃梨。……。 南隘山：在縣南十五里。……果則荔枝、龍眼、葡萄、柑、橘、柚、柿；荔枝尤多，亦最佳。……。〔註57〕 石壁潭山：在縣東二十五里。……內有山杉木一林，果則荔枝、葡萄、橘、柚、柑、梨，龍眼尤多。……。〔註58〕 藤寮坪山：在縣南三十六里。……果產橘、柚。……。〔註59〕 老崎：在縣南二十三里。……產橘、柚、茶，番石榴尤佳。……。〔註60〕 水頭排山：在縣東四十二里。……沿山所產甚多：……果則柑、梨、棗、橘、柚、柿、桃、李、龍眼、黃梨、芭蕉、枇杷、橄欖、梅子、楊梅、楊桃、葡萄；而柑尤著名，不亞於彰化西螺下林子之種。……。〔註61〕
蔡振豐 《苑裡志》 1897年修輯 苗栗苑裡	〈下卷・物產考〉 鳳梨、荔枝、龍眼、佛手柑、桃、楊梅、石榴、柑、橘、柚、李、柑仔蜜、芎蕉、甘蔗、葡萄、杷枇、菱角、檳榔子、楊萄、番石榴、水梨、棗、柿、柭——右果屬〔註62〕
林百川、林學源 《樹杞林志》 1898年編修 東自油羅、西盡西排河、南極紗帽山、北暨九芎林	〈物產考〉 鳳梨、荔枝、龍眼、佛手柑、楊梅、桃、李、柑、橘、柚、甘蔗、芎蕉、葡萄、枇杷、檳榔子、菱角、楊萄、紅棗、石榴、番石榴、水梨、柿——右果屬〔註63〕
連橫 《臺灣通史》 1908～1918年撰 起自605（隋代大業元）年，終於割讓1895（光緒21）年	〈卷二十七・農業志・果之屬〉 柑：有仙柑、紅柑、盧柑、虎頭柑四種。紅柑佳者，以西螺為第一。虎頭柑實大皮粗，酸不可食。 橘：有金橘、月橘、四時橘。金橘以製蜜餞。月橘一年相續，或名公孫橘。 橙：味酸，臺人謂之雪柑。

〔註57〕 陳朝龍等纂輯，臺灣史料集成編輯委員會編，《新竹縣采訪冊》（臺南市：臺灣史博館，2011），頁48～49。為供撰修「臺灣通志」而作。
〔註58〕 陳朝龍等纂輯，臺灣史料集成編輯委員會編，《新竹縣采訪冊》，頁51。
〔註59〕 陳朝龍等纂輯，臺灣史料集成編輯委員會編，《新竹縣采訪冊》，頁54。
〔註60〕 陳朝龍等纂輯，臺灣史料集成編輯委員會編，《新竹縣采訪冊》，頁32。
〔註61〕 陳朝龍等纂輯，臺灣史料集成編輯委員會編，《新竹縣采訪冊》，頁58～59。
〔註62〕 蔡振豐纂輯，臺灣史料集成編輯委員會編，《苑裡志》（臺南市：國立臺灣歷史博物館，2011），頁417。
〔註63〕 林百川，林露結纂輯，陳偉智點校，《樹杞林志》（臺南市：國立臺灣歷史博物館，2011），頁446。

	油柑：實小如鈕，色微黃，味澀，漬鹽可食，能消食積。 黃彈：實如彈子，色黃味酸。 番柑：即檸檬。種出歐洲，荷人移植。大於橘，肉酸皮苦。夏時搗汁，和鹽入水飲之，可解暑渴。〔註64〕

作者整理。

資料來源：《臺灣文獻叢刊》。

　　據明代醫藥學著作李時珍的《本草綱目》記載：「橘實小，其瓣味微酢，其皮薄而紅，味辛而苦；柑大于橘，其瓣味酢，其皮稍厚而黃，味辛而甘；柚大小皆如橙，其瓣味酢，其皮最厚而黃，味甘而不甚辛，如此分之，即不誤矣。」〔註65〕認為橘、柑、柚、橙雖類似但皆為不同的物種，然有人誤認中藥材中的青皮為柚皮，使人以為橘、柚為同物種，故李時珍於《本草綱目》中特做解釋。而自上表清代文獻中可見，從修訂年代最早的《諸羅縣志》即將「柑」與「橘」明確分別，且舉出數種如紅柑、雪柑、番柑、四時橘（公孫橘）、番橘等品種名稱，只是臺灣人誤以為「橘」就是「柑」，或將「橙」誤稱「雪柑」，在稱呼上經常混淆，不過以文獻中記載的品種名稱數量來看，當時臺灣的柑橘種類其實已經非常多樣化，且有「臺灣北路產橙極盛」及「惟椪柑為上，產於西螺者尤佳」的地域性分別，本文所討論的椪柑（盧柑）、桶柑（蜜桶柑）、雪柑、金柑（金橘）、虎頭柑亦均有記載。不過文獻中的部分柑橘類在日治時期的資料中已不多見，可能因為其種植面積及產量或食用方式使其不具有產業價值，以致在新品種不斷出現的今日無處可見，而本文以日治時期具有產業價值及民俗價值的種類為討論對象，該類柑橘非屬其中，故不多加討論。

　　臺灣柑橘類的引進，多是清代隨著移民或兩岸貿易而來。在清代的福建、廣東地區，東至福州、西至廣西的沿海一帶，栽種的熱帶園藝植物相當發達，又因陸路相連、交通便利，植物的種類繁多，可見原產於亞細亞或西印度的植物，而柑橘類在南支那佔有重要地位，〔註66〕可說是一種百姓糊口的作物。在楊捷的《平閩紀》〈示西坑社〉〔註67〕中，提到漳州人民遭海寇迫害，田地荒

〔註64〕連橫，《臺灣通史》（臺北縣中和市：宗青，1995），頁666～667。

〔註65〕明・李時珍，《新校增訂本草綱目（下）》（臺北縣：大台北出版社，1990），頁15。

〔註66〕福田要，《南支那の資源と其の經濟的價值》（東京市：千倉書房，1939），頁166。

〔註67〕楊捷，《平閩紀》（臺北市：臺灣銀行經濟研究室，1961），頁346～347。原文：「為懇恩示禁，以蘇殘黎事。據二十七都西坑社鄉民李憲、李守等呈稱：憲等住居本社，逼近營盤，米粟掠盡，惟望柑樹獲存，明年收成，亦可苟全蟻命。荷蒙仁慈，嚴緝兵丁，不許砍伐；乃別營兵廝，周遭軍法，將柑樹亂砍，

廢,生活困苦,僅存數株柑樹尚可期望收成以糊口,但西坑社因鄰近軍營,糧食作物被掠盡,柑樹又遭營兵亂砍,當地鄉民為了不讓20年的辛勤毀於一旦而對未來無所指望,向將軍訴願,從而保護鄉民賴以生存的生計。若如文獻中所述,沿岸海寇橫行,田地荒廢,是以種植柑橘維生,那沿海一帶遷移來臺的百姓除了糧食作物外,攜帶或是引進家鄉的作物栽種,也是再自然不過的。

　　日治時期對臺灣各地柑橘栽培的沿革進行了調查,臺北州的栽種紀錄分別有1789年芝蘭二堡和尚洲(今新北市蘆洲)自清國輸入桶柑、紅柑及雪柑的苗木進行栽培;1775(乾隆40)年興直堡新莊地區(今新北市新莊)、1885(光緒11)年大加蚋堡大稻埕地區(今臺北市大稻埕)自廣東省潮州輸入苗木栽種;臺北廳芝蘭三堡有一水梘頭庄(今新北市淡水區東部部分區域)在1885(光緒11)年自滬尾(今新北市淡水)花費1圓50錢輸入清國潮州的苗木15本,初栽培時,土地適合,具有很大的潛力,同庄人更在1887(光緒13)年和1889(光緒15)年分別以金2圓買入15本和金4圓買入百本栽培;距1925年約150~160年前,臺北州二重埔及三重埔庄(今新北市三重),黃姓某人從支那潮州苗木商處購買200~300本苗木,在宅第附近開始種植,剛開始因為十分珍稀,希望能栽培的人很多,以致潮州輸來的苗木供不應求,但種植過多也使果實的價格低廉,每百斤僅值70~80錢,使收支無法達到平衡,其後栽培者逐漸減少,柑橘園被廢棄或改種植其他作物,但在日本領臺後,蜜柑的賣價達到每百斤2圓50錢至3圓的高價,使臺灣再次興起柑橘的栽培風氣,栽培面積逐年增加;而臺北州基隆郡貢寮庄(今新北市貢寮)在約1845年前左右有農家陳秀山自支那潮州苗商處購買1000本餘的蜜柑苗栽種在旱地上,為當地之濫觴,其後1年多共有3~4人栽培,但果實價格的低廉,若將柑橘栽種當作本業則無法達到收支平衡,可是在1893、1894(明治26、27)年左右,柑橘類果實的售價到了每百斤1圓2、30錢的高價,再次興起栽培熱,以高價自潮州買入苗木使栽培面積增加,到了日本治臺後,價格更是上漲到了每百斤3圓以上,各家

屏民不敢阻止。不特二十年功力廢於一旦,而流離殘喘,將來無所指望,勢填溝壑。伏乞出示嚴禁,庶殘黎不至死亡等情到本將軍。據此,照得漳屬人民,遭海寇殘害已極,田廬荒圮,衣食無資,今所存柑樹數株,尚可冀望收成,為將來糊口。乃有無賴不法兵廝,肆行砍伐,以致子遺失望,匍匐叩呈,殊可憫念!除經面請將軍、都統暨督、撫兩院共相禁戢外,合行嚴禁。為此示仰各營兵廝人等知悉:各宜存此良心,恪守法紀,不得再行肆砍柑樹,以絕窮民衣食。敢有故違者,許該地方百姓人等協力擒解軍前,以憑會同將軍、都統暨督撫兩院從重究處,斷不輕貸。慎之毋忽!　康熙十七年十二月二十三日。」

農民認為前途有望而競相栽種，栽種者數量及面積突增，但這種盛況反倒在每年有大暴風襲來和病害侵襲時使當地受災嚴重，到了 1925 年，栽培面積已不如3、4 年前。新竹州的部分，在 1812 年左右，竹北二堡鹿鳴坑庄（新竹郡新埔庄）十四番戶楊意春的曾祖父楊林福，原籍陸豐縣葫蘆峯，初來臺灣時攜帶若干苗木來栽種，因接木法和砧木的栽培試驗得到頗好的成果，周圍的人逐漸跟進，其後依舊每年自清國廈門地方陸續輸入柑橘苗；1856 年桃澗堡（今桃園市部分區域）頂仁里庄趙明來，購入清國廣東省嘉應州的蜜柑苗；1805 年竹北二堡老焿藔庄（今新竹縣關西鎮西北部）第一番戶劉燿凍的祖父劉傳宗，自清國廣東省惠州府攜帶來臺開始栽種的。〔註68〕

表 2-2-2　清代臺灣柑橘栽培沿革

地　　區	栽培起始年	栽植種類	種苗來源地
臺南州曾文郡麻豆街	1701（康熙 40）年	文旦	支那
臺北州新莊郡二重埔、三重埔	1765～1775（乾隆 3、40）年左右	蜜柑	清國廣東省潮州
臺北州新莊郡	1775（乾隆 40）年	種類不詳	清國廣東省潮州
臺北州新莊郡鷺洲庄	1789、1790（乾隆 54、55）年	桶柑、紅柑、雪柑	清國
新竹州大溪郡	1805（嘉慶 10）年	種類不詳	清國廣東省惠州府
新竹州新竹郡新埔庄	1812（嘉慶 17）年	種類不詳	清國陸豐縣葫蘆峰
臺中州員林郡	道光年間	椪柑	西螺和支那溫州
臺南州虎尾郡西螺街	道光年間	朱欒	支那
臺北州基隆郡貢寮庄	1845（道光 25）年左右	蜜柑	清國廣東省潮州
新竹州桃園郡大園庄	1856（咸豐 6）年	柚仔（朱欒）	清國江西省
新竹州桃園郡	1856（咸豐 6）年	蜜柑	清國廣東省嘉應州
臺北州淡水街附近	1885（光緒 11）年	種類不詳	清國廣東省潮州
臺北州大稻埕	1885（光緒 11）年	種類不詳	清國廣東省潮州
臺北州淡水郡八里庄	1889（光緒 15）年	柚仔	自然發生砧木接木

作者整理。

資料來源：櫻井芳次郎，〈臺灣に於ける柑橘栽培沿革史〉，《臺灣農事報》，第 231 號（1926 年 4 月），頁 52；臺灣總督府殖產局特產課編，《臺灣の柑橘》（臺北：臺灣總督府殖產局特產課，1927 年），頁 2。

　　如上所述可知，清代臺灣的柑橘栽培雖偶有盛極一時的景況出現，但當其

〔註68〕櫻井芳次郎，〈臺灣に於ける柑橘栽培沿革史〉，頁 47～49。

他人爭相效仿後，果實的售價跌落，使農戶收支不平衡，以致逐漸沒落，到了清領後期因價格回升才再次發展起來，以致在日治時期初僅有部分地區有稍具規模的栽種，所出產的果實也多在生產地消費或部分在附近街庄販賣，少有輸出到支那。〔註69〕不過在清代文獻《諸羅縣志》中亦有：「土產柑、橘、柚，味酸。諸果熟時，俱泛海而至，充物於市。」〔註70〕的紀錄，可見儘管臺灣只是海上的彈丸之地，但與對岸仍互通有無，實際上對清國是有所助益的，雖說這些柑橘的苗木均來自對岸，卻在臺灣發展成一項小規模、可供出口的商品，或許出口的量與日治時期或現今無法相比，但也為將來柑橘產業的興起打下根基。

第三節　日治時期臺灣柑橘品種、分布與重要性

櫻井芳次郎〔註71〕認為，臺灣的氣候與地理環境適合柑橘類植物的生長，且柑橘類耐貯藏輸送，生產的果實價格又相當高，是臺灣最具潛力的木本果樹。〔註72〕然柑橘類種類繁多，除了可以發現野生種柑橘類散布的狀態，在日治時期始政當時，雖資料缺乏而未有詳細的統計資料，卻可見臺北州下鷺洲庄的桶柑及雪柑、新竹州下新埔地區的椪柑等等，都已有稍具規模的栽種。〔註73〕在適地適種的原則及提升品質的目的下，各單位對在全臺灣廣為栽植的柑橘類進行產地、樹形、果實等調查，所列舉品種及分類雖不盡相同，但資料之豐富可見其重要性。

在日治時期，臺灣北部地區所栽種的小型柑橘類在產量上以椪柑、桶柑及雪柑為主，每年皆為臺灣賺進大量外匯，而除了高產值的上述3個品種外，小型柑橘類在平常的生活運用及民俗上，亦有如金柑、酸橘與虎頭柑等，雖在產量上無法與椪柑、桶柑及雪柑相比，但具有代表性及重要性的品種，故本節以上述6個品種為主要探討對象。而在資料方面，椪柑、桶柑及雪柑在日治時期

〔註69〕臺灣總督府殖產局編，《柑橘產業調查書》，頁1。

〔註70〕周鍾瑄，《諸羅縣志》，頁297。

〔註71〕1923年（大正12年）即任中央研究所士林園藝試驗支所技師兼支所長。伊藤憐之助發行，《臺灣總督府及所屬官署職員錄》，（臺北市：臺灣時報發行所，1930），頁211。

〔註72〕櫻井芳次郎，《臺灣に於て將來性に富む果樹》（出版地不詳：出版單位不詳，1936年），頁4。

〔註73〕臺灣總督府殖產局特產課編，《熱帶產業調查會：柑橘產業ニ關スル調查書》，頁1。

均有許多的調查資料，除了在植栽本身的生態外，亦有植栽的來源及各地對其稱呼的異名，但在金柑、酸橘及虎頭柑方面，因其產量不多，在統計資料中均被分類在「其他的柑橘類」項中，對這 3 個品種的描述也相對較少，故本節僅能以今日書籍之紀錄描述。

一、椪柑（日文名：ポンカン；學名：Citrus poonensis Hort. Ex Tanaka〔註74〕）

　　為臺灣蜜柑的代表品種，因其形狀蒂部凸隆，一名凸柑，又因「凸」與「椪」在臺灣語中發音相似，故以「椪」為其名；〔註75〕而因臺中縣北斗西螺所產的品質良好，故又名西螺柑。〔註76〕另在潮州稱「冇柑」、「蜜糖柑」；漳州稱「盧柑」；廣州稱「蜜桶柑」；上海稱「潮州蜜橘」；日本稱「ミカン（蜜柑）」〔註77〕、「紅南柑」、「西螺凸」、「南澳柑」等。〔註78〕椪柑為原產於印度中部 Suntara 的古老柑橘品種，唐朝由印度傳入華南地區，1796 年由嶺南引入臺灣。〔註79〕日治時期在臺灣的主要產地為臺北、桃園、新竹、彰化、鹽水港。〔註80〕椪柑在臺灣最早知名的為西螺椪柑，但今日西螺地區並無出產柑橘，因為時隔久遠也難以考察其消失的緣由。而日治時期著名的為員林地區的椪柑，果粒碩大、汁液清甜酸度低，但在 1950 年代末年，因不知名的毒素病侵襲而使員林椪柑也消失在歷史中。新埔的椪柑也在日治時期聲名遠播，不過可能因為環境關係使生產的果粒較小，只有員林的一半左右，且不幸的於 1960 年代中期遭黃龍病侵害，使新埔的柑橘產業逐漸沒落。〔註81〕現在主要的產地為新竹、苗栗、臺中、南投、雲林、嘉義、臺南。〔註82〕

〔註74〕臺灣總督府殖產局編，《柑橘產業調查書》，頁 39。
　　　　臺灣總督府殖產局特產課編，《熱帶產業調查會：柑橘產業ニ關スル調查書》，頁 9。
〔註75〕臺灣總督府殖產局編，《柑橘產業調查書》，頁 43。
〔註76〕〈臺灣の柑橘に就て〉，《臺灣日日新報》，1897 年 2 月 10 日，日刊 03 版。
〔註77〕島田彌市，〈臺灣產果物ノ種類名稱及其分布〉，《臺灣農事報》，1909 年 9 月 25 日，第 34 號，頁 29。
〔註78〕柳子明、黃啟章，〈柑橘類名稱之釋意與錄異〉，《臺灣省農業試驗所農報》，1948 年 12 月 2 日，11～12 期卷 2，頁 26。
〔註79〕王禮陽，《台灣果菜誌》，頁 124。
〔註80〕島田彌市，〈臺灣產果物ノ種類名稱及其分布〉，頁 29。
〔註81〕王禮陽，《台灣果菜誌》，頁 124～125。
〔註82〕行政院農業委員會農業主題館——柑橘〈椪柑〉：https://kmweb.coa.gov.tw/subject/subject.php?id=6603（2022/11/9 點閱）。

表 2-3-1　椪柑異名

地　區	名　稱	地區／語言	名　稱
臺灣	凸柑、椪柑	中國漳州	盧柑
臺灣臺中	西螺柑	中國廣州	蜜桶柑
中國潮州	冇柑、蜜糖柑	中國上海	潮州蜜橘
日本	ミカン（蜜柑）、紅南柑、西螺凸、南澳柑	英文	Ponkan、Wanurco tangerine、Chinese honey orange

作者整理。

資料來源：〈臺灣の柑橘に就て〉,《臺灣日日新報》,1897 年 2 月 10 日,日刊 03 版；島田彌市,〈臺灣產果物ノ種類名稱及其分布〉,《臺灣農事報》,1909 年 9 月 25 日,第 34 號,頁 29；柳子明、黃啟章,〈柑橘類名稱之釋意與錄異〉,《臺灣省農業試驗所農報》,1948 年 12 月 2 日,11～12 期卷 2,頁 26。

　　樹姿呈半開扇狀,枝條細小叢生,種植後 15 年左右樹高可達 4.5 公尺左右,上部枝條擴展與根系齊,樹幹直徑 30 公分左右。葉細長且薄,前端稍尖,長 6 公分、寬 3 公分左右,顏色淡帶有光澤,新芽於三月生長,花多開在新梢頂部,直徑 1.9 公分至 2.1 公分,由五片白色花瓣構成,雄蕊約 20 枝。〔註 83〕

圖 2-3-1　椪柑花

圖片來源：郭信厚,《世界水果圖鑑》（臺北市：貓頭鷹出版,2019）,頁 237。

　　果實成熟期在十一月下旬、〔註 84〕十二月到隔年一月。〔註 85〕有高牆系與低牆系兩種,果實扁圓稱為低牆；長圓則稱高牆。高牆系果實較大,果心小,

〔註 83〕臺灣總督府殖產局編,《柑橘產業調查書》,頁 43。
〔註 84〕臺灣經濟通信社編纂,《臺灣經濟の基礎知識（昭和十四年版）》,頁 239。
〔註 85〕〈臺灣の柑橘に就て〉,《臺灣日日新報》,1897 年 2 月 10 日,日刊 03 版。

果肉充實，與低檔系相比，葉肉較厚，枝條較短。〔註86〕果皮呈濃橙色，油胞細密，果皮厚約 3 毫米，柔軟脆弱，容易剝除及受損，收穫、貯藏及搬運時皆須特別注意。〔註87〕瓤囊9 到 12 個，果肉呈鮮赤黃色，漿液豐富。果實蒂部隆起，中心空虛可容納拇指，〔註88〕高約 6、7 公分，直徑 6 公分，重量 40 匁〔註89〕到 50 匁（約 150 到 187.5 公克），優良母樹結實可達到 55 匁（約 206.25 公克）。種植後，最快 4 年，一般 5、6 年能夠收穫，其後累年增加，約 14、15 年為最盛期，一棵果樹平均能生產 35 斤左右，到了 20 年後則需要慢慢的汰換。

圖 2-3-2　椪柑

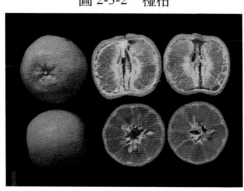

圖片來源：行政院農業委員會動植物防疫檢疫局，《植物保護圖鑑系列 9
　　　　　——柑橘保護（上冊）》（臺北市：行政院農業委員會動植物
　　　　　防疫檢疫局，2002），頁 2。

二、桶柑（日文名：タンカン；學名：Citrus tankan Hayata〔註90〕）

為一種由椪柑與甜橙天然雜交出的柑橘，屬桔橙類（Tangor），〔註91〕因運送時以桶裝載，故名，又因隔年才可收穫，有「年柑」之稱。另於汕頭稱「招柑」；〔註92〕上海稱「暹羅蜜橘」；漳州有稱「西螺柑」、「桶柑」或「暹羅柑」；日本則

〔註86〕 臺灣總督府殖產局特產課編，《熱帶產業調查會：柑橘產業ニ關スル調查書》，頁 9～10。
〔註87〕 臺灣總督府殖產局編，《柑橘產業調查書》，頁 43。
〔註88〕〈臺灣の柑橘に就て〉，《臺灣日日新報》，1897 年 2 月 10 日，日刊 03 版。
〔註89〕 中國傳統度量衡單位「錢」的和制漢字，為 3.75 克。
〔註90〕 臺灣總督府殖產局編，《柑橘產業調查書》，頁 39。臺灣總督府殖產局特產課編，《熱帶產業調查會：柑橘產業ニ關スル調查書》，頁 10。
〔註91〕 行政院農業委員會農業主題館——桶柑：https://kmweb.coa.gov.tw/subject/subject.php?id=6461（2021/12/18 點閱）。
〔註92〕 臺灣總督府殖產局特產課編，《臺灣の柑橘》（臺北：臺灣總督府殖產局特產課，1927 年），頁 23～24。

有「蜜桶柑」及「樟子」之名。〔註93〕臺灣最早於 1789 年（乾隆 54）年由潮州引入種植於芝蘭二堡和尚洲，〔註94〕後轉移至陽明山（舊稱草山）大量栽種，所以又被稱為草山柑。〔註95〕據《臺灣に於ける柑橘栽培》所記載：「本島（臺灣）的臺北州鷺洲庄及新竹州龜山庄為著名產地，」〔註96〕不過鷺洲庄的桶柑在 1940 年代因受糧食增產政策影響，或被砍除或因病蟲害枯死，〔註97〕1964 年獅子頭隘口炸毀，漲潮時因海水壓力大於河水流出的壓力使海水倒灌進淡水河，造成地勢低平的沿河一帶嚴重淹水、土地鹽鹼化嚴重，水田廢耕，只能種植蔬菜等淺耕短期作物，〔註98〕到了 1970 年代，柑園已多數改種植蔬菜、蓮霧或番石榴，部分則因黃龍病枯死，曾經聞名海外的「和尚洲蜜柑」因此成為歷史，甚至被人所遺忘。〔註99〕今日以新竹、苗栗、臺中等地栽培較多。〔註100〕

表 2-3-2　桶柑異名

地點／語言	名　稱
臺灣	年柑、樟仔（古名）、桶柑、草山柑
中國漳州	西螺柑、桶柑、暹羅柑
中國潮州	招柑
中國上海	暹羅蜜橘
日本	蜜桶柑、樟子
英文	Tankan

作者整理。

資料來源：臺灣總督府殖產局特產課編，《臺灣の柑橘》（臺北：臺灣總督府殖產局特產課，1927 年），頁 23～24；柳子明、黃啟章，〈柑橘類名稱之釋意與錄異〉，《臺灣省農業試驗所農報》，1948 年 12 月 2 日，11～12 期卷 2，頁 27。

〔註93〕柳子明、黃啟章，〈柑橘類名稱之釋意與錄異〉，頁 27。
〔註94〕櫻井芳次郎，〈臺灣に於ける柑橘栽培沿革史〉，頁 47。
〔註95〕行政院農業委員會農業主題館——桶柑：https://kmweb.coa.gov.tw/subject/subject.php?id=6461（2021/12/18 點閱）。
〔註96〕新竹州農會編，《臺灣に於ける柑橘栽培》，頁 11。
〔註97〕楊蓮福，《戀戀蘆洲情——鄧麗君在蘆洲的歲月》（臺北縣：博揚文化，2003），頁 158～159。
〔註98〕黃建良，〈村落的興衰與邊廢：以新北洲後村與高雄紅毛港為例〉，國立臺北教育大學人文藝術學院臺灣文化研究所碩士論文，2017，頁 30～31。
〔註99〕楊蓮福，《戀戀蘆洲情——鄧麗君在蘆洲的歲月》，頁 158～159。
〔註100〕行政院農業委員會農業主題館——桶柑：https://kmweb.coa.gov.tw/subject/subject.php?id=6461（2022/11/10 點閱）。

　　枝條橫向擴張，高約 3 公尺，樹幹直徑 20 公分左右，對土地適應力強。葉互生，成長橢圓形，長約 5 到 8 公分，寬 3 到 4 公分，邊緣微波浪狀，表面綠色有光澤，背面淡綠色缺乏光澤。花期於三月下旬到四月中旬，開在枝腋或頂部，短梗上也有花附著，花冠微白色五瓣，有香味，雄蕊 20 枝，萼部為綠色平滑盃狀，花粉為黃色，子房扁圓形，呈 14 室，花底有蜜槽。〔註101〕

圖 2-3-3　桶柑花

圖片來源：郭信厚，《世界水果圖鑑》（臺北市：貓頭鷹出版，2019），頁 241。

圖 2-3-4　桶柑結果枝

圖片來源：薛聰賢編著，《台灣蔬果實用百科》（彰化縣員林鎮：薛聰賢
　　　　　出版；臺北縣新店市：農學社總經銷，2001），頁 105。

　　桶柑有 2 種品種，一為普通桶柑，產於新竹地區，為臺灣自生種，一月左

〔註101〕臺灣總督府殖產局編，《柑橘產業調查書》，頁 45。

右成熟，一顆重約 30 匁到 40 匁（約 112.5～150 公克）。二為高欓桶柑，在汕頭地區有「招柑」之稱，日治時期臺北州鷺洲庄及新竹州龜山庄（今桃園市龜山區）為主要產區。此種為支那輸入的品種，鷺洲庄約於 1790（乾隆 55）年便有栽培，〔註 102〕於日治時期臺北州自汕頭輸入的數十萬株苗木中，以此種最多。高欓桶柑比普通桶柑的果實要大且呈球形，到了四月左右尚在樹上的特點，為臺灣唯一有潛力的晚生種。〔註 103〕果實上下較平，果梗處有數條淺皺紋，果面淡黃粗糙，樹齡較小的樹所結的果實皮要比樹齡較大的果實要粗。中等大小的果實高約 5.5 公分，直徑 6.5 公分，一顆約重 36 匁（約 135 公克），果皮厚約 3 毫米，一般的瓤囊有 10 個，剝皮及分離瓤囊皆易。〔註 104〕

圖 2-3-5　大春桶柑（無子桶柑）

圖片來源：郭信厚，《世界水果圖鑑》（臺北市：貓頭鷹出版，2019），頁 241。

三、雪柑（日文名：セツカン；學名：Citrus sinensis Osbeck、〔註 105〕Citrus sinensis Osbeck "Sekkan"、〔註 106〕Citrus aurantium L.、〔註 107〕Citrus sinensis var. sekkan Hayata〔註 108〕）

雪柑之名來自於潮州，臺灣以「橙子」稱之。〔註 109〕因水分多又稱「水

〔註 102〕臺灣總督府殖產局特產課編，《熱帶產業調查會：柑橘產業ニ關スル調查書》，頁 1。
〔註 103〕臺灣總督府殖產局特產課編，《臺灣の柑橘》，頁 24。
〔註 104〕臺灣總督府殖產局編，《柑橘產業調查書》，頁 45。
〔註 105〕臺灣總督府殖產局特產課編，《熱帶產業調查會：柑橘產業ニ關スル調查書》，頁 11。
〔註 106〕臺灣總督府殖產局編，《柑橘產業調查書》，頁 40。
〔註 107〕島田彌市，〈臺灣產果物ノ種類名稱及其分布〉，頁 29。
〔註 108〕柳子明、黃啟章，〈柑橘類名稱之釋意與錄異〉，頁 28。
〔註 109〕柳子明、黃啟章，〈柑橘類名稱之釋意與錄異〉，頁 28。

柑」；因剝皮困難需借用刀具而有「庖丁蜜柑」的俗稱，與日本「金九年母」為同種，或稱「唐蜜柑」；在廣東廣為栽植，當地以「甜橙」稱呼；〔註110〕清國稱「四會柑」或「正會柑」；歐洲稱「sweet orange」。〔註111〕原產廣東潮州，〔註112〕在日治時期已輸入約 200 年左右。據《臺灣の柑橘》一書所記載：「本島（臺灣）主要產地為臺北州新莊郡鷺洲庄。」〔註113〕

表 2-3-3 雪柑異名

地　　點	名　　稱	地　　點	名　　稱
臺灣	橙子、水柑、庖丁蜜柑	清國	四會柑、正會柑
中國潮州	雪柑	中國上海	廣柑
中國福州	柑	日本	水柑、雪仔、唐蜜柑
中國廣東	甜橙	歐洲	sweet orange

作者整理。

資料來源：〈臺灣の柑橘に就て〉，《臺灣日日新報》，1897 年 2 月 10 日，日刊 03 版；
臺灣總督府殖產局特產課編，《臺灣の柑橘》（臺北：臺灣總督府殖產局特
產課，1927 年），頁 25；柳子明、黃啟章，〈柑橘類名稱之釋意與錄異〉，
《臺灣省農業試驗所農報》，1948 年 12 月 2 日，11～12 期卷 2，頁 28；
王益厓，〈臺灣之柑橘及其分佈〉，《臺灣銀行季刊》，1958 年 12 月，第十
卷第二期，頁 74。

　　枝條橫向生長，外圍枝條垂下，樹高約 2.5 公尺，樹冠直徑 3 公尺，生長枝葉腋有 3 毫米的短刺。葉濃綠色呈橢圓形，長 9 到 10 公分，寬 5 到 6 公分，兩端一鈍一尖，表面有光澤，葉緣淺鋸齒狀，葉柄 1 到 2 公分。三月到四月間開花，花冠白色 4 到 5 瓣，呈倒卵形，長 1.2 毫米，寬 9 毫米，雄蕊 15 到 20 枝，10 毫米長，生長在枝條腋部或頂部，花梗上有一朵到數朵不等，萼部綠色呈盃狀，長 4 到 5 毫米，直徑 6 毫米。〔註114〕果實在十二月成熟，呈淡黃色球形，高約 6 公分，直徑 7 公分，一顆重約 40 匁（150 公克），果皮薄，內部充實，以手剝皮不易。瓤囊 10 個到 11 個不等，中心有硬軸，很難互相分離，種子呈楔狀、橢圓形，一般 2 到 3 個。〔註115〕

〔註110〕臺灣總督府殖產局特產課編，《臺灣の柑橘》，頁 25。
〔註111〕〈臺灣の柑橘に就て〉，《臺灣日日新報》，1897 年 2 月 10 日，日刊 03 版。
〔註112〕胡昌熾，〈臺灣之柑橘〉，《臺灣銀行季刊》，1949 年 6 月，第二卷第四期，頁 4。
〔註113〕臺灣總督府殖產局特產課編，《臺灣の柑橘》，頁 25。
〔註114〕臺灣總督府殖產局編，《柑橘產業調查書》，頁 46。
〔註115〕臺灣總督府殖產局特產課編，《熱帶產業調查會：柑橘產業二關スル調查

圖 2-3-6　雪柑

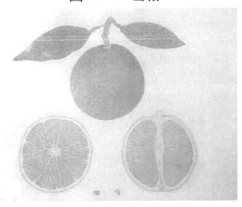

圖片來源：臺灣總督府園藝試驗場編，《園藝試驗成績第一報》
（臺北：臺灣總督府園藝試驗場，1914），附圖。

　　另，椪柑及桶柑皆較為大眾所知，相關文獻中也經常是前後出現，但雪柑則非。除了不見於圖鑑與百科全書外，在行政院農業委員會農業主題館中搜尋，也只得其名不得其形，而在瀏覽器中搜尋，出現「雪柑又稱為晚花椪柑」〔註 116〕、「雪柑是椪柑後熟的品種之一」〔註 117〕的說法，可若是從學名上來看，椪柑 Citrus poonensis 與雪柑 Citrus sinensis Osbeck 同為柑橘屬（Citrus），依二名法的命名規則為屬名加種加詞（種小名），種加詞為形容詞，以學名搜尋，Citrus sinensis 為橙之學名，回顧《臺灣通史》中「橙：味酸，臺人謂之雪柑」〔註 118〕的敘述，及教育部臺灣閩南語常用詞辭典中「雪仔柑」條目的釋義為「雪柑、雪橙」，〔註 119〕且在南京金陵大學胡昌熾教授的分類下，雪柑與甜橙、柳橙及香水橙的關係較近，屬於甜橙類下的圓橙類，〔註 120〕更進一步的確定雪柑與椪柑並非同一種柑橘。至於雪柑是否依然存在或今日之名稱，筆者無從得知，然據資料顯示，雪柑在日治時期的主要產地位於臺北州，也就是

書》，頁 12。
〔註 116〕雪柑（晚花椪柑），收錄於「阿洲水果行」：https://www.365fruit.com/goods-299-雪柑（晚花椪柑）（8 斤）.html（2021/12/18 點閱）。
〔註 117〕呆子的什錦果園：https://blog.xuite.net/jsm49804981/twblog/149520676（2021/12/18 點閱）。
〔註 118〕連橫，《臺灣通史》，頁 666。
〔註 119〕雪仔柑，收錄於「教育部臺灣閩南語常用詞辭典」：https://twblg.dict.edu.tw/holodict_new/result_detail.jsp?n_no=8054&curpage=1&sample=1&radiobutton=1&querytarget=1&limit=1&pagenum=1&rowcount=1（2021/12/20 點閱）。
〔註 120〕櫻井芳次郎，《福建省の園藝に關する調查》（臺北市：南洋協會臺灣支部，1937），頁 21。

今日之臺北市、新北市、基隆市及宜蘭縣範圍，除了病蟲害、環境變遷與政策的影響外，在逐漸都市化的進程中，尤其是雙北市，大片田地為建築所覆蓋，使種植雪柑的柑橘園消失，以至今日已無從見得。

四、金柑（日文名：キンカン；學名：Citrus japonica, Thunb、〔註 121〕Fortunella magarita〔註 122〕。）

在園藝文獻上，這類小型柑橘品種起初皆隸 Citrus 屬下，曾在 1915 年經 W. T. Swingle 氏詳研後，創金橘屬（Fortunella）一屬，以紀念首先將其引入美國的 Robert Fortune 氏，〔註 123〕不過從學名上來看，現在似乎重新被歸類於柑橘屬中。而本文所要討論的品種為在臺灣經常被用來製作蜜餞、糕點，至今仍是宜蘭特色產業的長實金柑。長實金柑在《永嘉縣志》中記錄，因產於江北之羅浮故稱作羅浮；〔註 124〕《汝南圃史》稱牛奶金柑；《湖北通誌》稱牛奶橘；《花歷百詠》稱金棗；《宣州府誌》稱棗橘；日本異名為長實金柑或長金柑；〔註 125〕臺灣則稱金桔或金柑。〔註 126〕原產於中國，〔註 127〕引自於閩北的金橘，與浙江的金橘相同，到了臺灣後，發音轉變成「桔」，又因外觀似棗，且棗的發音較為討喜，又稱之為金棗。〔註 128〕在臺灣的主要產地為宜蘭。〔註 129〕

表 2-3-4　金柑異名

文獻／地點	名　稱	文獻／地點	名　稱
臺灣	金柑、金桔、金棗、桔仔、金橘、牛奶柑	《永嘉縣志》	羅浮
《汝南圃史》	牛奶金柑	《花歷百詠》	金棗
《湖北通誌》	牛奶橘	《宣州府誌》	棗橘

〔註 121〕島田彌市，〈臺灣產果物ノ種類名稱及其分布〉，頁 29。
〔註 122〕柳子明、黃啟章，〈柑橘類名稱之釋意與錄異〉，頁 22。
〔註 123〕柳子明、黃啟章，〈柑橘類名稱之釋意與錄異〉，頁 21。
〔註 124〕張寶琳修，《光緒永嘉縣志·卷之六》（北京：北京大學圖書館，1881），頁 25。「羅浮　狀如金彈而稍長皮甘瓤酸產於江北之羅浮故名栽法取枸橘一本劈開以羅浮接於木身結實較繁。」
〔註 125〕柳子明、黃啟章，〈柑橘類名稱之釋意與錄異〉，頁 22。
〔註 126〕島田彌市，〈臺灣產果物ノ種類名稱及其分布〉，頁 29。
〔註 127〕農藝社編，《果樹栽培實務》，頁 305。
〔註 128〕洪伶編，《臺灣蔬果食用事典》（臺北縣永和市：稻田，2000），頁 159。
〔註 129〕島田彌市，〈臺灣產果物ノ種類名稱及其分布〉，頁 29。

日本	長實金柑、長金柑	中國四川	壽星桔
中國廣東	金桔	英文名	Kumquat
中國浙江	羅浮、金橘		

作者整理。

資料來源：柳子明、黃啟章，〈柑橘類名稱之釋意與錄異〉，《臺灣省農業試驗所農報》，
1948 年 12 月 2 日，11～12 期卷 2，頁 22。康有德，《水果與果樹》（臺北：
黎明文化事業公司，1992），頁 93。

　　金柑樹為柑橘屬中最矮的，細枝直立或斜生，花小、白色，單生或叢生，
果實是柑橘屬中最小的。長實金柑為樹勢最強種，在金柑類中屬於最豐產的，
枝細，刺極少，葉型細長，前端尖，長約 9 公分，寬約 3 公分。果實橢圓或長
橢圓形，果高 3.3 公分、果徑 2.5 公分，果皮橙黃色，油胞清楚、平滑，心室
5～6 個，果皮略帶苦味，果肉酸味強，較不適於生食，適合製作蜜餞。〔註 130〕

圖 2-3-7　金柑

圖片來源：郭信厚，《世界水果圖鑑》（臺北市：貓頭鷹出版，2019），頁 248。

五、酸橘（學名：Citrus sunki〔註 131〕）

　　酸橘在臺灣有酸橘、酸桔、橘仔（客家話）等稱法，〔註 132〕也經常和四季
桔、金柑混淆，百科圖鑑中更是極少有載錄，在日治時期利用 1909（明治 42）
年 12 月新竹廳農會主辦的果實品評會，對各項與會的柑橘類進行調查，酸橘
亦是「其他的柑橘類」的一項，是產量不多卻有被記錄到的品種之一。〔註 133〕

〔註 130〕梁顥編，《經濟果樹‧下》，頁 76。
〔註 131〕柳子明、黃啟章，〈柑橘類名稱之釋意與錄異〉，頁 25。
〔註 132〕柳子明、黃啟章，〈柑橘類名稱之釋意與錄異〉，頁 25。
〔註 133〕島田彌市，〈臺灣產柑橘類果實ノ數字的調查〉，頁 25。

潮州稱其為刺橘，日本則有潮州刺橘、酸結橘、酸仔的稱呼方式。〔註134〕原產於廣東。〔註135〕在臺灣產地為竹北二堡大茅埔庄〔註136〕（新竹縣新埔鎮一個傳統地域名，範圍大致與新埔鎮巨埔里相近）。

表2-3-5　酸橘異名

地　點	名　稱
臺灣	酸橘、酸桔、橘仔
潮州	刺橘
日本	潮州刺橘、酸結橘、酸仔

作者整理。

資料來源：柳子明、黃啟章，〈柑橘類名稱之釋意與錄異〉，《臺灣省農業試驗所農報》，
　　　　　1948年12月2日，11～12期卷2，頁25。

　　果實大約5～6公分，形似小椪柑，皮寬剝皮容易，多籽，果肉酸，不適合生食，常用做果汁、蜜餞、醬料，新竹客家人所製作的桔醬便是使用酸橘，〔註137〕又因生長力強，植株可作為椪柑、桶柑、雪柑的砧木。〔註138〕

圖2-3-8　酸橘

圖片來源：2021/12/26筆者攝於新竹縣橫山鄉大山背。

〔註134〕柳子明、黃啟章，〈柑橘類名稱之釋意與錄異〉，頁25。
〔註135〕胡昌熾，〈臺灣之柑橘〉，頁5。
〔註136〕島田彌市，〈臺灣產柑橘類果實ノ數字的調查〉，頁25。
〔註137〕彭惠圓總編，《「桔吉如炣‧醬靚就好」2013新北客家桔醬節「醬」新獨具
　　　　　上好菜》（新北市：新北市政府客家事務局，2013年12月），頁7。
〔註138〕胡昌熾，〈臺灣之柑橘〉，頁5。

六、虎頭柑（學名：Citrus kutokan〔註139〕）

在《臺灣文獻叢刊》又有九頭柑之稱。〔註140〕自潮州、漳州引入臺灣。為天然雜交種，含有柚、甜橙、紅橘等血統，福建之蚌橘、廣東之沙柑與此為一類。果實圓型或扁圓型，〔註141〕有大小顆之分，大型約272～378厘（約8.24～11.45公分）高，周長約1190～1650厘（約36.057～50公分）長；小型約241～336厘（約7.3～10.18公分）高，周長約1070～1530厘（約32.42～46.35公分）長，〔註142〕果皮厚約1公分，粗糙且凹凸不平，油胞點大，瓤囊11～13瓣，重約350公克，果肉柔軟多汁，酸味強，需加糖食用，可作為葡萄柚之代用品，〔註143〕苗栗地區則用其作為醋的代用品。〔註144〕果皮淡黃，棉質而鬆軟，有厚薄之分，藥用代枳殼，前者稱粗皮枳殼，後者稱細皮枳殼。〔註145〕

圖2-3-9　虎頭柑

圖片來源：2021/12/26筆者攝於新竹縣橫山鄉大山背。

〔註139〕吳征鎰，彼得·雷文編，《中國植物志·第43（2）卷》（中國：科學出版社，1997），頁196。

〔註140〕連雅堂編著，《臺灣詩乘·卷二》（臺北縣板橋市：龍文出版，2009），頁73。「居魯又有詠物詩數首。亦采風者之責也。方司馬惠九頭柑束謝云。海壖殘臘試霜柑。繞抱清香興已酣。採自千頭金顆重。攜來九瓣玉漿甘。種傳甌粵原無匹。宴飲華林舊錫三。不是乘槎遠行役。殊方佳味那能諳。按九頭柑即虎頭柑。實小於柚。色黃而酸。」

〔註141〕胡昌熾，〈臺灣之柑橘〉，頁3。

〔註142〕島田彌市，〈臺灣產柑橘類果實ノ數字的調查〉，頁25。

〔註143〕胡昌熾，〈臺灣之柑橘〉，頁3。

〔註144〕〈臺灣の柑橘に就て（承前）〉，《臺灣日日新報》，1897年2月13日，日刊03版。

〔註145〕中國科學院植物研究所，《中國植物志·第43（2）卷》，頁196。

　　本節所探討的 6 個品種均自中國嶺南地區引入臺灣，並多種植於臺中以北地區。除了雪柑之外，其餘的 5 的品種自引入至今約 2、300 年後的今日仍然可以在市面上看見，不僅是因為臺灣的氣候條件與土質適合，亦有日治時期大力推廣的成效與商業的價值，更多的是這些柑橘與常民生活的聯繫，以至於在新品種層出不窮的今日，仍然沒有被取代的情況出現。

表 2-3-6　　上述 6 種柑橘種苗來源及日治時期於臺灣的主要產地

品　　種	種苗來源	臺灣主要產地
椪柑	中國嶺南地區	臺北、桃園、新竹、彰化、鹽水港
桶柑	中國潮州	臺北州鷺洲庄、新竹州龜山庄
雪柑	中國廣東潮洲	臺北州新莊郡鷺洲庄、新竹
金柑	中國閩北	宜蘭
酸橘	中國廣東	竹北二堡大茅埔
虎頭柑	中國潮州、漳州	桃園、苗栗、臺中東勢、石岡（今日產地）

作者整理。

資料來源：島田彌市，〈臺灣產果物ノ種類名稱及其分布〉，《臺灣農事報》，1909 年 9 月 25 日，第 34 號，頁 25～29；臺灣總督府殖產局特產課編，《臺灣の柑橘》（臺北：臺灣總督府殖產局特產課，1927 年），頁 25；新竹州農會編，《臺灣に於ける柑橘栽培》（新竹：新竹州農會，1939 年），頁 11；柳子明、黃啟章，〈柑橘類名稱之釋意與錄異〉，《臺灣省農業試驗所農報》，1948 年 12 月 2 日，11～12 期卷 2，頁 28；胡昌熾，〈臺灣之柑橘〉，《臺灣銀行季刊》，1949 年 6 月，第二卷第四期，頁 5；王禮陽，《台灣果菜誌》，（臺北市：時報文化，1994），頁 124；洪伶編，《臺灣蔬果食用事典》（臺北縣永和市：稻田，2000），頁 159；行政院農業委員會農業主題館——虎頭柑。

第三章　日治時期柑橘產業之相關組織與政策

　　在日本人治理臺灣前，臺灣即有豐富的物產，如茶、砂糖、苧麻、藍、煙草、咖啡、柑橘等，皆為日本人認為極有發展前途的物產，故在治臺初期便對各項物產進行調查及試驗，柑橘亦包含在其中。柑橘在當時的臺北產出不多且品質不佳，但風味符合日本人的嗜好，使其成為一項被積極推廣的物產之一。在日治時期的臺灣，所謂「青果產業」及「園藝產業」是具有相同意思的，「青」指的是「蔬菜」，「果」則指「水果」，一般在交易買賣方面會稱為「青果」，而栽培方面則使用「園藝」，〔註1〕與今日所稱之「園藝」實屬不完全相同的領域。臺灣總督府在柑橘產業上推行許多獎勵及補助制度，並設立專責園藝作物試驗的研究機構，進行從接木、施肥、病蟲害預防到採摘、包裝及運送的試驗，亦有下到基層農會及民間的指導園、模範園、產業組合、同業組合等設置，以及品評會的互相交流，甚至將柑橘帶到國際性的展覽會場，可見柑橘在當時對臺灣已具有相當程度的重要性。

第一節　柑橘產業之相關機構設置

　　臺灣柑橘的栽種自清代以來便有，雖然規模小極少外銷，但在日治初期的物產調查上，被給予了極具發展潛力的期望，並針對柑橘進行一連串的培育、

〔註1〕梶原通好，〈臺灣の青果產業〉，《臺灣經濟年報》，昭和18年版（1943年8月5日），頁328。

試驗與獎勵、補助制度，使其逐漸成為能與香蕉、鳳梨不相上下的出口物產。此節就臺灣總督府在柑橘產業上所設置的機構進行說明。

一、園藝試驗機構

農事試驗場為日本推動近代農學研究的主要機構之一，自 1890 年代末期起，日本各府縣陸續成立農事試驗場，進行各項農事改良的試驗，〔註2〕而當時日本人接收臺灣後即施作了諸多的農業調查，並在重要農產物上實行試驗，如臺灣各地的農產物、稻米播種、甘蔗製糖試驗、茶葉試製、外國種作物試植等。〔註3〕原先由總督府民政部殖產課設立的農事試驗場位於臺北城廓外大龍峒與小南門外，並雇用日本的老農和臺灣農家進行各種日本、外國作物的試植以試驗土質的好壞，結果收穫頗為豐厚，將來可以有利於臺灣農試發展的豐富度。〔註4〕不過在改由臺北縣廳來經營農事試驗所後，認為之前選定位址時尚處兵馬倥傯之際，使試驗場的規模狹小，且散佈各處不利於監管，故於 1896（明治 29）年選定大龍峒舊兵營作為農事試驗場的本場，古亭庄及三板橋庄（今臺北市中山區西南部及中正區東北部區域）等原有的試作地則做為支場繼續進行各種栽種的試驗，〔註5〕又因臺灣農民對促進殖產工業的發達有密切的關聯，各街庄長也會定期舉行產業講話會，利用縣廳派遣的農事試驗所技手，告知農民現在農事調查的情況、對將來農事的期望或農產改良等方面的資訊，希望能增加農民的技術與知識。〔註6〕而在果樹試植的部分，則主要在大龍峒的試作場進行，果樹苗如柑橘、柿、梨、桃、梅等多自東京青山精良種苗園取得，而柑橘在南清地方產出豐富，又以廈門地區最為佳良，故自該地購取西螺柑、虎頭、凸柑、文旦、頭柑、福桔各數十本試種。〔註7〕不過因農事試驗的效果與土質、氣候、地形、作物等密切相關，臺灣南北氣候差異大，為獲

〔註2〕吳文星，〈札幌農学校と台湾近代農学の展開──台湾總督府農事試驗場を中心として〉，《臺灣教育史研究會通訊》，第 24 期（2002 年 12 月），頁 5～10。

〔註3〕臺灣總督府編，《臺灣總督府事務成績提要·第一編（明治 28 年度）》（臺北市：成文出版社，1985），頁 21～23。

〔註4〕〈農事試驗〉，《臺灣日日新報》，1899 年 7 月 23 日，日刊 05 版。

〔註5〕臺灣總督府編，《臺灣總督府事務成績提要·第二編（明治 29 年度）》（臺北市：成文出版社，1985），頁 76。

〔註6〕〈產業講話會〉，《臺灣日日新報》，1899 年 12 月 1 日，日刊 02 版。

〔註7〕臺灣總督府編，《臺灣總督府事務成績提要·第二編（明治 29 年度）》，頁 79～80。

得更適合各地的作物栽培試驗成果，殖產課委託臺中及臺南兩地進行重要農作物的試驗，並提供設備及委託費用 1,600 圓。〔註8〕1901（明治 34）年官制改正後，臺北、臺中、臺南三處的農事試驗場及臺中的養蠶傳習所從臺灣總督府直轄改為由殖產局管理，進行農產畜產的增殖改良及養蠶相關試驗、委託試驗、巡迴講話、農事講習、養蠶傳習等業務。〔註9〕

表 3-1-1　臺灣總督府農事試驗場名稱、位置及管轄區域

名　稱	位　置	管轄區域
臺北農事試驗場	臺北東門外	宜蘭、基隆、臺北、深坑、桃仔園、新竹各廳
臺中農事試驗場	臺中	臺中、彰化、南投、斗六、苗栗各廳
臺南農事試驗場	臺南小西門外	嘉義、鹽水港、臺南、蕃薯寮、澎湖、鳳山、阿緱、恆春、臺東各廳

資料來源：「臺灣總督府農事試驗場名稱位置及管轄區域」（1902-08-16），〈明治 35 年 8 月臺灣總督府報第 1205 期〉，《臺灣總督府（官）報》，國史館臺灣文獻館，典藏號：0071011205a004。

到了 1903（明治 36）年，臺中、臺南兩試驗場與臺北試驗場合併，移轉至大加蚋堡頂內埔庄（約今之臺北市大安區的西南部及中正區東南部），並劃分出種藝部、畜產部、昆蟲部、教育部、農藝化學部、植物病理部、庶務部等 7 個分部。〔註10〕種藝部主要為重要農作物的相關試驗及日本或外國種苗的試種；畜產部為家畜及家禽的改良、繁殖、飼料、產物等試驗；昆蟲部針對各種害蟲的發生、習性、驅除預防方法進行研究；教育部負責培育各領域的講習生，並每年派遣講師進行農事巡迴講話一次以上，加強地方在種植作物方面的能力；〔註11〕農藝化學部負責肥料、生產物、堆肥、綠肥作物等試驗及分析；植物病理部負責各種作物的病害發生、治療預防方法試驗，包括柑橘瘡痂病、柑橘煤病的預防試驗；〔註12〕庶務部則是負責農事試驗場各項

〔註 8〕臺灣總督府編，《臺灣總督府事務成績提要・第三編（明治 30 年度）》（臺北市：成文出版社，1985），頁 131～132。

〔註 9〕臺灣總督府編，《臺灣總督府事務成績提要・第七編（明治 34 年度）》（臺北市：成文出版社，1985），頁 260。

〔註10〕臺灣總督府官房文書課編，《臺灣寫真帖》（臺北市：臺灣總督府官房文書課，1908），頁 11。

〔註11〕臺灣總督府官房文書課編，《臺灣寫真帖》，頁 11。

〔註12〕臺灣總督府編，《臺灣總督府事務成績提要・第十一編（明治 38 年度）》（臺北市：成文出版社，1985），頁 362～363。

行政運行。〔註13〕另於 1918（大正 7）年設置農事試驗場的嘉義支場，來負責熱帶農事相關的試驗。臺灣作為日本的新領地與日本本土的氣候存在極大的差異，因此臺灣的農事試驗場不論在經營的方向或是事業的推動上，都具有一定的獨特性，而作為臺灣最早的近代農學研究機關，農事試驗場無疑奠立了近代臺灣農學的基礎。〔註14〕

農事試驗場設置運行之後，針對特別物產進行試驗的民政部殖產局附屬之園藝試驗場於 1908（明治 41）年 1 月 18 日以訓令第 5 號設立在臺北廳芝蘭一堡福德洋庄（今士林官邸址），進行園藝植物的繁殖及栽培、種類選擇、種苗的鑑定及分發、收穫、貯藏及加工等相關事項。〔註15〕至 1918（大正 7）年，臺灣總督府以訓令第 122 號於嘉義廳設立嘉義支場，負責熱帶農事、熱帶園藝作物的栽培、繁殖、收穫、貯藏及加工等相關試驗。〔註16〕1921（大正 10）年 8 月勅令第 362 號公布中央研究所的官制，將原附屬於民政部殖產局的園藝試驗場劃入中央研究所農業部管轄下的士林園藝試驗支所，繼續進行果樹的選擇、繁殖、栽培、種苗的育成分發、果實收穫貯藏等試驗，而嘉義支場則與嘉義農事試驗場嘉義支場合併為嘉義農事試驗支所。〔註17〕

士林園藝試驗支所自 1908 年設立以來，所栽培的園藝作物種類以柑橘為多，有臺灣種的椪柑、雪柑、桶柑，亦有日本種和其他樹種作為標本使用，砧木用的橘仔、枳殼、夏橙栽培主要是用來進行臺灣園藝的各種試驗。〔註18〕試驗支所在柑橘方面所進行的事業有柑橘苗木的育成、柑橘種類及品種試驗、柑橘類的交配育種、柑橘砧木接木實驗、柑橘類解剖學的比較研究、潰瘍病及象

〔註13〕 「臺灣總督府農事試驗場分課規程」（1908-07-23），〈明治 41 年 7 月臺灣總督府報第 2483 期〉，《臺灣總督府（官）報》，國史館臺灣文獻館，典藏號：0071012483a001。

〔註14〕 吳文星，〈札幌農学校と台湾近代農学の展開——台湾總督府農事試驗場を中心として〉，頁 5～10。

〔註15〕 「臺灣總督府民政部殖產局附屬園藝試驗場設置ノ件」（1908-01-18），〈明治 41 年 1 月臺灣總督府報第 2351 期〉，《臺灣總督府（官）報》，國史館臺灣文獻館，典藏號 0071012351a001。

〔註16〕 「臺灣總督府民政部殖產局附屬園藝試驗所支場設置」（1918-07-21），〈大正 7 年 7 月臺灣總督府報第 1615 期〉，《臺灣總督府（官）報》，國史館臺灣文獻館，典藏號：0071021615a003。

〔註17〕 臺灣總督府殖產局編，《柑橘產業調查書》，頁 1～2。

〔註18〕 臺灣總督府編，《臺灣總督府事務成績提要・第十四編（明治 41 年度）》（臺北市：成文出版社，1985），頁 427～428。

皮病預防藥劑比較試驗、插木試驗、小包裝椪柑運送試驗、芽條選擇改良、柑果著色試驗、耐濕栽培試驗、芽接試驗、利用太陽熱的溫床插木試驗、椪柑肥料試驗、整枝及剪定試驗等諸多事項，經費方面則以國庫支出園藝試驗費進行。〔註19〕在上述諸多試驗內容中，以可提升樹種品質及直接增加種植面積的種苗養成與分發，和在運輸方面有重要影響的貯藏與運送包裝試驗最具重要性，又因優良柑橘種苗的養成來自於砧木、接木的試驗成果，故下面將此 2 項合併為 1 項討論；另因柑橘在運送過程中，容易腐敗，故有貯藏與運送之試驗，本節將此 2 項合為 1 項敘述。

1. 柑橘砧木接木試驗及柑橘苗木育成與分發

士林園藝試驗支所所進行的此 2 項業務對柑橘產業的蓬勃發展而言，實屬一大推進力。自 1903（明治 36）年開始即因開啟對外貿易的途徑而使柑橘的需求增加，相對應的補助措施也陸續規劃，原先以補助金的方式扶植栽培者確實使栽培面積迅速擴張，然此種方式往往無法種植出優良的樹種，故於 1911（明治 44）年停止補助金的申請發放，將補助金的額度改作為園藝試驗場的費用，並進行優良種苗的養成及分發。〔註20〕

表 3-1-2　1910～1915 年園藝試驗費

年　　度	園藝試驗費（國庫支出）（圓）
1910	11,997
1911	17,619
1912	17,332
1913	16,005
1914	16,905
1915	15,878

資料來源：《臺灣總督府事務成績提要・第十六編（明治 43 年度）》～《臺灣總督府事務成績提要・第二十一編（大正 4 年度）》。

柑苗的養成主要使用果樹繁殖法中最常見也最有效果的接木法。接木是將 2 種不同性質的樹併為 1 種樹的方法，分為砧木與穗木 2 個部分，一般來

〔註19〕臺灣總督府殖產局編，《柑橘產業調查書》，頁 2～4。
〔註20〕臺灣總督府編，《臺灣總督府事務成績提要・第十七編（明治 44 年度）》（臺北市：成文出版社，1985），頁 211～212。

說，同種類的樹最容易成功，而不同種類的樹則越是近親越容易成功。〔註21〕
砧木的養成約需 2 年的時間，春季時在排水良好的土地上以堆肥、大豆粕、過
磷酸石灰、木灰與土混合為苗床播下種子，在發芽長至 2、3 吋時，改施以水
肥，種植滿 1 年才可移植至主要的圃地中，等待隔年的春季進行接木。〔註22〕
穗木採取時間自 2 月開始，需採集生長期間樹液尚未上升的樹枝較好，採取的
樹枝可用塑膠布密封放於冷藏庫保管，不可沾濕，一般能保存到 4 月底。〔註
23〕接木法中較為傳統的方法為切接法，樹圍 1、2 吋到 2、3 尺的砧木皆可使
用，將小型的砧木約離地 2、3 吋處，大型砧木 3、4 尺高處切斷並切出深入至
木質部的接木口，後將 1 寸 5 分～3 寸長且帶有 1～2 個芽的穗木接木端斜削
成平滑面，並保留形成層與木質部。準備好的穗木插入砧木的切口緊密接合，
以藺草之類的適合材質捲縛，並用月桃葉包覆一層土於接木處，防止穗木乾
燥。〔註24〕接木後約 5、6 個月左右，穗木的芽會開始生長，可以修剪掉殘枝，
等長至 6、7 寸時，即可開始施加肥料。〔註25〕

圖 3-1-1　接木步驟

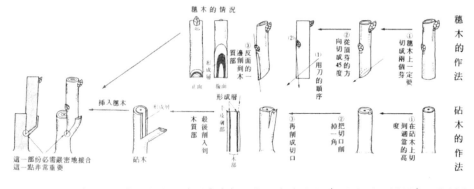

圖片來源：農藝社編，《果樹栽培實務》（臺北市：武陵出版有限公司，1991），頁 104。

在砧木與穗木相性及接木適合時間上，試驗支所進行了比較試驗。對接
木當時的天氣狀況及砧木種類的區別試驗接木的存活率，亦針對穗木的大小
及取用位置的存活率進行試驗。以 1912（明治 45）年與 1913（大正 2）年的

〔註21〕農藝社編，《果樹栽培實務》，頁 103。
〔註22〕臺灣總督府園藝試驗場編，《園藝試驗成績第一報》（臺北：臺灣總督府園藝試
　　　　驗場，1914），頁 3。
〔註23〕農藝社編，《果樹栽培實務》，頁 106。
〔註24〕芳賀鍬五郎，《臺灣園藝》，頁 41～42。
〔註25〕臺灣總督府園藝試驗場編，《園藝試驗成績第一報》，頁 3。

比較試驗來看，皆以枳殼及橘仔作為砧木接上雪柑、椪柑及桶柑，分別在 1 月下旬、2 月上中下旬和 3 月上中下旬進行接木，變因為接木當時的天氣狀況。1912 年成功率最高的時間為日照最多、雨量少的 2 月下旬，最低為日照少、雨量多的 1 月下旬及 3 月中旬；1913 年亦是日照多、雨量少的 2 月下旬成功率高，可得出日照及雨量對接木的影響甚大。不過在 2 年的比較中，不同砧木存活的成功率正好相反，需要繼續進行試驗。穗木的試驗則取用不同長度、不同位置的樹枝作為試驗的區別，得出長約 8 寸左右的中穗存活率最高，之後一次為 1 尺以上的大穗及 6 寸以下的小穗；芽的位置採用在兩年的成果不同，但中芽的成功率相對要高一些，故穗木的選擇依舊以採取中芽為主。〔註 26〕

　　上述各種接木試驗在過程中得出接木最適合的天氣、砧木種類、穗木取用部位等成果，使園藝試驗支所能夠提高接木的成功率並逐年增加接木的數量，得以種植大量種苗分發給各州廳農會，再經由農會將種苗分至農民手中，促進農民種植種苗的品質穩定及產量確保。

表 3-1-3　1910～1934 年士林園藝試驗支所柑橘種苗配附表　　單位：本

年　度	椪　柑	桶　柑	高檔桶柑	雪　柑	總計（全種類）
1910	5,480	---	3,010	2,390	13,890
1911	3,380	7,640	1,890	10,280	29,980
1912	14,000	10,000	---	3,050	36,000
1913	12,000	9,000	---	25,250	67,300
1914	23,400	8,400	---	17,500	60,270
1915	20,000	4,000	---	6,000	40,500
1916	11,800	3,100	---	2,900	21,790
1917	12,700	3,500	---	6,600	24,200
1918	10,270	9,240	---	4,040	27,000
1919	15,000	12,800	---	3,580	34,580
1920	5,900	7,200	---	3,500	19,640
1921	900	650	---	400	3,125

〔註 26〕臺灣總督府園藝試驗場編，《園藝試驗成績第一報》，頁 9～13。

1922	5,000	100	800	600	7,800
1923	5,030	---	900	250	7,690
1924	3,650	---	2,300	---	7,120
1925	3,000	---	900	200	6,150
1926	700	200	---	100	2,690
1927	26	16	---	13	4,543
1928	278	37	---	---	3,070
1929	100	---	---	---	1,452
1930	92	76	---	44	2,954
1931	--	20	---	66	2,946
1932	196	---	69	26	4,531
1933	58	---	229	128	10,575
1934	33	---	62	29	8,333

資料來源：臺灣總督府殖產局特產課編，《熱帶產業調查會：柑橘產業ニ關スル調查書》（臺北市：臺灣總督府殖產局特產課，1935 年），頁 98～103。

表 3-1-4　1912～1916 年園藝試驗場養成柑苗各廳配付數　　單位：本

		椪　柑	桶　柑	雪　柑
1912	臺北	400	850	1,300
	宜蘭	400	850	1,100
	桃園	400	1,000	1,500
	新竹	4,800	3,000	3,250
1913	臺北	1,100	1,100	3,000
	宜蘭	900	800	2,300
	桃園	1,100	1,100	4,050
	新竹	2,600	1,600	5,500
1914	臺北	1,700	1,200	4,800
	宜蘭	1,500	2,000	3,100
	桃園	2,000	2,600	5,800
	新竹	5,900	500	―

1915	臺北	500	—	1,000
	宜蘭	2,000	400	3,000
	桃園	1,500	500	500
	新竹	5,500	1,000	—
1916	臺北	300	200	—
	宜蘭	1,200	500	700
	桃園	1,800	1,100	200
	新竹	3,000	500	—

作者整理。

資料來源：《臺灣產業年報（第八回）大正元年》～《臺灣產業年報（第十二回）大正五年》。

　　從上表 3-1-3 歷年種苗分發的種類與數量變化可以發現，在 1926（昭和元）年以前，種苗分發的品種在本文所討論的椪柑、桶柑、雪柑部分，即已佔有年度分發數的一半以上，表示這些品種種苗的需求量及栽種面積甚大，於產業發展上，由園藝試驗支所穩定樹種品質，擴大種植面積，產量應是相當可觀的。在 1926 年以後，表中 4 個品種種苗分發量大幅下降，改由外國種的柑橘種苗分發為主，筆者認為此 4 個品種的栽種可能已達飽和或以其他管道進行分發，加之試驗支所在外國品種的栽培試驗及新品種的育成獲得良好成果，而藉種苗分發的途徑向農民推廣。而在表 3-1-4 中，1912、1913 兩年的柑苗分配在桃園、新竹兩廳的數量要多於分配給臺北、宜蘭的數量，應該與當時臺灣柑橘原先的主產地如員林和和尚洲多種植於地下水位較高的平地，使樹齡較短，且在 1910 年代左右又受立枯病及其他病害危害有關，栽種面積開始往山區傾斜地或丘陵山腹處增加，如臺北大屯山的西南麓、觀音山的南麓、新竹山坡地、桃園山坡地等，柑苗的需求自然增加。〔註27〕到了 1914 年開始可以看到明顯的種類配發區分，桃園、新竹以椪柑為主，臺北、宜蘭則以雪柑為多，雖然桃園及新竹也曾分發大量的雪柑苗木，但或許成效不佳，之後便大幅減少分發數，轉發給其他廳。

〔註27〕臺灣總督府民政部殖產局，《臺灣產業年報（第八回）大正元年》（臺北市：臺灣總督府民政部殖產局，1914），頁 94～95。臺灣總督府民政部殖產局，《臺灣產業年報（第十回）大正三年》（臺北市：臺灣總督府民政部殖產局，1917），頁 87。

2. 柑橘貯藏及輸送試驗

柑橘在採摘後，容易因碰撞或病蟲害而使果實腐敗，故在果實的貯藏上，園藝試驗支所在 1911 年 10 月下旬進行了簡單的柑橘類果實貯藏試驗，將果實以 6 種不同的包裝方式封裝，並於 5 個月後也就是 1912 年的 4 月上旬開封檢查試驗成績，不過其中有 2 種方法受到老鼠破壞而無結果，認為還需要進行更多的試驗才可知道何種方式能貯藏更長的時間，〔註28〕並計畫在 1912 年設置 4 坪的果物貯藏庫進行學理上更加詳細的調查及試驗，嘗試讓果實的貯藏時間增加進而適時調整市價，在海外輸出方面也可因貯藏良好而獲得更佳的利益。〔註29〕此處舉結果位置與貯藏關係及果梗長短與貯藏關係 2 種試驗作為例子。結果位置的貯藏試驗是將果實採摘後至於貯藏庫內，以乾草填塞果實間的空隙，並以 10 日為一個單位進行腐敗果的檢查，研究蜜柑樹上結果位置在果實貯藏期間的變化是否有關連。放置 4 個月後，雖然有大半的果實已經腐敗，但可看出結在樹枝中部的果實腐敗最少，且色澤、甜味及漿液量均優於其他位置的果實，而結在樹枝上部的果實腐敗最多，大半果皮縮皺、漿液少，毫無販賣的價值。果梗長短的貯藏試驗則要研究蜜柑在收穫時留下的果梗長短是否影響貯藏的時間。試驗結果得知果梗自根部完全切除的果實腐敗顆數最少，雖然果皮多少縮皺，但色澤依舊、富含甜味；果梗保留 1 寸 5 分且帶有葉片的果實雖然全部的果皮縮皺，漿液也少，但腐敗的顆數相對少；而留有 5 分長度的果實腐敗最多，品質也差。〔註30〕

另為因應須經長途運送的出口貿易，園藝試驗支所亦針對果實的包裝容器及包裹物進行試驗。1913（大正 2）年對蜜柑施行了 2 次試驗，果實為採摘自臺北廳和尚洲庄及水湳庄的雪柑（2 月 15 日採摘）和桶柑（2 月 16 日採摘），挑選無介殼蟲蟲害、無損傷、無果梗、色澤良好、果形整齊的果實，以新聞紙及石蠟紙包裹，放置於大箱、小箱及米籃 3 種不同的容器中，中間空隙以乾草填充，於 2 月 17 日包裝完成，19 日自基隆乘信濃丸出港，同月 23 日抵達神戶。第一次試驗成果從表 3-1-5 可見雪柑在大箱及小箱中，以新聞紙包裹的果實腐敗率最低；米籃則是以石蠟紙包裹腐敗率最低。桶柑在大箱中，以新聞紙包裹與無包裹腐敗率相同，在小箱及米籃中，則是以新聞紙

〔註28〕〈果實貯藏試驗〉，《臺灣日日新報》，1912 年 4 月 12 日，日刊 02 版。
〔註29〕〈園藝試驗所新計畫〉，《臺灣日日新報》，1912 年 4 月 12 日，日刊 01 版。
〔註30〕臺灣總督府園藝試驗場編，《園藝試驗成績第一報》，頁 27～29。

包裹的果實腐敗率最低。〔註31〕

圖 3-1-2　大箱及米籃圖示

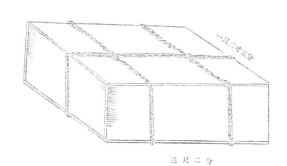

圖片來源：臺灣總督府園藝試驗場編，《園藝試驗成績第一報》（臺北：臺灣總督府
　　　　　園藝試驗場，1914），頁 35。

表 3-1-5　蜜柑部第一次運送試驗成果

		雪　柑			桶　柑		
		石蠟紙	新聞紙	無包	石蠟紙	新聞紙	無包
大箱 3 個	總顆數	420	420	420	330	330	330
	腐敗數	36	31	46	16	12	12
	腐敗率（%）	8.6	7.4	11.0	4.8	3.6	3.6
小箱 3 個	總顆數	150	150	150	156	156	156
	腐敗數	11	8	10	8	3	10
	總顆率（%）	7.3	5.3	6.7	5.1	1.9	6.4
米籃 3 個	總顆數	450	450	450	300	300	300
	腐敗數	35	46	39	18	9	10
	腐敗率（%）	7.8	10.2	8.7	6.0	3.0	3.3

資料來源：臺灣總督府園藝試驗場編，《園藝試驗成績第一報》（臺北：臺灣總督府園
　　　　　藝試驗場，1914），頁 36。

　　第二次試驗的果實於 1913 年 3 月 8 日採摘，10 日包裝，12 日自基隆乘
備後丸出港，17 日抵達神戶，容器採用二重苫蕉籠及米籃，內部分別為以乾

〔註31〕臺灣總督府園藝試驗場編，《園藝試驗成績第一報》，頁 33～36。

草、稻藁填充及無填充 3 種。〔註32〕試驗結果如表 3-1-6、表 3-1-7。在第二次運送包裝試驗中，雪柑以米籃運送的腐敗率明顯低於以芎蕉籠運送，但在桶柑部分，又得出不盡相同的結果，在內部填充物上，亦無法判斷何種較佳。筆者認為上述 2 次試驗的結果仍存有許多不確定性及變因，在採果時的天氣狀況、運送期的天氣變化等，應都會影響到果實的腐敗率，故尚須數次的試驗方可定論。上述不管是貯藏或是包裝的試驗目的都是為了讓果物能夠販賣更長時間、運送更遠距離，擴展市場獲取更多的利益，故園藝試驗場持續進行包裝運送方法的改良，如預計在 1914 年繼輸至神戶的試驗後，將實行輸送至上海的試驗，希望能開創臺灣輸出果物的新紀元。〔註33〕而經過幾年的試驗，在 1915 年從臺灣運送御用果物至日本時，是將柑橘類（蜜柑千顆、文旦 50 顆、柚 50 顆）以石蠟紙一顆一顆包裹放在木盒中，空際以刨花填充，此法是園藝試驗場多年試驗出皆不會腐爛的方式。〔註34〕

表 3-1-6　蜜柑部第二次雪柑運送包裝試驗結果

		雪　柑					
		二重芎蕉籠			米籃		
		乾草	藁	無填充	乾草	藁	無填充
石蠟紙	顆數	200	180	200	150	150	150
	腐敗數	5	2	0	1	1	1
	腐敗率（％）	2.5	1.1	0	0.6	0.6	0.6
新聞紙	顆數	200	190	200	150	150	150
	腐敗數	8	8	19	1	2	5
	總顆率（％）	4.0	4.2	9.5	0.6	1.3	3.3
無包	顆數	200	200	200	150	150	150
	腐敗數	5	4	5	5	2	0
	腐敗率（％）	2.5	2.0	2.5	3.3	1.3	0

資料來源：臺灣總督府園藝試驗場編，《園藝試驗成績第一報》（臺北：臺灣總督府園
　　　　　藝試驗場，1914），頁 37。

〔註32〕臺灣總督府園藝試驗場編，《園藝試驗成績第一報》，頁 36～37。
〔註33〕〈果物輸送開始〉，《臺灣日日新報》，1913 年 3 月 23 日，日刊 02 版。
〔註34〕〈御用果物發送〉，《臺灣日日新報》，1915 年 11 月 3 日，日刊 02 版。〈大典用果發送〉，《臺灣日日新報》，1915 年 11 月 4 日，日刊 05 版。

表 3-1-7　蜜柑部第二次桶柑運送包裝試驗結果

		桶　柑					
		二重苢蕉籠			米籃		
		乾草	藁	無填充	乾草	藁	無填充
石蠟紙	顆數	170	170	170	100	100	130
	腐敗數	12	1	3	1	4	5
	腐敗率（%）	7.05	0.6	1.8	1.0	4.0	3.8
新聞紙	顆數	170	170	170	100	100	130
	腐敗數	4	3	2	2	3	13
	總顆率（%）	2.3	1.8	1.2	2.0	3.0	10.0
無包	顆數	170	170	170	100	100	130
	腐敗數	9	2	3	4	4	6
	腐敗率（%）	5.2	1.2	1.8	4.0	4.0	4.6

資料來源：臺灣總督府園藝試驗場編，《園藝試驗成績第一報》（臺北：臺灣總督府園藝試驗場，1914），頁 37～38。

二、模範園

　　隨著栽培面積逐漸增加、種植技術逐年更新，過去的栽培管理與技術已不足以提供市場足量的產出，加上日本對外來病蟲害的警覺，制定了植物檢查制度，自臺灣移出至日本的柑橘果實皆需經過嚴密的病蟲害檢查，這關係到未來柑橘的銷路，臺灣的柑橘栽培急需近一步的改良，且有必要讓農民實地習得施肥培養、病蟲害驅除預防及販賣的管理，故殖產局於 1917（大正 6）年設置模範園，請主產地的廳農會選定適當的柑橘園給予補助，施以合理的肥培方法及病蟲害驅除預防，作為當地柑橘果農的模範。〔註35〕新竹州農會另設有柑橘指導園，在改善柑橘產業的基礎上，對柑橘園的經營、肥培管理、貯藏等其他各種試驗進行指導，再將獲得良好成果的改善方法投入模範柑橘園施行，給柑橘果農進行示範，〔註36〕以期獲得更佳的產量及產值。

〔註35〕臺灣總督府編，《臺灣總督府事務成績提要・第二十三編（大正 6 年度）》（臺北市：成文出版社，1985），頁 268。
〔註36〕新竹州農會編，《臺灣に於ける柑橘栽培》，頁 107。

表 3-1-8 1917（大正 6）年模範園位置、柑橘種類及補助金額

廳農會名	柑橘種類	樹　齡	樹數（本）	補助金額（圓）
臺北	雪柑	12	50	125
桃園	椪柑	9	50	125
新竹	椪柑	11	50	125
新竹	斗柚	6〜20	25	125
臺中	椪柑	12	50	125
南投	椪柑	10	50	125
嘉義	椪柑	10	50	125
臺南	文旦	10〜50	25	125
計 8 處			350 本	1,000 圓

資料來源：臺灣總督府編，《臺灣總督府事務成績提要・第二十三編（大正 6 年度）》
（臺北市：成文出版社，1985），頁 268〜269。

表 3-1-9 1928（昭和 3）年模範柑橘園一覽

州　別	位　置	補助金額	樹　種	樹　齡	樹　數
臺北	北投庄	500 円	高檔桶柑	7	70
	礁溪庄			7	69
	鶯歌庄			4	70
	鷺洲庄			4	74
	鷺洲庄			9	60
新竹	新埔庄	500 円	椪柑	12	50
	關西庄			12	50
	竹東庄			13	55
	寶山庄			10	50
	頭份庄			10	54
臺中	大雅庄	400 円	椪柑	7	96
	新社庄			6	71
	永靖庄			6	72
	名間庄			6	72
臺南	麻豆街	200 円	文旦	31〜73	20
	西螺街		斗柚	23	20
計	16 處	1,600 円			

資料來源：臺灣總督府殖產局編，《柑橘產業調查書》（臺北市：臺灣總督府殖產局，
1930），頁 7。

表 3-1-10　1933（昭和 8）年模範柑橘園

州　別	位　置	補助金額	樹　種	樹　齡	樹　數
臺北	北投庄	560 円	高檔桶柑	12	70
	淡水街			4	70
	宜蘭街		溫洲蜜柑	5	70
	礁溪庄			6	62
	冬山庄		高檔桶柑	7	70
	鶯歌庄			8	70
	鷺洲庄			6	60
	林口庄			4	68
新竹	新埔庄	640 円	椪柑	17	50
	新埔庄			10	50
	關西庄			17	50
	龜山庄		高檔桶柑	14	73
	竹東庄		椪柑	14	55
	芎林庄			13	55
	寶山庄			14	50
	頭份庄			14	54
臺中	神岡庄	480 円	椪柑	8	56
	新社庄			5	68
	永靖庄			5	60
	田尾庄			5	72
	名間庄			7	70
	永靖庄		晚白柚	8	32
臺南	西螺街	160 円	斗柚	16	98
	斗六街		白柚、晚白柚	4	49、36
	麻豆街		文旦、白柚	4	50、200
臺東	卑南區	80 円	レモン	3	73
花蓮港	豐田村	80 円	レモン	3	75
	27 處	2,000 円			

資料來源：臺灣總督府殖產局特產課編，《熱帶產業調查會：柑橘產業ニ關スル調查書》（臺北市：臺灣總督府殖產局特產課，1935 年），頁 119～120。

　　1917 及 1918 年全臺模範園共有 8 處（見表 3-1-8），補助共計均為 1,000 圓，每處可得 125 圓補助金，北臺灣柑類部分即佔有 8 分之 3。到了 1928 年，

模範柑橘園增加至 16 處，每處均可得 100 圓補助，補助額共計 1,600 圓，臺北與新竹 2 州共計有 10 處分別栽種高檔桶柑及椪柑的模範園。1933 年臺北新增至 8 處、新竹新增至 8 處，全臺共計 27 處模範園，每處可得 80 圓補助金，共計 2,080 圓。自柑橘模範園設置以來，雖然各單位獲得的補助金減少，但在數量及總補助金額均逐年增加，如臺北、新竹兩州從原先的 3 處增加至 16 處，佔有全臺灣一半以上的數量，且出現栽培新品種的模範園，可見臺北、新竹 2 州在種植區域與範圍逐漸擴張的同時，也持續在進行新品種的培育及栽種，更利用模範園將正確的柑橘園管理經營方式帶至各出產地，大幅的促進各處出產的數量與品質。

　　日本自 1890 年代末期開始，各府縣陸續設立近代農學研究主要的推動機構──農事試驗場，從事農業改良的各項試驗，而臺灣順應此風潮，於 1896 年設立，成為臺灣最早的近代農學研究機構，為臺灣奠定了近代農學的基礎。到了 1908 年，針對園藝物產進行試驗的園藝試驗支所依據訓令第 5 號設立於臺北廳芝蘭一堡福德洋庄，負責果樹作物的種類選擇、繁殖及栽培，種苗鑑定及分發，收穫、貯藏及製造等相關試驗及調查，在建立初期，即以柑橘類果樹作為主要試驗對象，成為全臺最主要的柑橘種苗養成地。而在眾多的試驗中，又以砧木接木試驗及貯藏運送試驗較為重要。砧木接木與種苗的養成關聯極為密切，為因應臺灣對柑橘種苗的需求，園藝試驗支所需尋找及培育優良種苗並進行分發，穩定農家所種植及生產的果樹、果實品質，以達更佳的產量及產值；另外在開展海外貿易後，對柑橘的貯藏及運送包裝、運送方式有了特別的關注，雖然試驗過程變數多，但經過數次的試驗，仍有嘗試出恰當的包裝方式並運用在寄送御用果物上。隨著優良種苗的分發，臺灣的柑橘栽培面積逐漸擴張，栽培技術不足的情況顯現出產業上的困境，加之日本國內意識到外來物產的病蟲害對國內生態的影響，訂定了植物檢查制度，嚴密的病蟲害檢查對臺灣柑橘產業造成衝擊，對於病害的預防及害蟲的驅除出現了急迫性，在前述的環境下，殖產局於 1917 年設置了柑橘模範園，由各州廳的農會選定適當的柑橘園給予補助，作為園藝試驗支所試驗成果的展示，加強農民在柑橘園經營與管理上的技術，增加產量的同時也減少病蟲的侵害。栽種地區的擴張使模範園的數量逐年增加，又尤以臺北、新竹 2 州佔有大半的數量，顯示此 2 州柑橘的種植面積及重要性是高於其他州廳的。除了此節中所提到的各式機構外，臺灣總督府在柑橘產業上亦投入不少的資金進行補助與獎勵，更加速了柑橘產業的

發展與擴張，本文將於下一節進行探討。

第二節　柑橘產業之獎勵與補助

　　1901（明治 34）年 11 月臺灣總督兒玉源太郎招集總督府高等官員、各縣知事、各廳長、辦務署長及日本、臺灣各縣各廳參事、街庄長等人，於總督官邸進行殖產興業施政方針的演說，意圖在社會安定後，大力發展臺灣的經濟。內容包括糖業、茶葉、森林利用、米作改善、畜產相關、菸草栽培、其他產業及農業金融機關的設備等共 9 項發展方面，兒玉總督在「其他產業」中提到，臺灣上有諸多產物須進行改良及擴張，其中菓產豐富，有溫帶國家所沒有的特色產物，認為柑橘的需求量在未來必定會大增，所以有需要加強栽培以待他日需用，也點出在貯藏保存方面須特別注意，以利未來出口貿易的運送。〔註37〕經過總督對臺灣菓產的提點後，隔年 10 月各廳殖產當務者所召開的殖產協議會上提出了「果樹栽培獎勵相關事項」，〔註38〕將總督的提點付諸實行。

　　臺灣的果實物產豐富，其中的柑橘因氣候環境的合適，所產出的品質非常良好，在 1900 年代初，移出至日本的途徑開啟，柑橘在日本市場的聲價不錯，可預見未來的需求量會有提高的傾向，而且臺灣因為氣候較為暖熱，柑橘的成熟期比支那和日本早，可適時利用氣候進行出產的調控，讓臺灣的柑橘出產販賣時間與兩地錯開，而在此種環境與未來預期下，適當的措施實行除能增加產量，亦能節省生產費用，以達最大利益。〔註39〕

一、補助金申請發放

　　自 1903（明治 36）年開始，因可預期需求大增的情況下，開始以獎勵的方式給予各州廳生產者補助金。當時臺灣專門種植柑橘的人極少，多以副業的型態經營，一人栽培的面積超過 1 甲步的人非常少，大部分都是 3 分以下的小面積，〔註40〕不過在總督府的補助記錄中，可見到以高於 1 甲步的面積申請補

〔註37〕持地六三郎，《臺灣殖民政策》（東京市：合資會社富山房，1912），頁 168～180。
〔註38〕臺灣總督府編，《臺灣總督府事務成績提要‧第八編（明治 35 年度）》（臺北市：成文出版社，1985），頁 275。
〔註39〕臺灣總督府編，《臺灣總督府事務成績提要‧第九編（明治 36 年度）》（臺北市：成文出版社，1985），頁 355。
〔註40〕臺灣總督府殖產局特產課編，《熱帶產業調查會：柑橘產業ニ關スル調查書》，頁 49。

助,如新竹廳竹北一堡青草湖庄(約今新竹市東區西南部)何宅於 1903 年申請補助金 653 圓餘,預計在 1907 年完成 14 甲步地開墾,在申請補助金的隔年,已完成約 3 甲地的開墾,種植新埔產的凸柑及雪柑合計 3,123 本,其他ワシントンネーブル(華盛頓臍橙)及金柑合計 424 本,枳殼臺木 4,099 本,凸柑及雪柑發育良好,其他尚可,隔年多少能有結實。此處亦設有為臺北進行苗木養成的苗木養成地,種植有 1,300 本接木後的雪柑及 1,100 的凸柑。〔註41〕就此新竹農橘園來看,應為柑橘的專業栽培者,除了種植產出果實的柑橘外,也經營苗木的養成,但在柑橘園的起步階段,栽種的果樹需要數年方可見其收益,若讓農家將其作為本業經營,會使他們在初期收益與前景間猶豫不決,〔註42〕所以在此期間給予補助度過轉換的過渡期,鼓勵農民種植。而從補助金申請發放開始,栽培者逐年增加,又逢海外輸出的途徑開啟,柑橘的價格上漲,各個收到補助金的農家也有所生產,在 1908 年生產額達 17 萬圓,且逐年上升。

表 3-2-1　1903～1910 年北臺灣柑橘獎勵補助金及人數表

單位:金額—円;人數—人

年度／州廳	臺　北		桃　園		新　竹		總計(全州廳)	
	金額	人數	金額	人數	金額	人數	金額	人數
1903	---	---	---	---	654	1	2,755	67
1904	1,496	17	---	---	979	9	2,475	26
1905	1,928	1	860	8	1,162	3	5,630	27
1906	1,044	15	---	---	2,860	8	6,245	42
1907	1,374	18	---	---	2,229	24	5,417	93
1908	---	---	482	15	2,586	36	5,484	62
1909	670	5	903	14	1,865	31	5,594	80
1910	1,252	21	750	17	1,218	25	5,625	114
總計	7,760	77	2,995	54	13,552	137	39,225	511

作者整理。

資料來源:臺灣總督府民政部殖產局編,《臺灣產業年報(第十一回)大正四年》(臺北市:臺灣總督府民政部殖產局,1917),頁 74;臺灣總督府殖產局編,《柑橘產業調查書》(臺北市:臺灣總督府殖產局,1930),頁 5。

〔註41〕臺灣總督府編,《臺灣總督府事務成績提要・第九編(明治 36 年度)》(臺北市:成文出版社,1985),頁 355。臺灣總督府編,《臺灣總督府事務成績提要・第十編(明治 37 年度)》(臺北市:成文出版社,1985),頁 406。
〔註42〕臺灣總督府編,《臺灣總督府事務成績提要・第十五編(明治 42 年度)》(臺北市:成文出版社,1985),頁 376。

表 3-2-2 1907～1910 年北臺灣州廳補助金額、面積及人數

單位：金額—円；面積—甲；人數—人

	臺 北			基 隆		
	金額	面積	人數	金額	面積	人數
1907	1,222.270	18.2730	21	152.000	3.0000	1
1908	---	---	---	---	---	---
1909	670.000	8.930	5	---	---	---
1910	1,251.750	16.690	21	---	---	---
	桃 園			新 竹		
	金額	面積	人數	金額	面積	人數
1907	---	---	---	2,228.630	44.0000	24
1908	630.000	8.400	18	2,000.000	20.000	24
1909	903.000	12.000	14	1,864.600	24.500	31
1910	750.000	10.000	18	1,217.910	16.239	23
	苗 栗			年度全州廳總計		
	金額	面積	人數	金額	面積	人數
1907	---	---	---	5,417.240	117.0730	102
1908	600.000	16.000	11	5630	68.4	75
1909	---	---	---	5,593.600	74.080	83
1910	---	---	---	5,625	71.511	114

資料來源：《臺灣總督府事務成績提要》第十三編（明治 40 年度）～第十六編（明治 43 年度）。

表 3-2-3 柑橘類北臺灣廳別總計生產表

單位：面積—甲；產量—斤；產額—円

	臺 北			基 隆		
	面積	產量	產額	面積	產量	產額
1903	43.630	432,659	13,644.443	0.150	3,200	6.400
1904	95.420	740,120	16,057.733	---	---	---
1905	114.170	547,523	20,914.583	---	---	---
1906	144.460	1,212,683	31,585.530	0.400	3,200	35.260
1907	115.7200	1,255,316	44,497.060	0.3620	14,150	404
1908	---	1,702,005	46,420.299	---	---	---
1909	311.111	1,367,856	37,721.999	---	---	---
1910	---	1,341,281	45,620	----	---	---

	宜 蘭			深 坑		
	面積	產量	產額	面積	產量	產額
1903	23.180	8,751	3,115.227	2.500	600	18.000
1904	23.380	8,449	6,428.680	2.500	570	17.100
1905	22.980	8,482	3,280.055	2.500	500	15.000
1906	22.000	8,816	4,213.374	2.500	620	18.600
1907	5.7000	201,200	9,705.800	5.2080	54,933	2,651.948
1908	---	99,324	3,544.067	---	---	---
1909	22.975	120,381	1,247.098	---	---	---
1910	---	143,093	---	---	---	---

	桃 園			新 竹		
	面積	產量	產額	面積	產量	產額
1903	20.724	177,050	5,435.205	28.940	229,527	2,287.945
1904	22.728	181,457	5,735.906	37.980	191,762	10,303.350
1905	22.757	190,776	6,236.236	53.770	375,880	16,585.012
1906	27.810	188,155	6,669.220	60.210	387,423	16,399.565
1907	6.5330	112,772	2,714.284	27.8150	395,576	9,089.308
1908	---	193,806	6,616.467	---	357,348	10,227.323
1909	42.992	186,069	5,956.320	105.850	524,541	13,964.215
1910	---	257,830	11,735	---	752,558	21,645

	苗 栗			各州廳總計		
	面積	產量	產額	面積	產量	產額
1903	44.983	45,273	1,010.985	337.781	1,876,015	81,385.722
1904	45.398	49,314	1,147.635	317.685	2,025.965	85,300.282
1905	46.790	51,258	1,352.073	382.098	2,282.766	104,178.338
1906	48.021	49,655	1,308.201	445.314	3,440,936	27,830.976
1907	15.2690	98,130	2,619.140	424.9179	4,120,333	173,357.334
1908	---	---	---	---	4,195,525	172,099.239
1909	---	---	---	752.759	4,725,342	186,748.595
1910	---	---	---	861	6,244,226	307,724

作者整理。

資料來源：農務課編，《臺灣柑橘類統計（明治 36 年～明治 43 年）》（臺北：農務課）；臺北廳編，《臺北廳第二統計書》（臺北：臺北廳，1915），頁 230～233；宜蘭廳編，《宜蘭廳第六統計書》（宜蘭：宜蘭廳，1914），頁 214～215；桃園廳庶務課編，《桃園廳第三統計摘要（大正四年）》（桃園：桃園廳庶務課，1916），頁 69～71；新竹廳編，《新竹廳第六統計摘要（大正二年）》（新竹：新竹廳，1914），頁 131～133。臺灣總督府殖產局特產課編，《主要青果物統計（昭和 2 年）》（臺北：臺灣總督府殖產局特產課，1928），頁 27。

二、種苗分發的獎勵制度

　　1903 年開始的補助金申請發放，使柑橘栽培如預期般成長，栽種風氣大
盛，也逐漸出現柑橘種苗供給不足的情況，只能自日本或對岸支那輸移入，但
當時的農民無法辨別苗木的好壞，使其栽種後無法獲得良好的收成而失敗，故
當局認為補助金的發放無法解決優良苗木選擇的情況下，應轉換獎勵補助的
方式。〔註43〕為解決優良苗木來源的問題，殖產局先從日本及外國購買數種柑
橘苗並栽於園藝試驗場培養，在 1909 年將 9,000 株苗木均攤給農民，更預計
隔年要攤給約 5 萬株。〔註44〕而總督府更於 1912（大正元）年起將現金補助
改為種苗的補助，為達此一目的，前一節所提及的園藝試驗場即成為了種苗的
供應來源。〔註45〕園藝試驗場在開設之初雖從事各種園藝作物的調查與試驗，
但最主要還是專注於柑橘種苗的改良、栽培及分發，在轉換補助獎勵制度後，
原有的補助金改作為園藝試驗場費，進行優良種苗的養成及分發，每年都為各
州廳提供各種優良的柑橘苗木。〔註46〕

表 3-2-4　1909～1915 年廳別柑苗配付本數合計

廳　　別	合計（本）	廳　　別	合計（本）
臺北	22,400	臺南	14,120
宜蘭	29,170	阿緱	13,550
桃園	35,100	臺東	6,000
新竹	62,550	花蓮港	8,410
臺中	25,060	澎湖	1,650
南投	23,590	合計	262,130
嘉義	20,530		

資料來源：臺灣總督府殖產局編，《臺灣總督府園藝試驗場一覽》（臺北：臺灣總督府
　　　　　殖產局，1916），頁 27～28。

〔註43〕臺灣總督府殖產局編，《臺灣の柑橘產業》（臺北市：臺灣總督府殖產局，
　　　　1935），頁 40。
〔註44〕〈攤給樹苗〉，《臺灣日日新報》，1909 年 11 月 16 日，日刊 03 版。
〔註45〕臺灣總督府殖產局編，《柑橘產業調查書》，頁 4。
〔註46〕臺灣總督府編，《臺灣總督府事務成績提要·第十七編（明治 44 年度）》，頁
　　　　211～212。

表 3-2-5　1909～1915 年臺北、宜蘭、桃園、新竹各廳柑苗配付本數

單位：本

	臺　北	宜　蘭	桃　園	新　竹	全臺總計
1909	---	1,650	---	---	5,050
1910	---	2,000	1,000	6,000	13,890
1911	1,000	1,000	1,800	13,000	30,200
1912	3,200	3,000	4,000	13,650	45,000
1913	7,900	5,300	11,300	14,000	67,270
1914	8,800	8,220	12,000	9,400	60,220
1915	1,500	8,000	5,000	6,500	40,500
計	22,400	29,170	35,100	62,550	262,130

資料來源：臺灣總督府殖產局編，《臺灣總督府園藝試驗場一覽》（臺北：臺灣總督府
　　　　　殖產局，1916），頁 27～28。

　　從表 3-2-4 和表 3-2-5 可知，1909 年～1915 年間分發全臺的柑橘苗木數達
26 萬餘本，其中北臺灣的臺北、宜蘭、桃園、新竹 4 廳就獲得一半以上的柑
橘苗木，4 廳中又以新竹廳的 6 萬餘本遠超過其他 3 廳。新竹廳因地形多為丘
陵地且朝南的傾斜緩坡多，使其極為適合栽培柑橘，在廳農會的推廣獎勵下種
植者激增，〔註 47〕對苗木的需求自然大幅增加。而在表 3-2-6 及表 3-2-7 柑橘
種苗分配的種類上，北臺灣地區主要以椪柑、雪柑及桶柑為主，且同樣佔有全
臺一半以上的數量，除了可知在北臺灣地區最適合栽種此 3 個品種外，由分配
給 4 廳／2 州的品種也可看出各廳／各州各自適合的品種。

表 3-2-6　1917～1918 年養成柑橘苗木配付本數

單位：本

		臺　北	宜　蘭	桃　園	新　竹	各廳計
椪柑	1917	900	1,000	1,500	2,500	12,400
	1918	900	950	1,220	2,050	10,270
桶柑	1917	2,000	1,500	2,650	2,350	12,500
	1918	1,780	1,080	1,800	1,900	9,240
雪柑	1917	2,000	1,000	1,000	1,000	6,600
	1918	1,510	900	620	---	4,040
各種計	1917	4,900	4,000	5,150	5,950	32,900
	1918	4,190	3,500	3,750	4,570	27,000

作者整理。

資料來源：《臺灣總督府事務成績提要》第二十三編（大正 6 年度）～第二十四編（大
　　　　　正 7 年度）。

〔註 47〕新竹州農會編，《臺灣に於ける柑橘栽培》，頁 105。

表 3-2-7　1920（大正 9）年度園藝試驗場養成柑橘苗配付決定表

種別／州廳	臺北州		新竹州		計（含其他州廳）	
	一年生	二年生	一年生	二年生	一年生	二年生
椪柑	800	---	2,000	---	5,600	300
桶柑	2,000	500	1,300	500	5,700	1,500
雪柑	1,500	500	---	---	3,000	500
計（含其他種類）	6,450		4,360		19,640	

資料來源：臺灣總督府編，《臺灣總督府事務成績提要・第二十六編（大正 9 年度）》
　　　　　（臺北市：成文出版社，1985），頁 435。

　　但在 1910～1934 年士林園藝試驗支所所分發的柑橘種苗數來看（見圖 3-2-1），以 1921 年為分界，分發的種苗數大幅下降，從原先高於 1 萬甚至到 6 萬多本的數量，下滑至不滿 1 萬本，到了 1926 年開始，本來分發最多的椪柑數量也降至不滿 1 千本，不過在此時開始出現外國品種或新品種的苗木分發（見圖 3-2-2），示意著試驗支所的栽培試驗及新品種育成獲得成果，藉此管道進行新品種推廣，增加臺灣柑橘品種的多樣性。

圖 3-2-1　1910～1934 年士林園藝試驗支所柑橘種苗配附

柑橘苗木分發總數

資料來源：臺灣總督府殖產局特產課編，《熱帶產業調查會：柑橘產業ニ關スル調查書》（臺北市：臺灣總督府殖產局特產課，1935 年），頁 98～103。

圖 3-2-2　1910～1934 年士林園藝試驗支所椪柑、桶柑、高檔桶柑及雪柑配附

士林園藝試驗支所柑橘種苗配附圖表

資料來源：臺灣總督府殖產局特產課編，《熱帶產業調查會：柑橘產業ニ關スル
　　　　　調查書》（臺北市：臺灣總督府殖產局特產課，1935 年），頁 98～103。

三、十二箇年計畫

　　柑橘產業在生產增加及品質改良的目的下，於 1928（昭和 3）年在主要產地挑選最適合的土地 6 千甲，開啟了十二箇年的新獎勵計畫。計畫主要分為 3 個部分：種苗養成分發、新植獎勵及模範柑橘園的經營。種苗養成分發由每年預算的 3 分之 1 作為補助，以州廳為單位，由主要產地的農會在適地適種的原則下，選擇最適合地方的優良柑橘種苗育成，並分發給栽培者，州廳亦有針對各地適種進行獎勵（見表 3-2-8）；新植獎勵以 3 分之 2 的預算建立柑橘種苗養成的優良系統，從完全倚賴士林園藝試驗支所的種苗分發獨立，自行養成種苗在州廳內以低廉的價格賣給栽培者，以達品質的改良及增產的目的；模範柑橘園的經營是在全臺的主要產地選擇 16 個柑橘園給予補助金，提供栽培技術的改良和指導，作為當地栽培者的栽培管理示範，企圖改善種植技術使產量增加。〔註48〕總督府每年發配 2 萬 6 千圓的補助金，各州廳及各州廳農會須再另行支出補助金 2 倍的金額作為該州廳柑橘產業的費用（見表 3-2-9），〔註49〕預計在此計畫完成後，達到栽培面積 9 千甲，產量

〔註48〕臺灣總督府殖產局編，《臺灣の農業》，頁 101。
〔註49〕臺灣總督府殖產局特產課編，《熱帶產業調查會：柑橘產業ニ關スル調查書》，頁 115。

1 億 1 千萬斤，產值 700 萬圓的目標。〔註 50〕

表 3-2-8　州廳別獎勵品種

州廳別	品　種
臺北州	桶柑、雪柑
新竹州	椪柑、桶柑
臺中州	椪柑
臺南州	文旦、斗柚、白柚
臺東廳	椪柑、桶柑、雪柑
花蓮港廳	椪柑、桶柑、雪柑

資料來源：臺灣總督府編，《臺灣總督府事務成績提要・第三十四編（昭和 3 年度）》（臺北市：成文出版社，1985），頁 492～493。

表 3-2-9　1928～1933 年柑橘獎勵事業經費

	補助金配付額	州廳及州廳農會支出額	合　計
1928	25,983	50,769.24	76,752.24
1929	25,983	53,138.04	79,121.04
1930	22,230	44,828.10	67,058.10
1931	18,954	42,834.35	61,788.35
1932	16,848	42,585.99	59,433.99
1933	16,848	41,215.96	58,063.96
合計	126,846	275,371.68	402,217.68

資料來源：臺灣總督府殖產局特產課編，《熱帶產業調查會：柑橘產業二關スル調查書》（臺北市：臺灣總督府殖產局特產課，1935 年），頁 116。

表 3-2-10　1931～1938 年柑橘獎勵事業實際面積及增殖預定面積

	栽培面積（甲）	配付種苗增殖預定面積（甲）	收穫量（斤）
1931	3,926.45	---	41,921,918
1932	4,536.28	524.5	48,802,922
1933	4,057.42	418.5	49,284,071
1934	4,491.74	427.0	56,223,341
1935	4,705.51	422.4	53,783,430
1936	4,850.62	430.0	57,704,951

〔註 50〕臺灣總督府編，《臺灣總督府事務成績提要・第三十四編（昭和 3 年度）》（臺北市：成文出版社，1985），頁 492。

| 1937 | 5,070.04 | 430.0 | 55,081,719 |
| 1938 | 4,723.94 | --- | 60,548,233 |

作者整理。

資料來源:《臺灣總督府事務成績提要》第三十八編(昭和 7 年度)~第四十三編(昭和 12 年度);臺灣總督府農商局農務課編,《主要青果物統計(昭和 14 年)》(臺北:臺灣總督府農商局農務課,1944),頁 51。

　　不過從表 3-2-9 中可見,總督府的補助金額逐年下降,從原先預計的 2 萬 6 千圓降至 1933 年只剩 1 萬 6 千多圓,再看到種苗的養成及分發(見表 3-2-13),全臺總養成及分發數大幅下降,且栽培面積的成長也不如預定增殖面積(見表 3-2-10),雖然面積和收穫量依然逐年增加,但稍有些後繼無力之感。

　　聚焦至北臺灣的臺北、新竹 2 州,在 1928 年的經費上,全臺州廳共計有 74,587.690 円,新竹州獨自佔有 67%,遠超第 2 名 12.4%的臺北州及第 3 名 10.7%的臺中州。而在柑苗的養成及分發數上,亦是在高額的經費下,有著極為亮眼的成績,已然超越園藝試驗支所所提供的柑苗數量歷年最高額,可以自行生產種苗而不再仰賴園藝試驗支所的分發,成為一個於州廳內自行運轉的獨立產業,使園藝試驗支所也可將心力轉作他用。

表 3-2-11　1928(昭和 3)年臺北、新竹兩州柑橘獎勵事業經費

	臺北州	新竹州
補助金額	3,882	15,532
州廳及州廳農會支出額	5,372.680	34,529.280
合計	9,254.680	50,061.280

資料來源:臺灣總督府殖產局編,《柑橘產業調查書》(臺北市:臺灣總督府殖產局,1930),頁 6。

表 3-2-12　1933(昭和 8)年度臺北、新竹兩州柑橘獎勵事業經費決算總括表

	臺北州	新竹州	全州廳合計
歲入預算	11,080	25,819	60,131
府柑苗養成補助	3,000	5,500	14,848
府模範園補助	560	640	2,000
州及州廳農會支出計上額	7,520	19,679	43,283
歲出決算額	11,029.77	24,513.35	58,063.96
府柑苗養成補助	3,000	5,500	14,848

府模範園補助	560	640	2,000
州及州廳農會支出計上額	7,469.77	18,373.35	41,215.96

資料來源：臺灣總督府殖產局特產課編，《熱帶產業調查會：柑橘產業二關スル調查書》（臺北市：臺灣總督府殖產局特產課，1935 年），頁 117～118。

表 3-2-13　1928 年及 1933 年臺北、新竹兩州柑苗養成、分發本數及人數

1928（昭和3）年			
	臺北州	新竹州	全州廳合計
獎勵品種	高橋桶柑	椪柑、高橋桶柑	
養成本數（本）	64,700	椪柑 776,498	柑類 913,572
		桶柑 36,796	欒類 11,400
		合計 811,294	合計 924,972
配付本數（本）	56,551	椪柑 356,209	柑類 349,762
		桶柑 2,657	欒類 12,000
		合計 258,866	合計 361,762
被配付者數（人）	867	椪柑 1,364	柑類 2,718
		桶柑 50	欒類 2,057
		合計 1,414	合計 4,775
1933（昭和8）年			
	臺北州	新竹州	全州廳合計
獎勵品種	高橋桶柑	椪柑、高橋桶柑	
養成本數（本）	79,500	椪柑 304,519	柑類 636,402
		桶柑 201,247	欒類 21,979
		合計 505,766	合計 658,381
配付本數（本）	68,100	椪柑 99,825	柑類 221,236
		桶柑 101,175	欒類 19,979
		合計 110,000	合計 241,215
被配付者數（人）	485	椪柑 806	柑類 2,008
		桶柑 225	欒類 1,014
		合計 1,031	合計 3,022

作者整理。

資料來源：臺灣總督府殖產局編，《柑橘產業調查書》（臺北市：臺灣總督府殖產局，1930），頁 6；臺灣總督府殖產局特產課編，《熱帶產業調查會：柑橘產業二關スル調查書》（臺北市：臺灣總督府殖產局特產課，1935 年），頁 118～119。

表 3-2-14　1928～1937 年柑橘獎勵事業椪柑、桶柑及雪柑種苗分發數

	椪　柑	桶　柑	雪　柑	全品種合記
1928	---	---	---	361,762
1929	---	---	---	367,953
1930	---	---	---	316,202
1931	---	---	---	322,687 柑類 304,707
1932	205,384 本	78,672 本	910 本	305,227 柑類 284,966
1933	135,644 本	84,573 本	1,019 本	241,2157 柑類 221,236
1934	105,903 本	122,434 本	1,287 本	247,406 本 柑類 229,624
1935	72,638 本	149,128 本	1,245 本	243,489 本 柑類 223.011
1936	70,452 本	140,677 本	2,284 本	245,091 柑類 213,413
1937	70,000 本	140,000 本	2,000 本	243,400 本 柑類 212,000

資料來源：《臺灣總督府事務成績提要》第三十五編（昭和 4 年度）～第四十三編（昭和 12 年度）。

　　十二年的柑橘獎勵計畫在 1939（昭和 14）年結束，臺灣的柑橘產業在總督府及各個州廳、各州廳農會的共同推廣下，從最開始（1903 年）以現金補助的方式獎勵種植，逐漸意識到苗木優劣的重要性，轉而改變獎勵方式，於園藝試驗支所中養成苗木分發給栽培者進行種植及汰換，使優良的苗木於柑橘園中被種植，減少農民因不擅辨別苗木優劣而使栽培失敗，也讓生產的果實品質穩定、增加農民的收入。而後的十二年計畫在適地適種的主義下展開，針對主產地不同的環境條件獎勵適合的品種，並設置柑橘模範園的補助金，以利種植技術的傳播及新品種試植，更以 3 分之 2 的預算建立柑橘種苗養成系統，脫離士林園藝試驗支所的種苗供應，成為州廳內一完整的產業運作架構。儘管在獎勵計畫後期出現數次的預算刪減，使此計畫在後期的表現不如預期，種苗的養成及分發數也有所下降，但總體來看，全臺柑橘類的種植面積及產量依舊是逐年增加，可見柑橘產業已發展成熟，不可同日而語。而後因日本在中國的戰

事打響，自美國及義大利移入之品種，如檸檬、晚倫夏橙、葡萄柚、臍橙等，均無法輸入日本，故殖產局於 1940（昭和 15）年開啟了特種柑橘增產獎勵五年計畫，主要針對前述外國品種實施，每新種植 1 甲步的特種柑橘，即由各州廳農會給予 40 圓的補助金作為獎勵，以達自給自足的目的。〔註51〕園藝試驗支所除種苗的養成及分發外，柑橘種類及品種試驗也屬於主要業務之一，除了自中國及日本引進的品種外，亦對外國品種進行栽培試驗及改良，使其能夠適應臺灣的氣候或尋到適合的土地種植，讓臺灣的柑橘品種多樣化且達到自給自足的程度，可見日本人在嘗試新事物及進行試驗的積極程度與能力，均是讓各項產業得以發展快速的助力。

第三節　柑橘產業之推廣與行銷

　　1895（明治 28）年 5 月臺灣成為日本的領土設置了臺灣總督府，並於民政局內設殖產部，負責產業相關調查，如米麥、茶葉、糖業及牛豚等，簡單的氣象觀測及內地水稻、蔬菜、甘蔗等的試作。到了 1896（明治 29）年 3 月結束軍事統治時期，臺灣總督府發布條例，民政局內的殖產部下分農商、拓殖、林務、礦物等 4 課，農商課負責農業、水產、商工業的改良取締、家畜的衛生、度量衡、博覽會、共進會、同業組合及產業統計相關事務；拓殖課負責移住、開墾、原野的租賣相關事務，撫墾署蕃民相關、蕃地開墾及山林樟腦等相關事務。其後陸續訂定各項產業相關規則，如林業、土地調查、茶葉取締、畜產相關等，及設立農事試驗場專責產業上的調查試驗。〔註52〕隨著地方政務的擴張及地方官治的改正，自 1901（明治 34）年起，陸續設立各州廳農會，並於 1908（明治 41）年發布「臺灣農會規則」和「臺灣農會規則施行規則」，逐漸使農會成為臺灣農政上的助長機關。〔註53〕而後又分別於 1913（大正 2）、1914（大正 3）年制定「臺灣產業組合規則」及「臺灣重要物產同業組合規則」，企圖改善臺灣產業上的諸多弊端，以使產業發展上獲得更大的利益。

〔註51〕臺灣總督府編，《臺灣總督府事務成績提要‧第四十七編（昭和 16 年度）》（臺北市：成文出版社，1985），頁 414。

〔註52〕小川運平，〈農政の沿革〉，《臺灣農事報》，東京市，1915 年 3 月 20 日，第 100 號，頁 194～197。

〔註53〕山口貞，〈臺灣の農會〉，《臺灣農事報》，東京市，1915 年 3 月 20 日，第 100 號，頁 266～267。

一、地方柑橘產業的官方助長機關——農會

臺灣的農會最早始於 1900（明治 33）年 9 月的三角湧（今新北市三峽），隔年 3 月及 5 月又分別於新竹與和尚洲設立，不過在 11 月地方官至改正後，三角湧及和尚洲 2 個農會消失，故當時農會中最早成立的僅剩新竹農會。自 1903（明治 36）年開始，臺灣農業界的趨勢使然，使農業團體的創設出現必要性，各州廳陸續於 1903～1915（大正 4）年間創設農會。〔註 54〕

表 3-3-1　各廳農會創立時間

農　會	創立時間	州廳農會	創立時間
三角湧（不存）	1900 年 9 月	臺中	1904 年
新竹	1901 年 3 月	斗六	1904 年
和尚洲（不存）	1901 年 5 月	嘉義	1904 年
彰化	1902 年	恆春	1904 年
臺北	1903 年	苗栗	1906 年
桃仔園	1903 年	蕃薯寮	1906 年
鳳山	1903 年	鹽水港	1907 年
阿猴	1903 年	南投	1908 年
深坑廳產業改良會（深坑廳農會）	1903 年	臺東	1909 年
臺南大目降農業組合（臺南廳農會）	1903 年	澎湖	1910 年
宜蘭	1904 年	花蓮港	1915 年

作者整理。

資料來源：《臺灣總督府事務成績提要》第八編（明治 35 年度）～第二十一編（大正 4 年度）；臺灣總督府殖產局編，《臺灣の農業》（臺北市：臺灣總督府殖產局，1935），頁 168。

不過各地農會在創立之初，經費徵收是以人頭或地租為基準，地租之外還有以牛畜作為徵稅的標準，經費來源缺乏，在施行各項事業上，如種苗的改良、施肥的方法、耕耘的手段、畜產、園藝事業的獎勵等，常因經費不足而受阻，因而需要向總督府申請補助經費。最開始以米作相關事業為主要補助對象，而後逐漸出現對園藝作物、畜產、品評會、競作會、農具改良等的相關補助與獎

〔註 54〕臺灣總督府殖產局編，《臺灣の農業》，頁 168。

勵,且補助金額逐年增加,不過隨著農會事業的擴張,經費的負擔越來越困難,
1907（明治 40）年補助經費已是最初的 2、3 倍,但依舊無法獨立經營,故總
督府指定地方特種事業進行補助,如試作田、模範田、養豚、種牛購入、柑橘
苗木養成、製茶試驗、農場經營等。到 1908（明治 41）年更對技術員俸給進
行補助,加上米作、畜產、園藝等補助合計已有 27 萬多圓。〔註 55〕

表 3-3-2　1902～1909 年農會、組合數量及補助金額

年　度	農會、組合數	補助金
1902	1	1,490
1903	農會 5、組合 2	3,084.1
1904	農會 7、組合 2	5,022.545
1905	農會 11、組合 2	10,009.76
1906	農會 9、組合 2	9,123.35
1907	農會 13、組合 2	12,767.75
1908	共 17	26,405
1909	共 18	31,261

作者整理。

資料來源:《臺灣總督府事務成績提要》第九編（明治 36 年度）～第十五編（明治 42
　　　　年度）;臺灣總督府殖產局編,《臺灣の農業》(臺北市:臺灣總督府殖產局,
　　　　1935),頁 169。

　　農會會費來源直到 1907（明治 40）年 1 月,彰化農會進行了規約的更改,
將廳內的農民均網羅為會員,並委請廳的稅務課代為徵收業主及典主所收地
租的 30 分之 1 作為會費,因此徵收方式方便且恰當,各州廳紛紛仿效。到了
1908（明治 41）年會費徵收率增加為地租的 20 分之 1,另於畜產上增開收費
途徑,不過在家畜標準上多少有差異,牛畜飼養者 1 頭 15 錢以上、20 錢以
內;豚飼養者 1 戶付 6 錢以上 15 錢以內。充足的會費使過去因經費不足而無
法施行的事業也能陸續計畫,帶動地方農業的發展。〔註 56〕但隨著農會的運
行,逐漸發現無任何法規的情況下,地方農民在各項行事上,出現許多不利與
不便,故於 1908（明治 41）年 11 月以律令第 18 號發布「臺灣農會規則」,同

〔註 55〕臺灣總督府編,《臺灣總督府事務成績提要・第八編（明治 35 年度）》～《臺
　　　　灣總督府事務成績提要・第十四編（明治 42 年度）》。
〔註 56〕山口貞,〈臺灣の農會〉,頁 266～267。

日以府令第 70 號公布「臺灣農會規則施行規則」，希望以規約的訂定將各農會統一。

　　臺灣各地的農會自 1907（明治 40）年展開柑橘相關的補助獎勵事業且主要著重於種苗的養成，除了因 1908 年「臺灣農會規則」發布，農會在成為公法人後經費增加，也因柑橘的栽培風氣大盛，逐漸出現種苗不足、農民栽種品質不良的種苗致使失敗的情況。而新竹廳農會可說是最早有計畫性及集團性施行柑橘獎勵的組織。〔註 57〕新竹廳農會的柑苗養成計畫自 1907 年開始，最初規劃為 1908～1911 年間，每年無償分發 3 萬 5 千株經過燻蒸消毒處理過的苗木，期望廳內柑橘種植能達到 300 甲，但 1909 年部分計畫變更，繼續延長施行至 1914 年，1910～1914 年間所分發苗木亦增加為 10 萬 5 千株，〔註 58〕希望能於 1914 年達到廳內 1,000 甲的栽培面積、產額百萬圓的目標，而後又因經費及天災的關係，再次延長 2 年，於 1916（大正 5）年度超過了預定種植面積的 1,000 甲。〔註 59〕

表 3-3-3　年度別增殖預定甲數

年度別	預定增殖甲數	年度別	預定增殖甲數
1909 年	現有 240 甲	1913 年	170 甲
1910 年	100 甲	1914 年	170 甲
1911 年	150 甲	合計	1,000 甲
1912 年	170 甲		

資料來源：遠藤彥太，〈新竹廳農會柑橘栽培獎勵事業〉，《臺灣農事報》，東京市，1917 年 11 月 20 日，第 132 號，頁 880。

　　計畫內容包含獎勵區域、苗木供給、附屬柑橘園設置、病蟲害驅除預防、栽培指導、調查等。獎勵栽培的區域選擇以未開墾、交替耕作的旱田或傾斜旱田為主，平坦的旱田次之，水田則不選用。苗木供給部分為凸柑、年柑、雪柑、臍橙及斗柚 5 種，於廳內養成並配發，預定每年無償配發 5 萬本以上，且僅限種植於廳內。在配發後，固定每年 8、9 月至各地實察存活的數量，並注意肥培管理及其他相關注意事項的指導。又因新竹受強勁季風吹襲，不利於柑橘的

〔註 57〕臺灣總督府殖產局編，《柑橘產業調查書》，頁 16。
〔註 58〕曾立維，〈日治時期台灣柑橘產業的開啟與發展〉，頁 46。
〔註 59〕遠藤彥太，〈新竹廳農會柑橘栽培獎勵事業〉，《臺灣農事報》，東京市，1917 年 11 月 20 日，第 132 號，頁 879。

栽培，農會另有養成並配發防風林用的種苗，預計之後每年 3 萬本以上供給補植。附屬柑橘園設置於距離新竹街東南約一里的竹北一堡雙溪庄（約今新竹縣寶山鄉北部），1908（明治 41）年創設，面積 8 甲 2 分 6 厘餘。附屬柑橘園在柑橘栽培獎勵上有存在的必要性，除了要舉行各種的試驗外，亦要做為當地柑橘栽培農民的栽培模範，不僅在柑橘樹栽培間距上，肥料的使用、病蟲害的驅除預防、果樹的整理等方面皆有試驗及示範。總督府方面也有給予柑橘園補助金及苗木的補助，不過 1915 及 1916 年分發到的柑苗矮小，在農會的農場中培養的存活率僅 5 成左右，成績不良故往後停止直接的分發，以農場於 1912～1913 年所培養的苗木先行分發。〔註 60〕

表 3-3-4　1903～1910 年補助金下付

年度別	補助人員	補助金額	面積（甲）
1903	1	653.8	5
1904	6	759.5	5.3
1905	3	1,161.2	8
1906	8	4,070	22
1907	24	2,228.686	22
1908	35	2,600	36
1909	31	1,878	25
1910	23	1,217.91	16
計	131	14,569.096	139.30

資料來源：遠藤彥太，〈新竹廳農會柑橘栽培獎勵事業〉，《臺灣農事報》，東京市，1917 年 11 月 20 日，第 132 號，頁 887。

表 3-3-5　1903～1910 年栽培本數

年度別	凸　柑	年　柑	雪　柑	臍　橙	斗　柚	文　旦	雜　柑	計
1903	2,083	90	60	100	16	---	250	2,597
1904	1,725	955	---	97	---	---	---	2,777
1905	1,500	1,000	1,000	---	100	40	130	3,770
1906	7,920	2,170	50	800	100	100	430	11,570
1907	6,200	1,855	108	2,205	70	---	---	10,438
1908	4,561	1,997	110	2,575	187	565	2,832	12,827

〔註 60〕遠藤彥太，〈新竹廳農會柑橘栽培獎勵事業〉，頁 879～888。

1909	4,158	3,228	---	1,640	15	---	319	9,360
1910	1,362	1,032	90	2,2470	335	940	---	6,029
計	29,509	12,327	1,418	9,687	823	1,645	3,961	59,370

資料來源：遠藤彥太，〈新竹廳農會柑橘栽培獎勵事業〉，《臺灣農事報》，東京市，1917 年 11 月 20 日，第 132 號，頁 887。

表 3-3-6　1910～1916 年柑苗下付

年度別	凸　柑	年　柑	雪　柑	臍　橙	溫　州	其　他	計
1910	3,460	1,560	980	---	---	---	6,000
1911	1,750	4,000	---	1,600	1,050	---	8,400
1912	4,850	3,000	3,250	1,700	900	---	13,700
1913	2,600	3,700	3,500	1,600	---	600	1,200
1914	5,000	500	---	3,500	---	---	9,000
1915	5,500	1,000	---	---	---	---	6,500
1916	3,000	500	---	---	---	100	3,600
計	26,160	14,260	7,730	8,400	1,950	700	59,200

資料來源：遠藤彥太，〈新竹廳農會柑橘栽培獎勵事業〉，《臺灣農事報》，東京市，1917 年 11 月 20 日，第 132 號，頁 888。

　　自柑橘栽培獎勵開始以來，新竹廳的柑橘產業有長足的進步，也達到預定的擴張面積，但肥培法的改良不如預期般發展，且近年出現病蟲的危害，故新竹廳農會開辦柑橘園品評會，對有進行肥培改善及病蟲害驅除預防的柑橘園的果實審查，對照其優劣並給予當業者獎勵。第一回柑橘園品評會於 1916（大正 5）年 12 月 3 日至 15 日間舉行並審查，16 日於頭份支廳內舉行褒賞授與式，希望藉由此方式讓當業者了解施肥及害蟲驅除預防的重要性，以促進柑橘產業發展上的效果，亦在授與式後由總督府派遣的講師進行柑橘栽培及病蟲驅除預防竝果實移出上注意事項的演講會。1916 年柑橘栽培獎勵計畫暫告一段落，雖然栽培面積如預期般擴張至 1,000 甲，但在肥培管理與病蟲害的驅除預防未如預期，而果實的品質在販路的擴張和價格上影響甚鉅，故在將來的對策上依然注重此 2 項，每年繼續養成分發 3 萬本的苗木給柑橘園替換樹齡高、生產不佳及受病蟲害的柑橘樹，並於各地選定模範柑橘園補助肥料作為示範，施行柑橘調和肥料的共同購入，進行施肥、剪枝及其他管理方式的巡迴指導。在病蟲害的驅除預防及附屬柑橘園方面，繼續進行各項試驗作為將來獎勵的模範。持續反覆施行柑橘園品評會，讓當業者互相比較、激勵，促進產業發展。而在獎勵計畫下，

新竹廳的年產額達 2 千餘萬斤，故需調查輸移出地另開販賣途徑並推行獎勵政策，相關的生產販賣組合設立及果物檢查施行的必要性也都不容忽略。〔註61〕

二、柑橘銷售的民間組織──產業組合與同業組合

隨著總督府、地方農會大力的支持與推廣，柑橘的種植面積及產量逐年上升，除了在臺灣島內販售，亦開拓了日本及海外的市場，不過在這種快速發展的過程中，不管在生產者端或是銷售者端，皆容易出現品質、交易及運輸等方面的弊端，故出現了維護生產者利益的產業組合及維持販賣組織機能正常發揮的同業組合。

臺灣柑橘類的販賣方式大致分為 4 種，第一種也是最為普遍的方式為「立木買賣」，所謂「立木買賣」為商人在作物收獲前，評估收穫量並與農民締結契約的方式，如臺北州約有 9 成以上是以此方式販賣，約在農曆 9 月左右到收穫前 1 個月開始簽訂契約，商人先支付約 1～5 成的金額給生產者，剩餘的款項於收穫後付清；〔註62〕又如新竹州大致有 7 成以上是以立木買賣方式販賣，每年 9 月左右，暴風期過後，仲介商人會前往柑橘園進行收量及單價的評估，先支付生產者總金額的 3 分之 1 到一半，收穫後再將剩餘的款項付清，不管收量的增減、單價的高低，契約訂下的金額均不受影響。〔註63〕不過此種方式因柑橘的開花期恰為農家支出甚大的期間，仲介商人利用農家急需金源的情況，以最穩的價錢與之簽訂契約，往往能夠獲得 10 成以上的不當利得，壟斷利益的情況成為此種方式的一大缺陷，但在資金缺乏的情況下，農民又不得不選擇「立木買賣」的方式。〔註64〕

其次是由生產者自行採收並於柑橘園與零售商或仲介商人進行買賣的方式，但此種方式的交易上，生產者處於弱勢，容易被零售或仲介商人壟斷利益。第三為由生產者輸送至市場委由批發商販賣，雖然是比前 2 種方法稍微合理的販賣方式，但因為是運送至其他地方販賣，容易被批發商欺瞞，或沒有考慮到價格的變動而造成損失，如果不是選擇有信用的批發商來進行交易的話，此種方式的實行是極為困難的，所以依此方式販賣的人極少。〔註65〕如新莊郡由

〔註61〕遠藤彥太，〈新竹廳農會柑橘栽培獎勵事業〉，頁 889～891、895。
〔註62〕臺灣總督府殖產局特產課編，《臺灣の柑橘》，頁 119。
〔註63〕臺灣總督府殖產局特產課編，《臺灣の柑橘》，頁 149～150。
〔註64〕臺灣總督府殖產局編，《柑橘產業調查書》，頁 63～64。
〔註65〕臺灣總督府殖產局編，《柑橘產業調查書》，頁 63～64。

生產者自行運搬至臺北市場販賣者約有 2 成 5，但對販賣方式不熟悉的農民常會遇到奸商或無賴偽造斤量、盜食或代金支付不全，造成農民蒙受不利。〔註66〕第四種方式則是由生產者共同組成組織進行生產物大批量的選果、分級和販賣，此為生產者最理想的販賣方式，〔註67〕總督府也於 1913（大正 2）年 2 月 10 日以律令第 2 號發布「臺灣產業組合規則」及府令第 13 號「臺灣產業組合規則施行規則」，以信用為基礎，促進產業和經濟的發達、組合員的福利保護及生活穩定。〔註68〕臺灣總督府亦對共同販售機關的設立進行獎勵助成，加上柑橘生產者在過去販賣的方式上蒙受太多的損害，希望能夠單純化販賣方式，增進利益並擴張新的販售途徑。組合的成立在 1930（昭和 5）年時，已有新竹州 4 個、臺中州 2 個與柑橘相關的共同販賣組合成立。〔註69〕

表 3-3-7　1930 年新竹州共同販售組織情況

名　稱	創立年分	區　域	組　織	組合員數
新竹移出柑橘出荷組合	1925	無	任意組合	33
新埔信用購買販賣利用組合	1929	新埔庄	產業組合	183
石光信用購買販賣利用組合	1929	關西庄	產業組合	646
龜山庄柑橘改良組合	1928	龜山庄	任意組合	40

資料來源：臺灣總督府殖產局編，《柑橘產業調查書》（臺北市：臺灣總督府殖產局，1930），頁 65。

表 3-3-8　1930 年新竹州共同販售組織執行業務

名　稱	區域內當業者加入比例	執行業務
新竹移出柑橘出荷組合	100%	品質檢查、販售協調、統一包裝、貼附商標、販售途徑斡旋與擴張、代行檢查手續等
新埔信用購買販賣利用組合	15%	資金貸款及貯金使用、產業上必需品的購買、生產品的委託及販賣、設備的利用

〔註66〕臺灣總督府殖產局特產課編，《臺灣の柑橘》，頁 115。
〔註67〕臺灣總督府殖產局編，《柑橘產業調查書》，頁 64。
〔註68〕梅原寅之助，《產業組合報國‧附新體制と產業組合》（臺北市：東臺灣新報高雄支局，1940），頁 2。
〔註69〕臺灣總督府殖產局編，《柑橘產業調查書》，頁 64。

石光信用購買販賣利用組合	90%	信用及販賣
龜山庄柑橘改良組合	2%	栽培法的改善、病蟲害防除、必要品的共同購買、貯藏及販賣

資料來源：臺灣總督府殖產局編，《柑橘產業調查書》（臺北市：臺灣總督府殖產局，1930），頁 65〜66。

　　柑橘生產及輸移出的增加伴隨著產地與輸移出地市場間的事務越加複雜，其中又以輸出地市場的狀況最為不明，交易對象的信用、貨款回收的困難及貨物抵達的狀況皆容易受到奸詐的手段而遭受不少損失，故藉成立組合以團體的力量使交易的方式能夠得到改善。雖然各地的任意組合及產業組合的設立日漸增加，但這些組合的統制力不足，且對外的力量十分弱小，〔註70〕故在臺灣總督府於 1914（大正 3）年 10 月 26 日公布律令第 11 號「臺灣重要物產同業組合法」後，在主要產地的臺北、新竹及臺中 3 州下組織生產者銷售團體及輸移出業者成立同業組合，企圖以此方式減少貿易上的損失。〔註71〕

　　臺北州方面，臺北州柑橘同業組合的設立源於 1932（昭和 7）年滿州國的建國，大連汽船株式會社在臺滿間開設直航航線使臺灣對北支那的輸出量激增，不過輸移出業者對當地的情況不了解，相對的在貿易方面也有許多的不利，所以臺北州當局指導青果輸出業者設置臺北州輸出青果組合，締結運送契約、統一容器並指定輸送業者及收款者。〔註72〕在商品方面，臺北州的椪柑因產量較少且品質不如新竹及臺中 2 州，故大部分都在生產地消費，而桶柑不管是產額或是品質，都比其他州要來的優良，只不過因黑星病的侵害，在輸送至日本的植物檢查上合格的極少，滿州國及北支那地區便成為了主要的輸出地。在臺北及新竹州桶柑增產的趨勢下，為了讓生產品由同一地輸出，1934（昭和 9）年輸移出業者在臺北州以 2 州協調統制的必要性，發起柑橘同業組合的設置，在隔年創立總會並獲得認可。在 1939（昭和 14）年左右，鑒於陷入銷售的競爭會導致品質、名聲及價格下降，臺北州柑橘同業組合準備實施銷售及運送的統制、品質檢查、販售途徑擴張等事業來提高聲價。〔註73〕

〔註70〕臺灣經濟通信社編纂，《臺灣經濟の基礎知識（昭和十四年版）》，頁 249。
〔註71〕臺灣總督府殖產局，《臺灣の柑橘產業》（1935），頁 22。
〔註72〕臺灣總督府殖產局特產課編，《熱帶產業調查會：柑橘產業ニ關スル調查書》，頁 105。
〔註73〕臺灣經濟通信社編纂，《臺灣經濟の基礎知識（昭和十四年版）》，頁 250。

　　新竹州方面，在生產者的意識及各產地產業組合與任意組合成立逐漸增加的趨勢下，為了管理的方便，1931（昭和 6）年創立「新竹州柑橘販賣聯合會」作為新竹州的販賣代表機關，其後於 1933（昭和 8）年按「產業組合法」改組為「新竹州物產購買販賣利用組合」。組合員數上，產業組合代表者 12人，任意組合 3 人，個人加入者 75 人。在販賣相關的事務上，尚無太多的缺點，故新竹州在各產地促進此種組合的設立及普及，使聯合組織的機能充分發揮，希望達到以販賣統制振興貿易的企圖。〔註74〕不過在 1、2 年間組合努力為販賣事業改善的結果，臺灣的產業組合實際狀況上要加入完全以柑橘生產者組成的產業組合是困難的，因其在出貨販售上缺乏強制力，在販賣上也很難達到完全，故為了實行強制的出貨統制，1934（昭和 9）年 7 月 17 日依總督府指令第 4094 號認可設立「新竹州柑橘同業組合」，專門在調節出貨及包裝上的改善等業務上努力。〔註75〕設立的理由及目的、執行業務與臺北州柑橘同業組合相同，不過在組合構成人員中，加入一部份的生產者這點，與臺北州不同。實際上單以生產者身分加入組合的人很少，大部分都是輸出業者。生產者主要在產地加入當地的產業組合或任意組合，然後產業組合再去加入同業組合；或任意組合以代表者的名義加入同業組合，使生產者是以間接的形式加入同業組合的。〔註76〕

表 3-3-9　臺北、新竹兩州之同業組合創立時間、組合員種類及執行業務

組合名	臺北州柑橘同業組合	新竹州柑橘同業組合
創立時間	1935 年	1934 年
組合員的營業種類	柑橘類的地區外搬出業者	柑橘類地區外搬出業者及 500 本以上柑類栽培業者
執行業務	品等檢查、出貨調節、販路擴張及交易改善、運輸費用節減、市況調查及向組合員告知、容器包裝統一改善、防止腐敗施設及貯藏設備、對功績者的表彰、糾紛仲裁、其他必要施設及調查	

資料來源：臺灣總督府殖產局特產課編，《熱帶產業調查會：柑橘產業ニ關スル調查書》（臺北市：臺灣總督府殖產局特產課，1935 年），頁 107。

〔註74〕新竹州農會編，《臺灣に於ける柑橘栽培》，頁 96。
〔註75〕李讚產，〈新竹州產業五箇年計畫の實績〉，《臺灣經濟叢書》，第 9 卷（1941年 3 月），頁 152。
〔註76〕臺灣總督府殖產局特產課編，《熱帶產業調查會：柑橘產業ニ關スル調查書》，頁 105～106。

　　臺灣各柑橘產地的產業發展除了臺灣總督府施行的政策及發放的補助金外，亦有賴於各地方農會的實際執行、統合及規劃，除了自行發展苗木的養成農場進行苗木的品質把關，避免品質不良的苗木直接分配到農民手中，也設立附屬柑橘園及模範園作為試驗調查及推廣的模範，將正確的栽培技術、施肥及病蟲害驅除方式傳遞給農民，更為了使州內生產品質與產量上升，舉行品評會讓農民們互相比較經營管理方式，進行良性競爭啟發農民的自覺。而在產量、產值上升後，產業組合及同業組合的出現減少了農民或輸移出業者因不熟悉販賣流程或輸移出地而受欺瞞導致蒙受損失，或因銷售競爭而產生品質及價格下降的情形。但從各柑橘相關組合的創立時間來看，不管是在產業組合或是同業組合，均晚於 1913 年的「臺灣產業組合規則」及 1914 年的「臺灣重要物產同業組合法」1、20 年。而在柑橘產業的販售系統完善前，移出至日本的柑橘是委由臺灣青果株式會社將柑橘送至日本國內，由香蕉受貨機關所屬的經紀人進行販賣，[註77] 不管是在販售系統或是市場上，主要是依附於香蕉的。不過隨著對外貿易日漸興盛，柑橘產業逐步發展出專門的組合進行管理與調控，販售系統趨於完整。

〔註77〕臺灣總督府殖產局特產課編，《熱帶產業調查會：柑橘產業二關スル調查書》，頁 86。

第四章　日治時期臺灣柑橘鮮果之處理流程及運銷通路

在整個柑橘產業的架構下，除了前述的栽種地選擇、優良種苗來源、栽培技術普及、官方及民間組織的推廣與協助外，隨著日本對外來病蟲害的警覺而制定的植物檢查制度，果實從被採摘到送至消費者手中，不管是鮮果或是加工過的食品，均須經過多重且講究的處理與篩檢，淘汰品質差的、受病蟲侵害的、腐敗的果實，也進一步的促進臺灣在栽培技術及病蟲害防治方面的注重，使柑橘產量大增，並發展出了輸移出的貿易通路，為臺灣賺進大筆的外匯。

第一節　柑橘鮮果的採摘過程與加工

柑橘果實尤其是柑類的採摘到運送、貯藏過程，因其果形小、果皮薄，容易在過程中受到損傷而引發腐敗或使其品貌不佳，造成果農及商人的損失，故須特別注意。

一、採摘與選果

在採摘方面需要注意的主要有採收的時間與採摘方式。芳賀鍬五郎在《臺灣園藝》中提及椪柑、桶柑、雪柑、斗柚、文旦、ワシントンネーヴル、ヴアレンシヤ、レート等 7 種具有潛力的柑橘類果實，並將其形態、品質及成熟期列出。成熟期的部分，椪柑為 11 月下旬，桶柑 2 月中旬，雪柑 12 月

上旬。〔註1〕而在殖產局出版的《柑橘產業調查書》中，將採收時間分成中北部及南部，2區域的採收時間略有差異，如椪柑在中北部的採收時間為11～12月，在南部則延長至隔年的3月；桶柑只有中北部在1～4月時採收，南部則無；雪柑在中北部是11～12月採收，到了南部則延長至隔年的2月。〔註2〕若是按第二章第一節所述，氣溫高影響果實的成熟期提早，《柑橘產業調查書》中所寫之採收時間貌似有些不符合，在該文獻中的敘述認為高雄州潮州的椪柑為了吸引目光，不待成熟便採收帶有青味果實，一直採收至風味佳良為止，或許是認為該時期的椪柑並未成熟，故無算入採收期。〔註3〕實際上南部的椪柑最早便是以青皮椪柑的樣貌被採摘並販賣，因為南部日照與溫度的影響，椪柑的果皮在仍帶有青色的時候，果實已經成熟，可以比中北部提早收成。〔註4〕臺灣柑橘果實的採收期應該是從南部開始逐漸往北部，另外在《熱帶產業調查會：柑橘產業ニ關スル調查書》中，櫻井芳次郎所製的「臺灣主要柑橘類周年生產表」較貼合真實的情況。如北部的椪柑大概在11月中旬採收，中部約在11月上旬，南部則早在9月中旬便已經開始採收。

表4-1-1　芳賀鍬五郎所舉具潛力之柑橘品種

品種名	果實大小	果實形狀	果實色澤	熟　期	品　質	樹　性
椪柑	大	扁圓形、果梗處凸出	濃橙黃色	11月下旬	上	強
雪柑	中	圓形或長圓形	淡橙黃色	12月上旬	上	強
桶柑	中	圓形	橙黃色	12月中旬	中	強
文旦	大	圓錐形	淡黃綠色	10月上旬	上	強
斗柚	最大	扁圓形	淡黃綠色	10月上旬	上	強
ワシントンネーヴル	中	圓形	鮮橙黃色	12～1月	極上	強
ヴアレンシャ・レート	中	稍橢圓形	橙黃色	5～6月	上	強

資料來源：芳賀鍬五郎，《臺灣園藝》（臺北：臺灣教育會，1911），頁47～48。

〔註1〕芳賀鍬五郎，《臺灣園藝》，頁47～48。
〔註2〕臺灣總督府殖產局編，《柑橘產業調查書》，頁59～60。
〔註3〕臺灣總督府殖產局編，《柑橘產業調查書》，頁59。
〔註4〕臺灣總督府殖產局特產課編，《熱帶產業調查會：柑橘產業ニ關スル調查書》，頁47。

表 4-1-2　殖產局所舉各種類採收時間

種類名	中北部	南　部
椪柑	11 月～12 月	11 月～隔年 3 月
桶柑	1 月～4 月	—
雪柑	11 月～12 月	11 月～隔年 2 月
文旦	8 月～9 月	9 月
斗柚	9 月～12 月	9 月～12 月
白柚	—	11 月～12 月

資料來源：臺灣總督府殖產局編，《柑橘產業調查書》（臺北市：臺灣總督府殖產局，1930），頁 59～60。

圖 4-1-1　臺灣主要柑橘類周年生產表（中央研究所士林園藝試驗支所櫻井技師調查）

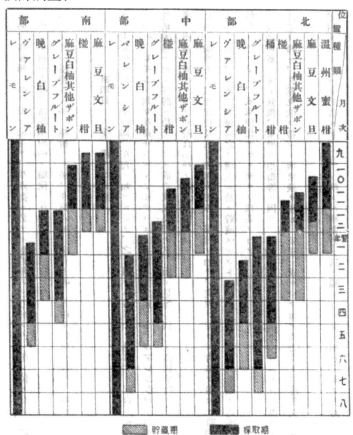

資料來源：臺灣總督府殖產局特產課編，《熱帶產業調查會：柑橘產業二關スル調查書》（臺北市：臺灣總督府殖產局特產課，1935），頁 48。

　　採摘果實的成熟度，又因使用目的而有所差異。若為即時販賣以供生食之用，需等果實成熟才可採摘；若是需要運送至遠地或是貯藏之用，則要在成熟之前採摘，避免在運送過程中因過熟而影響風味或腐敗。〔註 5〕而收成當日的天氣亦有影響，如果在雨後果實尚殘留水珠時採收，容易造成收穫的果實腐敗，故選擇在乾燥、溫暖的天氣採收是最好的。〔註 6〕在採摘方式的部分，臺灣過去一直都是以保留果梗且帶有 1、2 片葉子的形式採收、販賣，過程中果實互相傷害使其不堪貯藏，出現許多損失，實屬一種惡習，故日本人進行試驗將其改良。因蜜柑類的果實小、皮薄、易損傷的特性，所以採摘時不可以手折取，採摘的改良法需先以左手托住要採摘之果實，以摘果鋏自距離果實一定距離的果梗處剪下，隨後以不會損傷果皮的方式將果梗自根部剪除，以防在運送或貯藏的過程中，果實互相損傷造成腐敗。而除了摘果鋏的使用外，收成時也有特定的摘果籠。將適當的布片，如小麥粉袋，縫於籠內側，底部使用稻草或新聞紙等鋪墊，防止果皮損傷，〔註 7〕大小約為直徑 30 公分、深 35 公分左右。〔註 8〕

　　在選果方面，同一棵果樹上的果實並不會同時成熟，需分 2～3 次的採收才能完全採收完畢，因此果實間存在熟度、大小不一或有病蟲侵害的壞果，為方便貯藏、運輸及避免壞果影響其他健康的果實，於採摘後需經過選果，分出大小顆、成熟度與色澤好壞並剔除病蟲侵害的果實，〔註 9〕如此繁複之過程一般的果農想要達成是有一定難度的，故農會及共同出荷組合的出現使生產者減少因選果不當而造成的損失。在過去柑橘果實的販賣主要為「立木買賣」的方式，為商人於收穫前至果園評估收穫量並與農民簽署契約的形式，但因是利用果農資金較為缺乏的開花期締結的契約，果農容易被商人壟斷利益造成損失，而商人將購得的果實大致區分好壞便送至植物檢查所，稍作檢查後就移出至日本，也因此造成果實良莠不齊或易腐敗的情況，為解決此種狀況，農會及共同出荷組合的設立對果實進行統一的選別、品質的檢查及販賣。〔註 10〕

〔註 5〕島田彌市，〈臺灣產柑橘類果實ノ數字的調查〉，頁 25。
〔註 6〕新竹州農會編，《臺灣に於ける柑橘栽培》，頁 87～88。
〔註 7〕島田彌市、石塚正義，〈臺灣の椪柑・第十章・收穫貯藏及び輸送取扱〉，《臺灣農事報》，第 257 期（1928 年 5 月），頁 124。
〔註 8〕新竹州農會編，《臺灣に於ける柑橘栽培》，頁 88。
〔註 9〕新竹州農會編，《臺灣に於ける柑橘栽培》，頁 88。
〔註 10〕臺灣總督府殖產局編，《柑橘產業調查書》，頁 61。

表 4-1-3　新竹州椪柑、桶柑等級別分階條件　　　　單位：直徑（公分）

	1　等	2　等	3　等	4　等	5　等	等　外
椪柑	7.8 以上	7.2〜7.7	6.3〜7.1	5.5〜6.2	小於 5.5	病蟲害被害果
桶柑	7.2 以上	6.3〜7.1	5.5〜6.2	無	5.5 以下	
等級別生產%	27%	30%	35%	5%	3%	
商標	タ印	イ印	ワ印	ン印	レ印	

資料來源：新竹州農會編，《臺灣に於ける柑橘栽培》（新竹州：新竹州農會，1939），頁 88。

二、包裝與運送

　　收成後的果實會請工人運搬至集散地，不過使用傳統的米籃類（笊）從山上搬到集散地會造成很多果實的外皮損傷，這也是直接導致青黴菌寄生的原因。故新竹州農會除了勸導果農在採收時使用摘果鋏、摘果臺外，也進行運搬籠的改良及使用獎勵，經過試驗，改良運搬籠的腐敗率比傳統米籃減少 1 成，也就是說假設椪柑以 100 斤 8 圓的價格賣出，則其中有一成（80 錢）為使用改良運搬籠所多獲得的利潤。可見在生產者及商人的共同改良下，減少腐敗果供給給消費者的機會，也提升了商品的價值。果實運搬至集散地經過充分的篩選去除有病蟲侵害的果實後，送到植物檢查所經過規定的日數後檢查合格者，以石蠟紙或新聞紙包裹每一顆果實，[註11] 並依島內販賣及輸移出 2 種通路，分為不同的包裝、運送方式。島內販賣以內部鋪有布料、被稱為「米籠（ビーナー）」的竹製編籠運送，裝載的重量約為 100 斤左右。[註12] 輸移出則因蜜柑果皮脆弱容易損傷、腐敗，特別進行了包裝材、填充材、運送箱或籠在長途運送下腐敗率的試驗（見第三章第一節）。而因應輸移出的不同用途，亦有不同的包裝方式，如輸出管道使用內容量約 80 斤的大箱運輸；移出日本一般使用 40 斤裝被稱為改良箱的木箱，作贈答之途使用郵便小包，或依顧客的需求以 20 個、50 個或 100 個入裝箱，[註13] 亦有出現使用竹籠或特製紙箱的包裝方式。[註14] 不過也會有人使用麥酒或酒的空箱包裝，或多或少會使消費者無法準確辨別，為了讓輸移出的商品包裝達到統一性，各州的同業組合各自制定了各種容器的規格。

〔註11〕新竹州農會編，《臺灣に於ける柑橘栽培》，頁 93。
〔註12〕臺灣總督府殖產局編，《柑橘產業調查書》，頁 60。臺灣總督府殖產局編，《臺灣の柑橘產業》（臺北市：臺灣總督府殖產局特產課，1930），頁 20。
〔註13〕臺灣總督府殖產局編，《臺灣の柑橘產業》（1930），頁 20。
〔註14〕臺灣總督府殖產局編，《柑橘產業調查書》，頁 61。

表 4-1-4　臺北州柑橘同業組合桶柑、溫州蜜柑、椪柑容器規格 單位：公分

種　別	長	寬	深	箱板厚度	最低內容量
小箱	56	39.4	22.7	1.5	30 斤（18 瓩）
大箱	81	40.5	30	1.8	60 斤（36 瓩）

資料來源：資料來源：臺灣總督府殖產局特產課編，《熱帶產業調查會：柑橘產業二關
ス ル 調查書》（臺北市：臺灣總督府殖產局特產課，1935），頁 69。

表 4-1-5　新竹州柑橘同業組合椪柑、桶柑容器規格 單位：公分；瓩＝公斤

種　別	長	寬	深	內容量
贈答品小箱	33	20	16	4.8 瓩
小箱	58	35	23	24 瓩
大箱	81	41	29	45 瓩

資料來源：臺灣總督府殖產局特產課編，《熱帶產業調查會：柑橘產業二關ス ル 調查
書》（臺北市：臺灣總督府殖產局特產課，1935），頁 69。

　　除了包裝容器外，箱內的填充物也影響著果實的腐敗率。過去箱內多是以
籾殼（稻殼）填充，減少果實互相碰撞而損傷，不過此種填充物本身的味道會
在過程中沾染於果實上，且觀感較為不佳，故後來改使用木毛（excelsior）來
提升商品的價值。〔註15〕

三、倉庫與冷藏

　　臺灣在過去是沒有任何用來貯藏果實的專門設備，一般生產者無足夠的
資金或空間另外設置倉庫，僅能於自家住宅劃分出一個區域或裝設臨時設備，
鋪上稻草，再將果實堆疊 5、6 層，每 2、3 日置換一次位置，不過此種方式使
果實的腐敗率高，〔註16〕無法獲得利潤，故貯藏倉庫設置的需求日漸增加。新
竹州農會針對貯藏的效用進行試驗，在 3 年間於 12 月 5 日的適期採收，貯藏
於土間（地面為土的空間）至 4 月上旬，計算花費的人力等各項支出與成熟後
售賣的收入並平均 3 年成績，雖然在 2 月之前有損失，但在 2 月後，隨著市面
上的果實逐漸減少、價格提高，貯藏果出售的價錢已比 2 月前高出許多，農家
可利用價差賺取到一定的收益。

〔註15〕臺灣總督府殖產局編，《柑橘產業調查書》，頁 62。
〔註16〕臺灣總督府殖產局編，《柑橘產業調查書》，頁 60。

表4-1-6　新竹州貯藏試驗三年平均成果

	供　試	支　出		收　入				
		人夫賃	累計	庫存量	百斤時價	金額	損失	收益
12/10	100 斤	0.04	12.37	100 斤	12.33	12.33	0.04	---
12/31	12.33 円	0.19	12.52	91.8 斤	12.67	11.63	0.89	---
1/28		0.39	12.72	83.1 斤	14.33	11.91	0.81	---
2/25		0.59	12.92	74.9 斤	19.00	14.23	---	1.31
3/25		0.79	13.12	66 斤	25.67	16.94	---	3.82

資料來源：島田彌市、石塚正義，〈臺灣の椪柑・第十章・收穫貯藏及び輸送取扱〉，
　　　　　《臺灣農事報》，第257期（1928年5月），頁127～128。

　　隨著貯藏試驗的進行，貯藏的利益逐漸顯露，新竹州農會首先於1927（昭和2）年12月花費1,220圓，在附屬柑橘園設置可貯藏1萬5千斤果實的貯藏倉庫，〔註17〕而後又於1931（昭和6）年開始，以每年5棟貯藏倉庫的補助，促成新竹州在1935年已有20棟的貯藏倉庫，加上還有2棟由生產者自行建立的，共有22棟；〔註18〕臺北州部分，由於生產地果農原有設置的意願，加上農會補助經費較為充足，1930年計畫在鷺洲庄建設一棟貯藏倉庫也可以順利進行。〔註19〕

圖4-1-2　新竹州農會附屬柑橘園蜜柑貯藏庫圖

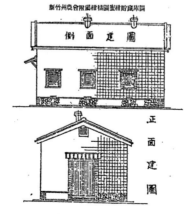

圖片來源：島田彌市、石塚正義，〈臺灣の椪柑・第十章・收穫貯藏及び輸送
　　　　　取扱〉，《臺灣農事報》，第257期（1928年5月），頁131。

〔註17〕島田彌市、石塚正義，〈臺灣の椪柑・第十章・收穫貯藏及び輸送取扱〉，頁128。
〔註18〕臺灣總督府殖產局編，《臺灣の柑橘產業》（1935），頁16。
〔註19〕臺灣總督府殖產局編，《柑橘產業調查書》，頁60。

圖 4-1-3 鷺洲庄柑橘貯藏庫

附註：當時位置在今光華路與中正路路口，國泰世華銀行現址。

圖片來源：臺北縣蘆洲市公所、成功國小，《千禧心・蘆洲情》
（臺北縣：博揚文化，2000），頁 88。

圖 4-1-4 《鷺洲庄要覽・昭和五年》封面為鷺洲庄柑橘貯藏庫

圖片來源：新莊郡鷺洲庄役場，《鷺洲庄要覽・昭和五年》
（臺北州：新莊郡鷺洲庄役場，1931），頁 44。

　　而在臺灣的柑橘產業逐步發展下，貯藏倉庫隨之普及，進一步的目標即是在主產地、輸移出港及主要市場設立冷藏倉庫。與溫度略室外降1度左右、濕度87～88%的普通貯藏倉庫相比，冷藏倉庫的溫度大約在2～3度之間，濕度94～96%，果實平均的貯藏期增長，且因溫度低，數種造成腐敗的原因，如青黴病、白黴病及軸腐病等病害出現機率基本為零；又因濕度較高，果實表面的水分流失較常溫或普通貯藏倉庫要少，可以保持果實的外觀及果汁量。不過冷藏倉庫除了使果實保存期增長、外觀維持時間增加、果肉果汁狀態維持、酸味減少、腐敗果漸少、萎凋減少外，冷藏果一旦自倉庫中取出，在冷藏倉庫中時間越久，取出的果實越不耐保存，且若冷藏時間超過4個月以上，其果皮、果肉仍會緊縮、失去水分，使商品價值減少，需特別注意。〔註20〕貯藏倉庫和冷藏倉庫的出現，延長了蜜柑類果實的供應期，也藉此種方式在盛產期與產期末調節流通到市面上的數量，〔註21〕避免大量供給造成的價格崩盤，達到穩定供給及價格的作用。〔註22〕

四、加工

　　果樹的種類繁多，臺灣現存即有60餘種以上，果實生食很符合日本人的嗜好，且有增進食慾的作用，而除了生食外，也可製成乾果、蜜餞或釀酒與醋，〔註23〕果皮、果汁也具有一定的利用空間。〔註24〕果實的加工直接或間接的解決了許多的問題，如某些須送至遠地的蔬果因體積、重量大，在運送時需要更多的運費，處理也較不方便，而藉由加工將不需要的部分去除或減少水分，可減少運費的支出，如柿餅及龍眼乾；果實、蔬菜的加工也可以使其避免因長時間的貯藏而變形、腐敗，更可以有效利用被剔除的廢料、品質較差或有瑕疵無法通過植物檢查的蔬果，進一步解決生果受病蟲害的移出限制，同時達到延長保存、提升蔬果價值的效果，如斗柚皮蜜餞、野菜的福神漬（醬油、糖及味醂的調味液浸泡）、李子蜜餞、柑橘罐頭等；產量過剩時，蔬果的加工也可以

〔註20〕櫻井芳次郎，《臺灣產柑橘類の冷藏及普通貯藏の比較》（士林：士林園藝試驗支所，1932），頁67～69。

〔註21〕臺灣總督府殖產局編，《臺灣の柑橘產業》（1935），頁17。

〔註22〕臺灣總督府殖產局編，《臺灣の柑橘產業》（1930），頁20。

〔註23〕芳賀鍬五郎，《臺灣園藝》，頁40。

〔註24〕櫻井芳次郎，〈臺灣に於ける重要果樹の栽培〉，《臺灣經濟叢書》，第9卷（1941年3月），頁32。

有效的調節供給，在避免價格跌落的同時，也可做為當地的特產販賣，更可以在交通便利的環境下，將加工品長途運送至遠地，互相交換各地物產，如北海道的蘆筍罐頭與臺灣的鳳梨罐頭交換；一方面也能有效利用農閒時期與閒置人力，一家老幼共同參與促進家庭和樂，並以此副業增加收益。〔註25〕蔬果經過不是太過複雜或昂貴的加工處理後，買賣與使用更為便利，也無須擔心變質及腐敗，可以安心食用，另一方面，加工製品也富含各種營養素，如蛋白質、碳水化合物、脂肪、無機鹽、維生素等，被認為是人體的保健食品，在生病的時候可以做為營養素的補充來源。〔註26〕

　　農產加工大致分成利用黴菌進行的發酵及完全排除黴菌的防腐2種方式。發酵的部分主要是黴類、酵母菌和細菌在食物上作用後產出的食品，如味噌、醬油、水果酒或漬物等，發酵和腐敗雖然皆是黴菌作用後的結果，但在菌種及程度上的差異造就可食及不可食的分別，如碳水化合物和脂肪反應產生酸類、蛋白質腐敗形成屍毒等，對人體而言是劇毒，故須多加留意。而防腐法主要透過多種方法排除會與食物發生反應的各類黴菌，如以煮或直接火燒的方式滅除食物中黴菌的加熱法；去除蔬果中多餘水分抑制黴菌生長的乾燥法；以食鹽或糖破壞蔬菜、水果組織中水分阻害黴菌發育的鹽藏法與糖藏法；利用酒類內含的醇及醋中的醋酸達到防腐效力的酒與酢漬法；遮斷空氣阻止自然腐敗的空氣遮斷法；或加熱法和空氣遮斷法並行的罐頭製造等。〔註27〕

　　臺灣對蜜柑進行的加工主要有2種，一為製成罐頭，二為製成蜜餞。罐頭在世界上被發明的需求來自於戰爭時的糧食攜帶及對耐貯藏又美味食物的期望，在1795年時，法蘭西國王拿破崙懸賞1萬2千法郎募集解決方式，在1804年巴黎一位經營蜜餞和葡萄酒等貯藏食品製造的尼古拉‧阿佩爾（Nicolas Appert），所發明的瓶罐保存法獲選，而後在1810年由2位英國人應用此方法，以錫鐵製容器代替瓶罐，製造出今日罐頭的原型。罐頭的製造被引進日本是在明治初年的6年間，東京新宿勸業試驗場小規模進行罐頭製造試驗為嚆矢，而進入臺灣則要等到1902年岡村庄太郎在高雄州鳳山郡創設鳳梨罐頭事業，自此開始隨著鳳梨罐頭的熱銷，越來越多罐頭製造工場被總督府認可，亦

〔註25〕平井金右工門，《〔昭和十一年二月〕農產加工指針》（新竹市：出版單位不詳，1936），頁1～3。
〔註26〕平井金右工門，《〔昭和十一年二月〕農產加工指針》，頁7～9。
〔註27〕平井金右工門，《〔昭和十一年二月〕農產加工指針》，頁3～7。

出現以其他食材製作的罐頭，如芒果、李、筍等，使臺灣農產加工出現新的展望。加工成罐頭內容物的方式也有許多種類，適用於果實的有將果實剝皮並挖出果芯後，放入罐頭注入糖液，再殺菌密封的糖漿醃製法；使用大量的砂糖煮製成果醬或蜜餞，經簡單殺菌或省略殺菌後密封的砂糖煮製法；以果實製作成醬料或調味品後，殺菌密封；或加工果實汁液以罐頭保存。〔註28〕櫻井芳次郎在參訪宜蘭看見豐富的園藝物產時，認為可以利用一年四季不同的物產製成罐頭，如竹筍、龍眼、李子果醬、金柑蜜餞、蜜柑等，借鑒日本廣島以溫州蜜柑製成罐頭作為輸出品的方式，若以臺北州的無籽桶柑製作，可以避免取出種子時造成的果肉破裂，是非常具有潛力的產品。〔註29〕新竹州亦有設置工藝指導所農產加工部進行州內各種園藝生產物的加工利用，除了製作椪柑罐頭、果醬及其他加工品外，也招募小、公學校畢業以上學歷、希望學習製作的人進行實習訓練。〔註30〕

　　蜜餞是將蔬菜或果實，如生薑、柚、佛手柑、蜜柑、木瓜、冬瓜、李等，與砂糖一同煮熟或乾燥的一種臺灣土產，〔註31〕在支那被稱為蜜餞糖菓。〔註32〕臺灣總督府有鑑於臺灣原料充足卻無進步的製造蜜餞之法，需每年自支那輸入蜜餞多達數千圓以供臺灣人使用，錢財大量外流實非良舉，〔註33〕若蜜餞製法進步，除了可以供給臺灣島內之用，亦可移出內地、輸出海外進行販賣。〔註34〕調查 1907 年臺灣的蜜餞生產額達 69,211 斤，價額 17,613 圓餘，以彰化、新竹最多，嘉義、臺南次之，主要原料為冬瓜、明薑、柑餅、李仔、楊桃等，若改良製法大量製造，在原料無缺的情況下，可發展為收益不錯的產業。〔註35〕故自 1908 年 11 月下旬，商工課即聘請廣東的蜜餞製造師至稻江鳳萊製造所募集有意願者開辦講習會，並將製品派人送至日本及支那各大市場，回

〔註28〕平井金右工門，《〔昭和十一年二月〕農產加工指針》，頁 33〜34。

〔註29〕櫻井芳次郎，〈臺北州下の果樹園藝に就て（2）〉，《臺灣農事報》，第 285 號（1930 年 8 月），頁 63〜64。

〔註30〕新竹州農會編，《臺灣に於ける柑橘栽培》，頁 109。

〔註31〕陳玉麟，〈臺灣の特殊飲食物製造法に就いて（上）〉，《民俗臺灣》，第 5 卷第 1 號總號 43（1945 年 1 月 1 日），頁 34。

〔註32〕中南宗助，〈傳授蜜餞之製法〉，《臺灣農事報》，第 26 期（1909 年 2 月 25 日），頁 66。

〔註33〕〈獎勵工業〉，《臺灣日日新報》，1908 年 11 月 14 日，日刊 03 版。

〔註34〕〈製造蜜餞〉，《臺灣日日新報》，1908 年 11 月 27 日，日刊 03 版。

〔註35〕〈蜜餞の生產と原料〉，《臺灣日日新報》，1908 年 11 月 27 日，日刊 03 版。

報販賣狀況以圖販路的擴張。〔註36〕後於 1909 年 1 月 26 日開始，委託留清
之農商務者海外實業練習生縣莊吉於臺北大稻埕依仁里街季芳商行製造鳳梨
罐頭工廠（約位於今臺北市伊寧街、迪化街二段、迪化街二段 172 巷與環河北
路二段圍起區塊附近），募集地方有志人士實地傳習蜜餞製造之法，望能於原
料充足、販路廣闊的臺灣，利用婦女的勞動力盛行此業，防止資金外流並增長
臺灣之財力。〔註37〕雖然臺灣製造蜜餞的原料豐富，然臺灣所產之砂糖比廣東
要昂貴，如欲輸出國外，收支上無法平衡，唯銷至需求日漸擴大的日本尚有展
望，所以當局提供製造必須之機械供製造者借用，且不收其稅金，以期蜜餞產
業之發展。〔註38〕

　　除了開辦講習會傳習蜜餞製造之法增進品質及產量外，臺灣的蜜餞也在各
品評會、共進會及博覽會受到好評，如 1909 年 12 月新竹廳開辦的果物品評會，
除了生果外，蜜餞也同為陳列品；〔註39〕1910 年 3 月 16 日～6 月 13 日名古屋
關西各府縣聯合共進會特設臺灣館陳列臺灣之產物，〔註40〕其中臺北廳余傳爐
出品的冬瓜、薑、金桔蜜餞獲得三等賞，臺南廳藤谷源兵衛出品的蜜餞獲二等賞；
〔註41〕1910 年 9 月 17 日～11 月 15 日群馬縣主辦的關東東北一府十四縣聯合共
進會亦設有臺灣館，余傳爐出品之蜜餞獲二等賞銀牌；〔註42〕或如日英博覽會、
〔註43〕京都製產品博覽會、〔註44〕全國蜜餞博覽會、〔註45〕南洋斯馬蘭（三寶
瓏）博覽會〔註46〕等博覽會均有臺灣蜜餞的出品。在一般的筍、李、薑、金桔等
蜜餞大量製作流通後，也開始出現新種類之蜜餞，如殖產局林田氏發明的虎頭柑
蜜餞、〔註47〕盛進商行茶店的新生姜蜜餞、〔註48〕佛手柑蜜餞〔註49〕等，佐久

〔註36〕〈獎勵工業〉，《臺灣日日新報》，1908 年 11 月 14 日，日刊 03 版。
〔註37〕中南宗助，〈傳授蜜餞之製法〉，頁 66。
〔註38〕〈蜜餞獎勵〉，《臺灣日日新報》，1909 年 8 月 8 日，日刊 04 版。
〔註39〕〈竹塹殖產〉，《臺灣日日新報》，1909 年 12 月 7 日，日刊 03 版。
〔註40〕〈臺灣館之賣店〉，《臺灣日日新報》，1910 年 2 月 6 日，日刊 05 版。
〔註41〕〈共進受賞〉，《臺灣日日新報》，1910 年 7 月 20 日，日刊 03 版。
〔註42〕〈群馬共進會受賞者〉，《臺灣日日新報》，1911 年 11 月 29 日，日刊 02 版。
〔註43〕〈出貨稍定〉，《臺灣日日新報》，1909 年 9 月 19 日，日刊 03 版。
〔註44〕〈京都博覽會受賞者〉，《臺灣日日新報》，1911 年 5 月 16 日，日刊 02 版。
〔註45〕〈全國蜜餞展覽會〉，《臺灣日日新報》，1911 年 7 月 24 日，日刊 02 版。
〔註46〕〈博覽會出品期〉，《臺灣日日新報》，1914 年 5 月 22 日，日刊 06 版。
〔註47〕〈虎頭柑の蜜餞〉，《臺灣日日新報》，1913 年 5 月 25 日，日刊 01 版。
〔註48〕〈新生姜蜜餞の發賣〉，《臺灣日日新報》，1913 年 8 月 3 日，日刊 07 版。
〔註49〕〈蜜餞佛手柑〉，《臺灣日日新報》，1913 年 8 月 21 日，日刊 06 版。

間總督在謁見天皇匯報臺灣近況時，更是將白生姜蜜餞、黑生姜蜜餞及虎頭柑蜜餞獻給天皇，〔註50〕獲得天皇嘉獎。〔註51〕

　　蜜餞製造全年皆可，不過最適合還是在炎夏時，南清如廣東每年自 7、8 月至 9 月之交為製作期，因夏季天氣溫熱且容易乾燥，除了特定的一些材料外，也多產於夏日，〔註52〕蜜柑類則因產期在冬、春季，加工時間在 12 月下旬至隔年 1 月較佳。〔註53〕以金柑為原料製成的蜜餞分為乾金柑與濕金柑兩種，不過製作方法相同，只是前者經過乾燥，後者包裹砂糖。將金柑以鑿縱直割破外皮 5、6 處，一一以手將汁液擠出，水洗 2、3 回後榨乾，再投入石灰水中攪拌，以手指壓之取出放約一晝夜，浸置清水中洗淨，再浸清水中約一晝夜，其後投入沸騰的水中約 15 分鐘後取出浸冷水，清水換過數回直至冷卻、外皮無苦味，置於篩中滴水，後浸泡於淡糖水中，隔日再煮沸約 1 小時，換過新的砂糖水後再次煮沸約 1 小時即製作完成。新鮮金柑 100 斤需砂糖 100 斤可製出約 80 斤左右之成品，收支計算後純收益約 2 元 20 仙左右。

表 4-1-7　廣東金柑蜜糖法收支計算

	項　目	重　量	價　錢
支出	金柑	20 斤	6 元 70 仙
	粗砂糖	100 斤	9 元 80 仙
	薪	120 斤	66 仙
	工資		42 仙
合計			17 元 58 仙
收入	殘留之砂糖水	40 斤	
	製品	100 斤	18 元左右
合計			19 元 80 仙
純收益			2 元 20 仙左右

資料來源：縣莊吉，〈調查廣東蜜餞製造業（五）〉，《臺灣農事報》，第 37 期（1909 年 12 月 25 日），頁 75。

　　蜜柑之蜜餞製作先以利刀薄削其皮，後用鑿或竹篦縱割蜜柑之外圍 6、7

〔註50〕〈總督入觀〉，《臺灣日日新報》，1913 年 10 月 31 日，日刊 05 版。
〔註51〕〈蜜餞光榮〉，《臺灣日日新報》，1913 年 11 月 30 日，日刊 05 版。
〔註52〕中南宗助，〈傳授蜜餞之製法〉，頁 66。
〔註53〕平井金右工門，《〔昭和十一年二月〕農產加工指針》，頁 37。

處，使其內部汁液流出，投入清水中攪拌，以掌壓除內部所含汁液，經約3、4小時，投入石灰水中2、3分鐘，取出浸於清水中約一晝夜，[註54]瀝乾後與砂糖水同煮至近乾，後鋪於地上使其乾燥，若需裹覆白砂糖，則於煮熟時取出裹覆。[註55]蜜餞在製成後多少帶有濕氣，故需曬乾後方可裝入容器中密封並置於乾燥處存放，在廣東地區的貯藏方式類似於貯藏茶葉的方式，將製成品置於能通風且乾燥的房屋樓上，避免潮濕使蜜餞變質。[註56]

圖 4-1-5　蜜餞製造之工具（1）　　圖 4-1-6　蜜餞製造之工具（2）

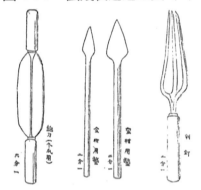 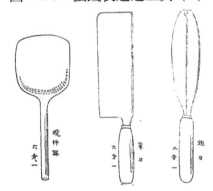

圖片來源：中南宗助，〈蜜餞製造法〉，《臺灣農事報》，第 26 期（1909 年 2 月 25 日），頁 21。　　圖片來源：中南宗助，〈蜜餞製造法〉，《臺灣農事報》，第 26 期（1909 年 2 月 25 日），頁 21。

　　人力雖無法控制果樹上的果實分階段成熟，但可以藉由貯藏、冷藏或加工的方式紓解生產過剩的情況。收穫的果實經過篩選有助於運輸方便及避免病蟲危害影響果實的保存期，再透過產業組合的協助，共同處理、統一包裝並輸送至國外，減少因流程不熟悉而造成的損失。隨著貯藏庫的改良及冷藏倉庫的出現，果實的保存期限大幅增長，延長了果實的供應期並適時調節市場價格與供給，避免盛產期造成的價格崩盤。除了生食外，果實亦可藉加工處理的方式進行適當的保存及充分的利用瑕疵果或其他加工剔除的廢料，並借鑑廣東外銷蜜餞賺取臺灣大量金錢方式，開始推廣食品的加工，利用婦女的閒置勞力及農民的農閒時期，有效利用物產資源賺取額外的收益，進一步外銷讓錢財流入

〔註54〕縣莊吉，〈調查廣東蜜餞製造業（五）〉，《臺灣農事報》，第 37 期（1909 年 12 月 25 日），頁 75～76。

〔註55〕縣莊吉，〈調查廣東蜜餞製造業（二）〉，《臺灣農事報》，第 34 期（1909 年 9 月 25 日），頁 76。

〔註56〕中南宗助，〈傳授蜜餞之製法〉，頁 67。

臺灣，有助於各項的發展建設。

第二節　植物檢查制度

　　日治時期初，臺灣總督府為了促進農業發展，從臺灣島外引進多種農作物的苗木與種子，同時引進了不少農產品以作民生之用，而不少危害農作物的害蟲，如香蕉象鼻蟲、吹綿介殼蟲等，亦在此時隨農產品進入臺灣，臺灣總督府因此開始注意到對輸入的苗木及農產品檢疫的重要性。〔註 57〕農產物病蟲害的發現與調查早已有之，各州廳亦各自制定規則驅除或預防病蟲害的發生，也在 1903 年將農事試驗場劃分出昆蟲部與植物病理部，針對各種重要農作物的害蟲及病害進行研究，並透過了解發生害蟲習性及病害發生原因研發驅除與預防方式。1906 年開始，有鑑於驅除害蟲必要的器具與藥品，以地方農會和農業組合的能力無法獨力支撐，故民政部對害蟲驅除給予部分補助，〔註 58〕1907 年各廳計畫將地方費劃分一部份作為補助，加上國庫支應，並將驅除預防實行的事務移交給警察所管，在警察練習所加入害蟲相關的課程，欲藉警察的威望督促缺乏害蟲知識的農民進行害蟲的驅除預防，更頻繁的開設農事講話及分發害蟲圖鑑，致力於教育農民相關害蟲觀念。〔註 59〕然在種種嘗試下，害蟲發生仍頻，且殖產局接到地方廳的稟報後，才開始配發驅除器具及補助，等到器具到達時，蟲害早已蔓延，無法達到有效的驅除，〔註 60〕故總督府於 1908 年 9 月 19 日公布律令第 14 號「臺灣害蟲驅除豫防規則」，〔註 61〕10 月 1 日公布府令第 60 號「臺灣害蟲驅除豫防規則施行規則」，〔註 62〕對害蟲的品種、驅除與預防方式、報告形式、費用負擔

〔註57〕 朱耀沂，《臺灣昆蟲學史話（1684～1945）》（臺灣：國立臺灣大學出版中心，2013），頁 290。

〔註58〕 臺灣總督府編，《臺灣總督府事務成績提要・第十二編（明治 39 年度）》（臺北市：成文出版社，1985），頁 437。

〔註59〕 臺灣總督府編，《臺灣總督府事務成績提要・第十三編（明治 40 年度）》（臺北市：成文出版社，1985），頁 433。

〔註60〕 〈除蟲變法〉，《臺灣日日新報》，1908 年 8 月 23 日，日刊 04 版。

〔註61〕 「臺灣害蟲驅除豫防規則」（1908-09-19），〈明治 41 年 9 月臺灣總督府報第 2531 期〉，《臺灣總督府（官）報》，國史館臺灣文獻館，典藏號：0071012531a001。

〔註62〕 「臺灣害蟲驅除豫防規則施行規則」（1908-10-01），〈明治 41 年 10 月臺灣總督府報第 2540 期〉，《臺灣總督府（官）報》，國史館臺灣文獻館，典藏號：0071012540a002。

及懲罰等進行規定，不過相對起柑橘和甘蔗的害蟲，首要處理的是稻作上螟蟲、鐵甲蟲及苞蟲的危害，並對每年都會發生的蟲害購置常設用具，[註63]期望在官民的協力下撲滅害蟲減少農作物的損害。除了律法規則的制定外，新竹廳農會於 1916 年以柑橘園品評會的方式讓果農互相學習比較，對照其優劣並給予優勝者獎勵，希望藉由此方式讓果農了解施肥及害蟲驅除預防的重要性，也在會後舉辦演講會宣導病蟲驅除預防的重要性，[註64]屬較為具體的方式之一，且年年舉行成為慣例。

表 4-2-1　國庫支辦害蟲調查費

年　度	經　費
1913	6,540
1914	6,410
1915	6,159
1916	6,159
1917	6,159
1918	6,165
1920	8,227

作者整理。

資料來源：臺灣總督府編，《臺灣總督府事務成績提要》第十九編（大正 2 年度）～第二十六編（大正 9 年度）。

表 4-2-2　一般害蟲驅除預防費（國庫）各廳別分發預算

年　度	北臺灣（臺北、基隆、宜蘭、桃園、新竹、苗栗）	全臺總計
1906	1,655	4,230
1907	7,776.207（蟲害蔓延、警察接管）	20,977.107
1908	13,750.32	19,671.74
1909	22,831.48（深坑、桃園棉吹介殼蟲發生）	57,072
1910	16,559.12	60,000.000
1911	17,084	58,511
1912	16,092	102,882
1913	16,092	102,882
1914	16,092	102,882

[註63] 〈驅蟲方針〉，《臺灣日日新報》，1908 年 8 月 30 日，日刊 02 版。
[註64] 遠藤彥太，〈新竹廳農會柑橘栽培獎勵事業〉，頁 889～891、895。

1915	15,732	93,847
1916	15,208.31	102,593.7
1917	15,482	112,056
1918	46,187（臺北香蕉象鼻蟲發生）	144,772
1920	22,921.02（臺北香蕉象鼻蟲持續驅除）	136,010.87
1921	27,575（臺北浮塵子發生）	154,717
1922	20,385	120,815

作者整理。

資料來源：臺灣總督府編，《臺灣總督府事務成績提要》第十二編（明治 39 年度）～
　　　　　第二十八編（大正 11 年度）。

臺灣總督府雖然每年投入許多的經費致力於病蟲害的驅除與預防，然外來的新病菌和害蟲隨著便利的交通持續被帶入臺灣，如 1911～1912 年間因暴風大雨導致蔗苗的不足，影響到糖業的生產，故從國外進口了大量的蔗苗，研究甘蔗害蟲的石田昌人即提醒當局應執行嚴格的檢查，極力防止病蟲的輸入對臺灣本土造成危害，〔註65〕所以到 1920 年前僅有針對甘蔗種苗進行的檢查。〔註66〕而日本在 1914 年 3 月以法律第 11 號發布「輸出入植物取締法」，〔註67〕雖然對外宣稱的理由為防止外國病菌害蟲輸入，但根據 1913 年8 月 18 日農商務省告示第 258 號「輸出植物檢疫證明規程」，需要依此告示獲得檢疫證明的只有輸出至美國的植物，〔註68〕因當時美國禁止未持有檢疫證明的物品輸入，因此只好被動的於當年發布該告示，並於 1914 年發布「輸出入植物取締法」，設置植物檢查所對輸出入的植物進行檢查。〔註69〕自此取締法的施行規則頒布之後，臺灣移出至日本的植物及植物供栽培、繁殖用的種子、地下莖及根，以及被特別指出的柑橘果實和馬鈴薯，無論是包裹、手提物或是郵寄物，均須經植物檢查確認安全後才可入境，〔註70〕而受到嚴

〔註65〕石田昌人，〈輸入蔗苗害蟲に就て〉，《臺灣農事報》，第 84 號（1913 年 11
　　　月），頁 17～18。
〔註66〕臺灣總督府編，《臺灣總督府事務成績提要・第二十六編（大正 9 年度）》（臺
　　　北市：成文出版社，1985），頁 457～458。
〔註67〕〈輸出入植物取締法〉，《官報》，第 495 號（1914 年 3 月 26 日），頁 585～586。
〔註68〕〈輸出植物檢疫證明規程〉，《官報》，第 316 號（1913 年 8 月 18 日），頁
　　　297～299。
〔註69〕曾立維，〈日治時期臺灣植物檢查制度下的柑橘產業〉，頁 440。
〔註70〕〈法令——輸出入植物取締法施行規則〉，《臺灣農事報》，第 96 號（1914
　　　年 11 月），頁 62～64（1060～1062）。

密檢查對柑橘果實而言，實為移出上的一大打擊。檢察官最先注意到的是介殼蟲，之後逐漸注意到蜜柑小實蠅，並對疑似被小實蠅加害的果實進行丟棄或燒毀的處置，〔註71〕以取締法開始實行當年的 12 月為例，柑橘移入港之一的門司檢查 14,559 顆中，即有 351 顆（約 2.4%）被燒毀丟棄，3,516 顆（約24.15%）需要進行瓦斯消毒，在下關的 4,111 顆中，更有 176 顆（約 4.28%）被燒毀丟棄、2,086 顆（約 50.74%）需要瓦斯消毒，果實的不良率相當的高，〔註72〕使日本國內出現想以柑橘附著棉吹介殼蟲及蜜柑小實蠅為由，禁止臺灣柑橘移入的想法。〔註73〕再到了 1917 年 10 月以農商務省令第 29 號禁止了臺灣胡瓜、西瓜及其他葫蘆科植物的移入，〔註74〕其因為日本內地尚未發現過的瓜實蠅寄生於該種植物果實上，為防止對日本國內瓜類栽培上的危害，故斷然禁止移入。〔註75〕不過另有一種說法指出，雖然禁止臺灣胡瓜、西瓜移入日本有多種原因，但其中的一種恐怕是因植物檢查所每年都要檢查百萬斤以上的蜜柑，本就十分忙碌，如果還要檢查瓜類植物實在是無力負擔。〔註76〕上舉 2 例均造成了臺灣柑橘或瓜類產業的大打擊，但蜜柑小實蠅在當時臺灣的主產地並沒有被認為是重要的柑橘害蟲，椪柑的被害比例大概也只有千分之 15，桶柑則更少，相較起九州蜜柑蠅在日本的危害不過九牛一毛。柑橘和瓜類 2 種物產不管是被特別指明需經嚴格檢查或是被禁止移入，當局所擔憂的乃是日本尚無的害蟲種類若是藉著臺灣園藝作物的移入而進入日本國內，恐會造成當地園藝產業的危害。〔註77〕

在此種擔憂之下，為了防止病害的傳播以及維持市價，1920 年臺灣開始施行植物檢查並計畫設置基隆、臺北、新竹、員林、高雄等 5 個檢查所，〔註78〕

〔註71〕 臺灣總督府殖產局，《蜜柑小實蠅ニ關スル調查》（臺北市：臺灣總督府殖產局，1921），頁 9～10。

〔註72〕 〈柑橘取締屬行〉，《臺灣日日新報》，1915 年 1 月 28 日，日刊 02 版。

〔註73〕 臺灣經濟通信社編，《臺灣經濟の基礎知識（昭和十四年版）》，頁 253。

〔註74〕 稻村宗三，〈移出植物檢查品竝に之に寄著する病蟲害〉，《臺灣農事報》，第172 期（1921 年 3 月），頁 7～8。

〔註75〕 西田藤次，〈植物檢查と臺灣農產の將來〉，《臺灣農事報》，第 162 期（1920年 5 月），頁 2。

〔註76〕 臺灣總督府殖產局，《蜜柑小實蠅ニ關スル調查》，頁 268。

〔註77〕 臺灣總督府殖產局，《蜜柑小實蠅ニ關スル調查》，頁 261。

〔註78〕 臺灣總督府編，《臺灣總督府事務成績提要・第二十六編（大正 9 年度）》，頁458。

但日本國內依然以各種病害，如蜜柑小實蠅、介殼蟲、黑星病、潰瘍病等傳入會威脅到日本柑橘產業為由，在 1921 年禁止了臺灣柑橘類的移入。〔註79〕此舉使臺灣柑橘產業受到一大挫折，而在 1921 年 9 月 15 日開始施行的律令第 5 號「臺灣輸出入植物取締規則」、〔註80〕府令第 142 號「臺灣輸出入植物取締規則施行規則」，〔註81〕以及府令第 143 號依據「臺灣輸出入植物取締規則」訂定進行檢查的場所，〔註 82〕規定凡是向日本移出的柑橘都須附有檢查合格的證明，才可得到日本國內再檢查、後移入的許可。然此種二重檢查的方式手續繁雜且對果實造成的傷害也多，自然的限制了移出的數量，對產業發展產生甚大的阻害。不過有學者認為日本國內最為恐懼的蜜柑小果蠅和黑星病菌，在成長發育的溫度存有一定的極限，否則在過去數十年間，臺灣產柑橘完全沒有經過檢查就大量移出至日本，也未曾在日本國內發現蜜柑小實蠅和黑星病的發生，〔註83〕如小泉清明所做的〈果實蠅の生育に及ほす低溫の影響に關する研究〉即為嘗試證明溫度對小實蠅的成育影響，〔註84〕雖然在調查結果完成之前，依然維持再檢查的實施，但若是能使臺灣的柑橘徹底防除病蟲害，也可以有希望廢除再檢查制度。

表 4-2-3　1921 年府令第 143 號訂定進行檢查的場所

種　別	地　名
進行輸入移入、輸出移出檢查的場所	臺北州臺北市、臺北州基隆街、高雄州高雄街
進行移出檢查的場所	新竹州新竹街、臺中州員林街

資料來源：〈臺灣總督府府令第 143 號〉，《官報》，第 2753 號（1921 年 10 月 4 日），
　　　　　頁 63。

〔註79〕臺灣總督府殖產局，《臺灣の柑橘產業》（1930），頁 21。

〔註80〕〈律令第 5 號——臺灣輸出入植物取締規則〉，《官報》，第 2665 號（1921 年 6 月 20 日），頁 601。

〔註81〕〈臺灣總督府府令第 142 號——臺灣輸出入植物取締規則施行規則〉，《官報》，第 2753 號（1921 年 10 月 4 日），頁 61～63。

〔註82〕〈臺灣總督府府令第 143 號〉，《官報》，第 2753 號（1921 年 10 月 4 日），頁 63。

〔註83〕臺灣總督府殖產局，《臺灣の柑橘產業》（1930），頁 22。

〔註84〕小泉清明，〈果實蠅の生育に及ほす低溫の影響に關する研究・第三報——瓜實蠅の蛹、卵及幼蟲の發育速度、發育限界溫度及發育好適溫度に就いて〉，《熱帶農學會誌》，第 5 卷第 2 期（1933 年），頁 153。

圖 4-2-1　檢查證明及檢查證明印

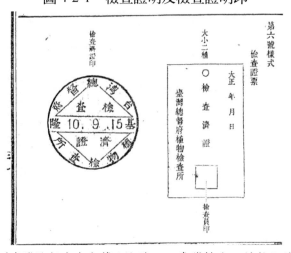

圖片來源：〈臺灣總督府府令第 142 號──臺灣輸出入植物取締規則施行
規則〉，《官報》，第 2753 號（1921 年 10 月 4 日），頁 62。

　　為了爭取廢除二重檢查制度，臺灣發展出產地檢查的施行。不過因病蟲害
的徵狀在初期可能不甚明顯，須由具有專業知識的人員進行，故州廳內有輸移
出需求的果實會交由州廳下的產業組合、同業組合或各種貨運團體統一進行
商品檢查。〔註85〕如新竹州於 1933 年 11 月 7 日以州令第 22 號公布「柑橘檢
查規則」，為了讓柑橘類的品質提升、統一包裝規格及聲價的發揚，規定凡是
要搬出州外的柑橘類都需先經過柑橘同業組合及產業組合的檢查；又如臺北
州由臺北州柑橘同業組合負責實施輸移出品的檢查。〔註86〕從檢查到出貨的
流程大致如下：剔除壞果並篩選等級，而後清洗髒污及黴病斑，放置約一晝夜
晾乾再掃除果實上的介殼蟲，最後送至植物檢查所的燻蒸室接受 36 小時的二
硫化碳燻蒸驅除白斑星天牛（ゴマダラカミキリ），將無病蟲害的合格果裝入
容器附上檢查證明即可出貨。但儘管在 1930 年檢查所已增至 6 所，在柑橘盛
產期需要受檢的果實一齊湧入檢查所，在檢查員和設備不足的情況下，不得不
限制或停止申請檢查，導致許多果實無法接受檢查而影響輸移出的數量。〔註
87〕以 1933 年的椪柑為例，從 11 月初開始產量急遽增加，到了隔年 1 月過後
又大量減少，在 3 個月內全臺要接受檢查的椪柑就多達 6 百多萬顆，不只各產
地檢查所感到非常困擾，日本移入港的稅關檢查員也相當苦惱，但事逢年末、

〔註85〕臺灣總督府殖產局，《蜜柑小實蠅ニ關スル調查》，頁 271。
〔註86〕臺灣經濟通信社編，《臺灣經濟の基礎知識（昭和十四年版）》，頁 253。
〔註87〕臺灣總督府殖產局編，《柑橘產業調查書》，頁 63。

年初以椪柑作為贈答品寄送者的需求，亦不得不如此繼續。〔註88〕盛產的椪柑主要集中於新竹、員林兩地，但就各檢查所的人力分配上，新竹分所只有 3 人、臺中分所只有 4 人，對比臺北 13 人和基隆的 9 人，〔註89〕面對如此多待檢查的柑果必定是會延誤檢查造成滯果的現象，故到了椪柑的盛產期，兩地的檢查所便會向中央陳情，要求加派人手協助檢查事業。〔註90〕

表 4-2-4　1930 年全臺檢查所數

所在地	名　稱	燻蒸室數	燻蒸室容積
臺北	植物檢查所	1	1,000
基隆	基隆分所	2	4,400
新竹	新竹分所	6	9,500
員林	員林分所	4	6,500
臺南	臺南分所	1	1,300
高雄	高雄分所	1	1,300
計	6	15	24,000（平方尺）

註：員林分所永靖出張所另有一棟 2,000 立方尺的燻蒸室。
資料來源：臺灣總督府殖產局編，《柑橘產業調查書》（臺北：臺灣總督府殖產局，1930），頁 62～63。

表 4-2-5　1944 年全臺植物檢查所、分所及派出所

名　稱	位　置
臺灣總督府植物檢查所	臺北州臺北市樺山町（約為今北市光華商場、DON DON DONKI 忠孝新生店位置）
植物檢查所基隆分所	臺北州基隆市明治町（約為今基隆火車站附近）
植物檢查所新竹分所	新竹州新竹市榮町（今新竹市東區東門街到新竹火車站一帶）
植物檢查所新竹分所新埔派出所	新竹州新竹郡新埔街（今新竹新埔鎮）
植物檢查所員林分所	臺中州員林郡員林街（今彰化員林市）

〔註88〕三坂和英，〈臺灣の柑橘と植物檢查〉，《臺灣農事報》，第 393 期（1939 年 8 月），頁 582。
〔註89〕臺灣總督府編，《臺灣總督府及所屬官署職員錄》（臺北：臺灣時報發行所，1933），頁 114。
〔註90〕〈員林蜜柑の檢查は順調，今年は滯果を見ず　にすむたらう〉，《臺灣日日新報》，1930 年 12 月 11 日，日刊 05 版。〈柑橘滯果，檢查員增員方を陳述〉，《臺灣日日新報》，1933 年 12 月 14 日，日刊 09 版。

植物檢查所員林分所永靖派出所	臺中州員林郡永靖庄（今彰化永靖鄉）
植物檢查所員林分所臺中派出所	臺中州臺中市楠町（今臺中和平街附近）
植物檢查所臺南分所	臺南州臺南市大正町（今臺南中正路附近）
植物檢查所高雄分所	高雄州高雄市新苓雅寮（今苓雅區成功路以西區塊）
植物檢查所高雄分所屏東派出所	高雄州屏東市小川町（約為屏東市勝豐里、金泉里、慶春里、楠樹里南側和平和里南側）
植物檢查所花蓮港分所	花蓮港廳花蓮港市米崙（約今花蓮市民心里、民享里、民孝里、民意里、民勤里、民政里、民運里、民立里、民樂里、民德里、國光里）

資料來源：臺灣總督府農業試驗所，《臺灣農家便覽》（臺北市：臺灣農友會，1944），頁 2239。

圖 4-2-2　1925 年植物檢查所的柑橘檢查

註：地點位於臺北市新富町（約今萬華區廣州街、康定路、和平西路附近範圍）的總督府植物檢查所，上圖為逐一檢查柑橘包裝的場景；下圖為椪柑從燻蒸室搬出的並列狀況。

圖片來源：《臺灣農事報》，第 220 期（1925 年 3 月），卷首寫真。〈雜錄——卷頭寫真說明〉，《臺灣農事報》，第 220 期（1925 年 3 月），頁 83～84。

圖 4-2-3　1938 年植物米穀檢查所正面

圖 4-2-4　1938 年植物米穀檢查所一樓平面圖

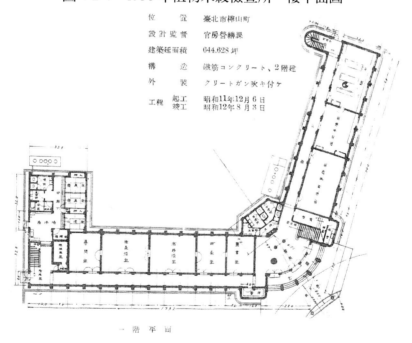

一 階 平 面

註：圖 4-2-3、4-2-4 兩圖為位於臺北市樺山町之植物米穀檢查所，鋼筋混泥土結構 2
　　層樓建築，面積 644.628 坪，1937 年 8 月 8 日建成。

資料來源：〈口繪及附圖——植物米穀檢查所〉，《臺灣建築會誌》，第 10 輯第 2 號
　　　　　（1936 年 6 月 1 日），封面後 13～15 頁。

　　除了因人力、設備不足及產期太過集中而產生的滯果問題外，再檢查制度
也持續造成臺灣柑橘產業的發展困擾。自 1914 年日本國內發布「輸出入植物
取締法」後，臺灣移入日本的柑橘果實即需受到嚴密的檢查方可進入，在當時

已給柑橘產業造成不小的困擾，到了 1921 年公布的「臺灣輸出入植物取締規則」開始施行後，臺灣所有要移出至日本的柑橘果實都需附有植物檢查所的檢查證明，才可獲得日本國內先檢查、後移入的申請資格，而經過雙重的檢查，雖然可以防止病蟲害入侵的雙重保障，但對有保鮮期限制的鮮果而言，只不過是延遲銷售影響品質的阻礙，故在開始進行雙重檢查制度後，不停地有廢除或省略日本再檢查制度的聲浪，〔註91〕臺灣總督府也以加強臺灣植物檢查保持低處分比例的好成績之條件，向日本中央政府爭取廢除再檢查制度，〔註92〕除了可以節省手續、費用和人力，也可以減少果實在搬運過程中的損傷，避免因再檢查而延遲送達或開函檢查破壞包裝，造成贈送者和接收者的抱怨。〔註93〕不過從《輸移出入植物檢查統計》、《臺灣植物檢查統計》等統計資料中，仍就能看到各種病蟲害持續出現，被處分比例也都維持在 1～2 成上下，日本當局對於病蟲害移入對國內造成危害的擔憂，不同意廢除再檢查制度也是情有可原。

表 4-2-6　1921～1939 年柑類移出檢查數量及處分數

年　　度	檢查顆數	處份顆數	比　　例
1921 年	3,499,227	139,088	3.97%
1922 年	3,888,167	89,075	2.29%
1923 年	4,319,992	226,652	5.24%
1924 年	4,728,796	314,310	6.64%
1925 年	4,173,507	352,376	8.44%
1926 年	5,444,799	559,712	10.27%
1927 年	5,317,060	658,308	12.38%
1928 年	5,372,348	549,453	10.22%
1929 年	6,449,445	557,868	8.64%

〔註91〕〈內地で再檢查省略の　聲ある現在今年は一層　嚴重にする柑橘檢查〉，《臺灣日日新報》，1925 年 9 月 26 日，日刊 02 版。
〔註92〕〈本年の成績次第で　柑橘再檢查は廢止　今年は徹底的にやる方針〉，《臺灣日日新報》，1925 年 10 月 3 日，日刊 02 版。〈柑橘の再檢查　撤廢は近く解決しやう　米穀大會の前景氣盛ん　本島の宣傳は最も後れてゐる〉，《臺灣日日新報》，1926 年 2 月 13 日，日刊 03 版。
〔註93〕〈農界時報——椪柑の出盛期と檢查狀況〉，《臺灣農事報》，第 278 期（1930 年 1 月），頁 60～61。〈派員往內地　負責包裝〉，《臺灣日日新報》，1933 年 12 月 8 日，夕刊 n04 版。

1930 年	5,593,787	634,284	11.33%
1931 年	5,673,368	660,003	11.63%
1932 年	7,518,370	823,878	10.95%
1933 年	7,474,206	759,578	10.16%
1934 年	8,668,000	862,971	9.95%
1935 年	9,046,616	850,542	9.4%
1937 年	7,398,621	905,698	12.24%
1938 年	10,382,157	1,791,341	17.25%
1939 年	7,524,533	1,023,206	13.59%

作者整理。

資料來源：臺灣總督府植物檢查所編，《輸移出入植物檢查統計・第壹號～第肆號》。
　　　　　臺北：臺灣總督府植物檢查所，1930～1936。臺灣總督府植物檢查所編，
　　　　　《臺灣植物檢查統計・第 17 次～第 19 次》。臺北：臺灣總督府植物檢查
　　　　　所，1938～1942。

　　在交通逐漸便利的環境下，各種物產資源往來不同陸塊、不同氣候帶的情況也逐年頻繁，為了增加糧食作物的產量或調試出更加豐產的品種，隨著這些外來物種的引進，一些本不屬於該地的動植物開始對環境造成危害，引起人們對外來物種危害的重視。日本國內先於 1913 年應美國要求植物需附有檢疫證明才可輸入，發布了「輸出植物檢疫證明規程」，後於 1914 年發布「輸出入植物取締法」，設置植物檢查所對進出口的植物進行檢查，尤其針對柑橘類果實進行嚴格的檢查，臺灣柑橘產業也自此開始在移出方面受到影響。而再一次的打擊則是 1921 年臺灣總督府發布施行的「臺灣輸出入植物取締規則」，除了對植物及其供栽植培養用的部分，供繁殖用的種子、地下莖及根，輸出國要求需檢附證明的貨品進行檢查外，特別指定移出至日本的柑橘類果實，因此，臺灣的柑橘果實需經過 2 次的植物檢查才可進入日本國內，繁複的手續、檢查的費用、貨物送達消費者手中的延誤等都造成許多的怨言，但因日本當局擔憂臺灣的病蟲害隨柑橘果實移入日本，會對本土的柑橘產業產生危害，雖臺灣總督府多次以加強臺灣植物檢查代替雙重檢查為條件，要求廢除再檢查制度，但病蟲害的情況並無好轉，故仍然沒有取消。雙重檢查制度所造成的影響還有滯果的問題，盛產期的柑橘果實一同進入檢查所等待檢查以便輸移出，但因人員及設備的不足，不得不停止或限制申請數量，且耗日費時的檢查需經過兩次，果實在此期間品質必然下降，雙重檢查制度間接的影響到柑橘產業的發展與名聲。不過在臺灣移出至日本的植物檢查中，病蟲害的被檢出比例仍有 1～2 成，日

本當局為了保護國內的柑橘產業，堅持雙重檢查也是必然的。

第三節　運送行銷通路

　　柑橘果實自產地運送至日本或是國外，均須自產地由擔送、拖車、牛馬車、臺車等方式運送至集散地，進行檢查與統一包裝，再由同業組合指定的運送業者以汽車、汽船等方式輸運至其他國家，後由指定的輸送業者配送給收貨人或市場販賣。〔註94〕在產地運送至集散地方面，清領前期由於清朝政府採用消極的統治策略，加之官吏認為交通不便能夠阻隔土匪橫行的危害，因此並不專注於設置道路橋樑，故大多道路的修築都為移民因應生活所需而開鑿；到了清領後期，隨著港口的開放及外來勢力入侵，才開始出現以國家之力主導的大規模道路開鑿，不過這些道路完全是以暫時性的修築法開鑿，也不在意保存及修護，所以很多的道路在短時間內便荒廢，臺北、臺南附近以外的主要道路也不過是人們並肩通行的寬度而已，所以在日治初期，臺灣全島的道路並非隨處可見。〔註95〕然臺灣總督府以第一期事業公債所推動的為築港、水道工程及縱貫鐵路等事業，由於業務繁多，在中央財政並不寬裕的情況下，多項事業都未能如期完成，就不用說一般的道路。到了1898年兒玉源太郎和後藤新平分別擔任總督和民政長官後，隨著臺灣產業及貿易的發展，總督府持續著重於築港與鐵路事業，道路事業依然是被冷落的狀態。一直到1925年生野團六接下交通局長的職位後，鐵路已過了創業、擴張時期，進入了改良時代，「鐵路萬能」的時代終結，進入了汽車運輸的繁盛期，打破過去鐵路與港灣配合的運輸體制，道路被劃入重要交通體制中，與鐵路及港灣的發展並進。〔註96〕臺灣內部的各項物產運輸亦仰賴著逐漸發展的交通建設，不管是在州郡內流通、跨州移動或運送至各港口等待外銷，大多會經由多種方式才得以運至目的地，下舉臺北及新竹兩州柑類產量最高的鶯洲庄與新埔庄、關西庄為例。

　　臺北州部分，從《臺北州統計書》中的統計表可知，各市郡的柑類產量以

〔註94〕臺灣總督府殖產局特產課編，《熱帶產業調查會：柑橘產業二關スル調查書》，頁90。

〔註95〕蔡龍保，〈殖民統治的基礎工程：日治時期臺灣道路事業之研究（1895～1945）〉（臺北：國立臺灣師範大學歷史研究所博士論文，2006年7月），頁101～104。

〔註96〕蔡龍保，〈日治時期臺灣道路改良事業之展開（1926～1936）〉，《國史館學術集刊》，第十七期（2008年9月1日），頁43～44。

新莊郡為多，其中又以鷺洲庄產出最多，以1928（昭和3）年為例，臺北州總產量為819萬餘斤，新莊郡佔有428萬餘斤（約52.23%），其中又以鷺洲庄的267萬餘斤（62.39%）居冠具代表性。〔註97〕

表4-3-1　1928（昭和3）年臺北州郡市別柑類果實收穫高（斤）

	椪　柑	桶　柑	雪　柑	柑類計（%）	柑橘類計
臺北市	45,900	106,250	73,200	225,350（2.74）	283,600
基隆市	500	10,000	---	10,500（0.12）	10,700
七星郡	28,710	341,900	94,700	465,310（5.67）	657,195
淡水郡	202,230	1,127,776	218,670	1,548,676（18.89）	1,579,161
基隆郡	4,804	17,592	4,376	26,772（0.32）	45,999
宜蘭郡	84,509	507,796	13,814	606,119（7.39）	726,218
羅東郡	66,550	153,450	9,180	229,180（2.79）	383,826
蘇澳郡	54,060	14,232	3,770	72,062（0.87）	83,022
文山郡	56,554	106,668	19,782	183,004（2.23）	218,410
海山郡	174,465	286,346	87,504	548,315（6.68）	711,750
新莊郡	624,295	3,212,710	445,128	4,282,133（52.23）	4,345,439
總計	1,342,577	5,884,720	970,124	8,197,421（100）	9,045,320

資料來源：臺北州知事官房文書課編，《臺北州統計書‧昭和三年》（臺北：臺北州知事官房文書課，1930），頁144～147。

表4-3-2　1928（昭和3）年新莊郡街庄別柑類收穫高（斤）

	椪　柑	桶　柑	雪　柑	柑類計
新莊街	13,175	110,290	8,060	131,525（3.07）
鷺洲庄	275,250	2,160,800	235,980	2,672,030（62.39）
五股庄	157,870	327,620	153,088	638,578（14.91）
林口庄	178,000	614,000	48,000	840,000（19.61）
計	624,295	3,212,710	445,128	4,282,133（100）

資料來源：臺北州知事官房文書課編，《臺北州統計書‧昭和三年》（臺北：臺北州知事官房文書課，1930），頁144～145。

〔註97〕臺北州知事官房文書課編，《臺北州統計書‧昭和三年》（臺北：臺北州知事官房文書課，1930），頁144～145。

　　如此大量的產出勢必需要有一定的交通運輸方式將果實載運至鄰近街庄販售或到植物檢查所進行輸移出準備。1904 年明治版的臺灣堡圖已可見一條由鷺洲庄溪墘通往淡水河邊的道路，到了河邊改以渡船運至對岸（見圖 4-3-1），此為 1903 年臺灣總督府依循清時的古道，重新修築從臺北橋頭通往和尚洲的幹道，後於 1926 年再次修築並加以拓寬，成為三重最早修築的一條公路，即為今日之三和路。〔註98〕另外，臺北製糖株式會社於 1910 年為便利原料的運輸，沿著原來由大稻埕經三重至蘆洲的鐵道路線鋪設輕便鐵道，〔註99〕此從 1921、1925（大正 10、14）年的〈臺北州管內圖〉可見與前述被標示為三等道路的公路並存之輕便鐵道（見圖 4-3-2、圖 4-3-3）。到了 1931（昭和 6）年，輕便鐵道的標示消失僅留大路的標示（見圖 4-3-4），1938（昭和 13）年的圖以顏色標示該路段以碎石鋪路，通過一條可耐重 8 瓲（千噸）車輛通行的橋樑後，接續以混凝土和瀝青鋪成的大路通往臺北市中心（見圖 4-3-5），然後可藉由道路或鐵路將果實運送至基隆港出口（見圖 4-3-6）。

圖 4-3-1　1904 年明治版臺灣堡圖・鷺洲庄—臺北間之路線

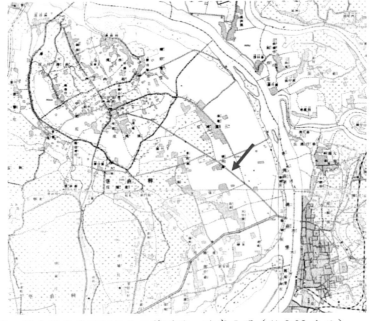

註：圖中橘色箭頭所指為三等道路，路寬 5 間（約 9.09 公尺）。
圖片來源：中研院地理資訊科學研究專題中心——臺灣百年歷史地圖。

〔註98〕鄭懿瀛，《三重市志續編下冊》（三重：臺北縣山重市公所，2005），頁 354。
〔註99〕鄭懿瀛，《三重市志續編下冊》，頁 454。

圖 4-3-2　1921（大正 10）年
鷺洲庄—臺北間之路線

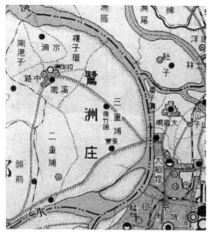

註：為一條輕便鐵道。
圖片來源：臺北州內務部土木課，〈臺
　　　　　北州管內圖〉（臺北：臺灣
　　　　　日日新報社，1921）。（臺圖
　　　　　地圖資料庫）。

圖 4-3-3　1925（大正 14）年
鷺洲庄—臺北間之路線

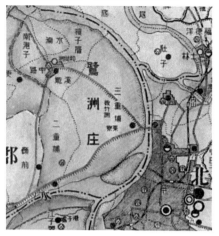

註：為一條輕便鐵道。
圖片來源：臺北州內務部土木課，〈臺
　　　　　北州管內圖〉（臺北：臺灣
　　　　　日日新報社，1925）。（臺圖
　　　　　地圖資料庫）。

圖 4-3-4　1931（昭和 6）年
鷺洲庄—臺北間之路線

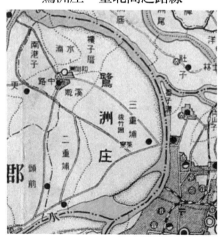

註：為一條大路。
圖片來源：臺北州內務部土木課，〈臺北
　　　　　州管內圖〉（臺北：臺灣日日
　　　　　新報社，1931）。（臺圖地圖
　　　　　資料庫）。

圖 4-3-5　1938（昭和 13）年
鷺洲庄—臺北間之路線

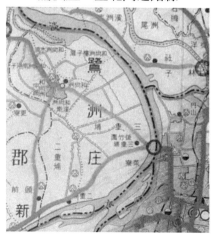

註：紅線為混凝土瀝青鋪路；藍線為
　　碎石鋪路；圓圈為橋梁。
圖片來源：臺北州內務部土木課，〈臺
　　　　　北州管內圖〉（臺北：臺灣
　　　　　日日新報社，1938）。（臺圖
　　　　　地圖資料庫）。

圖 4-3-6　1930（昭和 5）年臺北—基隆間之鐵路

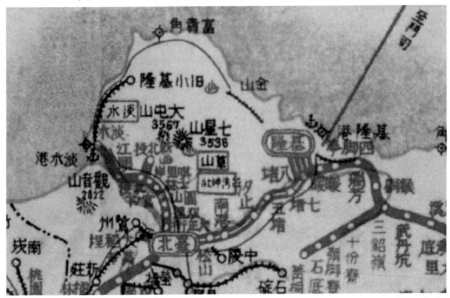

圖片來源：〈臺灣鐵道線路圖〉（出版地不明：田野影像出版社，1930）。（臺灣
　　　　　圖書館地圖資料庫）。

圖 4-3-7　1940（昭和 15）年臺北—基隆港間之道路（今臺 5 線、臺 5 甲線）

註：藍線為 1941（昭和 16）年以前施工；紅線為 1942（昭和 17）年施工；
　　黑實線為指定道路。

圖片來源：臺灣總督府交通局道路港灣課，〈臺灣指定道路圖〉（臺北：臺灣
　　　　　總督府交通局道路港灣課，1940）。（臺灣圖書館地圖資料庫）。

除了鷺洲庄之外，臺北州內的柑橘運輸狀況也可從指定道路的利用狀況窺見一斑。道路分為指定道路與市街庄道 2 種，指定道路由國費及地方費維持修繕或改築，此稱呼從 1906（明治 38）年 1 月開始使用，選擇與地方廳交通便利性有關的道路列入道路臺帳，而自 1924 年 4 月以後，凡具備指定道路條件的路線，〔註100〕均由地方廳向總督府申請編入；市街庄道則為指定道路外的公認道路總稱。〔註101〕在 1930 年的道路資料中，臺北州內的指定道路包括縱貫道路共有 47 條，〔註102〕這些道路互相連通，大幅促進了臺北州內的物產流動。以 1923（大正 12）年臺北州新莊郡各街庄及臺北市的柑橘搬出入為例，該年新莊郡各街庄透過指定道路搬出的柑橘數量有 124 萬餘斤，部分運至臺北市，其餘可能於其他街庄販售；臺北市則透過指定道路搬入了其他郡市街庄的柑橘，許是集中檢疫後一同運至基隆港出口。

表 4-3-3　1923（大正 12）年新莊郡、臺北市物產運送方式

新莊郡						
新莊街	搬入量			搬出量		
	指定道路	其他	計	指定道路	其他	計
新莊和尚洲道	---	---	---	17,100	---	17,100
縱貫道	---	---	---	51,300	---	51,300
新莊淡水道	---	---	---	28,500	---	28,500
新莊樹林道	---	---	---	11,400	---	11,400
新莊板橋道	---	---	---	5,700	---	5,700

〔註100〕指定道路編入條件：1. 臺北市到州廳所在地和通往主要港口的路線。2. 有軍事或警察上需求的路線。3. 州廳所在地到鄰近州廳所在地的路線。4. 州廳所在地到州廳內郡市役所或支廳所在地的路線。5. 郡市役所或支廳所在地到鄰近市役所或支廳所在地的路線。6. 州廳所在地到州廳內主要地、港口或火車站的路線。7. 州廳內主要地到有密切關係主要地、港口或火車站的路線。8. 州廳內主要港口到有密切關係主要地或火車站的路線。9. 州廳內主要火車站到有密切關係的主要地或港口路線。10. 數市街庄聯絡的重要幹線其沿線地方有密切關係的主要地、港口或火車站路線。11. 主要港口或火車站到有密切關係的指定道路聯絡路線。12. 地方開發必要、將來符合前述各項之一的路線。臺灣總督府交通局道路港灣課編，《臺灣の道路》（臺北：臺灣總督府交通局道路港灣課，1930），頁 17〜18。
〔註101〕臺灣總督府交通局道路港灣課編，《臺灣の道路》，頁 17。
〔註102〕臺灣總督府交通局道路港灣課編，《臺灣の道路》，頁 23〜29。

鷺洲庄	搬入量			搬出量		
	指定道路	其他	計	指定道路	其他	計
縱貫道	---	---	---	241,300	---	241,300
臺北和尚洲道	---	---	---	331,787	---	331,787
新莊和尚洲道	---	---	---	30,163	---	30,163

五股庄	搬入量			搬出量		
	指定道路	其他	計	指定道路	其他	計
新莊和尚洲道	---	---	---	189,809	---	189,809
新莊淡水道	---	---	---	89,910	---	89,910

林口庄	搬入量			搬出量		
	指定道路	其他	計	指定道路	其他	計
新莊淡水道	---	---	---	246,308	---	246,308

臺北市						
	搬入量			搬出量		
	指定道路	其他	計	指定道路	其他	計
臺北宜蘭道	21,800	---	21,800	---	---	---
臺北淡水道	20,500	---	20,500	---	---	---
臺北板橋道	4,800	---	4,800	---	---	---
臺北枋寮道	5,000	---	5,000	---	---	---
臺北深坑道	4,530	---	4,530	---	---	---
水道町松山道	2,350	---	2,350	---	---	---
臺北內湖道	2,850	---	2,850	---	---	---
兒玉町枋寮道	170	---	170	---	---	---

註：其他方式包含火車、船等。

資料來源：臺北州編纂，《大正十三年度調查‧臺北州管內‧指定道路經濟調查書》（出版地不詳：出版單位不詳，1924），頁 166～218、451～493。

　　新竹州方面，新竹、中壢、桃園、大溪、竹東、竹南、苗栗、大湖等 8 個郡中，新竹郡即佔有 3～4 成的產量，其中又以新埔與關西兩庄的柑類產量最高。以 1921（大正 10）年為例，新竹郡出產 158 萬餘斤，占全郡 3 成多的產量為最多，其中新埔和關西分別有 58 萬餘斤和 60 萬餘斤，合佔新竹郡產量的 7 成左右，屬新竹州中較具代表性的主產地。

表 4-3-4　1921（大正 10）年新竹州郡市別柑類收穫高（斤）

	椪　柑	桶　柑	雪　柑	柑類計（%）	柑橘類計
新竹郡	1,048,541	529,347	3,782	1,581,670（32.4）	1,733,201
中壢郡	751,246	275,081	57,423	1,083,750（22.2）	1,125,545
桃園郡	70,104	34,510	18,532	123,146（2.52）	152,338
大溪郡	463,722	373,037	25,952	862,711（17.67）	961,693
竹東郡	480,117	327,676	4,324	812,117（16.63）	1,091,814
竹南郡	248,521	45,102	2,893	296,516（6.07）	491,538
苗栗郡	66,796	15,564	5,295	87,655（1.79）	380,756
大湖郡	20,166	16,828	2,072	39,066（0.8）	101,189
計	3,149,213	1,617,145	120,273	4,881,631（100）	6,038,074

資料來源：新竹州，《新竹州第一統計書·大正十年》（新竹州：新竹州，1923），頁 172
　　　　～175。

表 4-3-5　1921（大正 10）年新竹郡街庄別柑類收穫高（斤）

	椪　柑	桶　柑	雪　柑	柑類計
新竹街	47,161	59,200	1,000	107,361（6.78）
舊港庄	---	---	---	---
紅毛庄	240	230	50	520（0.03）
湖口庄	22,838	18,200	375	41,413（2.61）
新埔庄	318,802	259,460	2,332	580,594（36.7）
關西庄	435,468	172,360	---	607,828（38.12）
六家庄	9,210	6,250	25	15,485（0.97）
香山庄	214,822	13,647	---	228,469（14.44）
蕃地	---	---	---	---
計	1,048,541	529,347	3,782	1,581,670（100）

資料來源：新竹州，《新竹州第一統計書·大正十年》（新竹州：新竹州，1923），頁 172。

　　新埔及關西兩地在清領時期早有先民為了生活、經濟、拓墾等目的，開闢
出連接兩個地域的通道，柑橘的運輸在興建道路之前，自然也是透過人力挑擔
行走其中，將山坡地生產的果實運至其他地方販賣，如關西的老虎山（石光）
古道是清末年間與日治時期石崗仔庄（石光里）地區往來鎮內的大旱坑庄（東
平里）及桃園龍潭的重要聯絡交通要道，早期石光、南和地區盛產的柑橘、龍

眼等水果都是由這條古道運至龍潭販售；〔註103〕燒炭窩古道為昔日新埔運送農產品至老湖口的產業道路；三段崎古道大約形成於清朝道光年間，是新埔—芎林間運送農產的道路，至今沿途仍可見農家古厝及柑橘園。〔註104〕日治初期已有道路通往縱貫鐵路的紅毛站（今之竹北車站），再藉由縱貫鐵路運送至臺灣各地或是出口港，到了1911年由臺灣軌道株式會社沿著該道路鋪設手押臺車軌道自紅毛田途經新埔通往關西，亦有自關西通往平鎮地區的軌道，〔註105〕使物產的運送更為便利，單就進出新埔的蜜柑園和紅毛站，已成為最便利的方式。〔註106〕在1930年港灣課編的《臺灣の道路》中亦被列為指定道路「新社關西道」，〔註107〕到了1936年的〈新竹州管內地圖〉該路更是新竹州內4條以混凝土瀝青鋪路的道路之一，可見其對當地的重要性，且至今依然保留該路線即線道118號竹北—新埔—關西段。

圖4-3-8　1904年明治版臺灣堡圖—新埔街

註：左箭頭為通往紅毛田之道路；右箭頭為通往關西之道路。

圖片來源：中研院地理資訊科學研究專題中心——臺灣百年歷史地圖。

〔註103〕黃卓權主編，《客路：古道古橋關西路》（臺北市：客委會，2006），頁93～105。

〔註104〕黃育智，《台灣古道地圖〔北部篇〕》（臺中市：晨星，2012），頁319、322。

〔註105〕新竹州，《新竹州第一統計書・大正十年》（新竹州：新竹州，1923），頁320。

〔註106〕水谷天涯，《臺灣「附臺灣旅行地理案內」》（臺北：出版單位不詳，1928），頁75。

〔註107〕臺灣總督府交通局道路港灣課編，《臺灣の道路》，頁31。

圖 4-3-9　　1921 年日治 1/25,000 地形圖—新埔庄

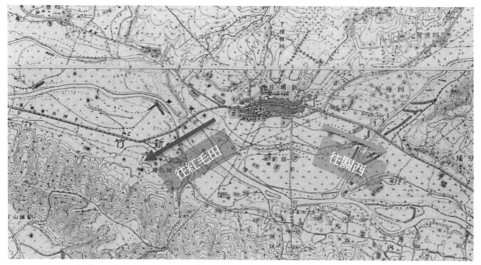

註：左箭頭往紅毛田；右箭頭往關西。已鋪設手押輕便軌道。

圖片來源：中研院地理資訊科學研究專題中心——臺灣百年歷史地圖。

圖 4-3-10　　明治版臺灣堡圖—咸菜硼（關西）

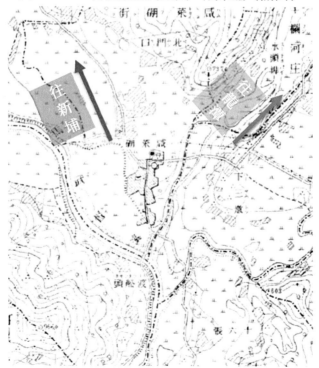

註：左箭頭為通往新埔之道路；右箭頭為通往龍潭之道路。

圖片來源：中研院地理資訊科學研究專題中心——臺灣百年歷史地圖。

圖 4-3-11　1921 年日治 1/25,000 地形圖—關西

註：左箭頭往新埔；右箭頭往龍潭。已鋪設手押輕便軌道。

圖片來源：中研院地理資訊科學研究專題中心——臺灣百年歷史地圖。

圖 4-3-12　1936 年〈新竹洲管內地圖〉新社—關西鋪以混凝土瀝青的道路
　　　　　（橘紅色線）

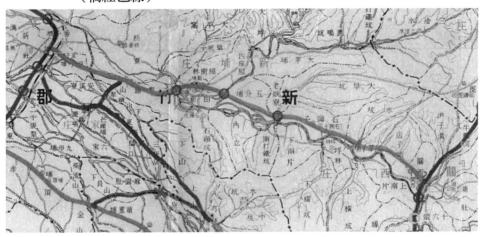

圖片來源：三浦英，〈新竹州管內地圖〉（新竹：新竹州警察文庫，1936）。（臺灣圖書館
　　　　　地圖資料庫）。

　　柑橘類的輸送在最開始與香蕉輸送的關係相當密切。隨著 1924 年臺灣青

果株式會社的成立，香蕉、柑橘類及其他青果物產運送至全臺及日本販賣的處理多為該株式會社管理，到了 1928 年 9 月，臺中、臺南及高雄各州的青果同業組合組織臺灣青果同業組合聯合會，掌管香蕉的運送監督，臺灣青果株式會社在將運送業務交由聯合會管理時，也讓柑橘類及一般青果物的運送、船會社、其他運送契約的簽訂劃歸聯合會所管。當時聯合會為了運送上的統一，與大阪船商與近海郵兩間船會社，對香蕉和其他青果物的輸送簽訂相同協定，但香蕉同業組合的聯合會在香蕉以外的青果物的運輸上發生衝突，於是在 1931 年時，將香蕉以外青果物從聯合會的管理中分出，由臺灣青果株式會社接手，而後開始經營臺灣全島的青果物輸送事業。到了 1934 年臺灣青果株式會社經手處理的柑橘數量達到 2 萬噸，臺北州輸出青果組合則有約 5 千噸且自行與船會社簽訂運送契約並指定運送業者，然於該年 7 月設置的臺北州柑橘同業組合分走了臺北州輸出青果組合經辦的 8 成柑橘類果實，而後在輸送青果物方面則全由臺灣青果株式會社所統一包辦，並由大阪商船株式會社及近海郵船株式會社的航路運送，在 1932 年大連汽船株式會社的臺滿直航航路開通後，輸出部分才由該會社負責。〔註108〕

輸移出交易有 2 種：一為委託輸移入國家的批發商販賣，二為從批發商處購買，兩者中以委託販賣占大部分。輸出方面，以支那、關東州、滿州國、香港等地為主要的輸出國，由輸出業者自行選定收貨人委託販賣，但對方的信用與營業狀態無從得知，往往會造成無法收款的情況而招受損失，故由同業組合進行調查，指定適當的收貨人運至大連、奉天、哈爾濱等市場販賣。〔註109〕如前第三章第三節所述，1932 年（昭和7）年滿州國建國，大連汽船株式會社開通臺滿間的直航航線，使北支那地區的輸出量大增，〔註110〕但同時也造成了航運混亂、銷售競爭使品質及名聲下降，為此臺北州的輸移出業者在 1934 年發起與新竹州協調統一的柑橘同業組合設置，解決桶柑大量出口所造成的混亂。〔註111〕另成立於 1924 年臺灣青果株式會社除了主要的香蕉出口外，在 1930 年左右開始發展輸出至支那的事業，於大連、新京、奉天、天津、上海、

〔註108〕臺灣總督府殖產局特產課編，《熱帶產業調查會：柑橘產業二關スル調查書》，頁 88～90。

〔註109〕臺灣總督府殖產局特產課編，《臺灣の柑橘》，頁 28～29。

〔註110〕臺灣總督府殖產局特產課編，《熱帶產業調查會：柑橘產業二關スル調查書》，頁 105。

〔註111〕臺灣經濟通信社編纂，《臺灣經濟の基礎知識（昭和十四年版）》，頁 250。

福州、廈門等地設置事務所及出張所，從事香蕉之外柑橘類等其他一般的臺灣產青果物的販賣及輸送。〔註112〕

　　航線部分，在1928年出版的《臺灣》一書所附的〈臺灣旅行地理案內〉中介紹，分別有北支那航路、南支那航路及南洋線。北支那航路為基隆—天津線，每月5回經福州、上海、青島、大連等地，航行約1,317浬；南支那航路的香港線從基隆出港，經廈門、汕頭等港後進入香港，約有503浬的航路，另從基隆港到廈門、福州的定期船最為頻繁，每月往來4、5回，且航程僅須一夜；而南洋航路是自日本出帆，途經基隆、高雄港，繞行南洋諸港如馬尼剌、サンダカン（馬來西亞山打根）、タワオ（馬來西亞斗湖）、バタビア（荷蘭東印度公司巴達維亞）、サマラン、スラバヤ（印尼爪哇泗水）、マカツサ到香港，再返回高雄、基隆直至日本神戶、橫濱港，每月航行3回。〔註113〕

表 4-3-6　輸出航路

起／終點	途經港	起／終點
基隆	福州、上海、青島、大連	天津
基隆	廈門、汕頭	香港
基隆	—	廈門
基隆	—	福州
日本	基隆、高雄、馬尼剌、サンダカン、タワオ、バタビア、サマラン、スラバヤ、マカツサ、香港	神戶、橫濱

資料來源：水谷天涯，《臺灣「附臺灣旅行地理案內」》（臺北：出版單位不詳，1928），頁6～7。

　　就主要的輸出國支那、香港而言，大多為委託當地業者販賣。浙江、福建、廣東、廣西、江蘇、安徽、江西、湖南、貴州、四川皆有種植柑橘，又以汕頭、廣州及福州為主有著不少的輸出量，以大連、上海、膠州為主亦有從國外輸入，且在各地有不同的售賣方式。福橘產地的福州同時也從支那、美國及臺灣輸移入柑橘，臺灣輸入主要為椪柑，由產地的同業組合委託福州的昭惠公司販運，昭惠公司再配給給中間商販售，每年可販售約百擔（一擔＝百斤＝50公斤），輸入價為百斤16元，小賣價1斤約20仙（1仙＝1/100元）；廈門消費的柑橘主要來自於漳州及美國，臺灣產蜜柑經由便利屋輸入；天津地區的柑橘類仰賴

〔註112〕臺灣總督府殖產局特產課編，《臺灣の柑橘》，頁38～39。
〔註113〕水谷天涯，《臺灣「附臺灣旅行地理案內」》，頁6～7。

輸移入，臺灣產的柑橘自 1932 年大連汽船會社開設臺灣上海、天津間的直航航路後，佔有臺灣產柑橘類對支那輸出的大部分，其中以椪柑及桶柑為主，委託當地業者販賣；香港地區輸入臺灣產椪柑委託朝陽公司販賣。〔註114〕

表 4-3-7　支那地區臺灣柑橘種類及輸入販賣方式

地　區	種　類	輸入販賣方式
福州	椪柑	委託昭惠公司販運，配給中間商販售
廈門	蜜柑	便利屋
天津	椪柑、桶柑	大連汽船株式會社直航航路，委託當地業者販賣
青島	椪柑、桶柑	上海批發商
香港	椪柑	朝陽公司

資料來源：臺灣總督府殖產局特產課編，《南支南洋の青果產業》（臺北：臺灣總督府殖產局特產課，1935），頁 63～73。

　　除了主要輸出國的支那、關東州及香港，輸出業者與臺灣總督府也嘗試開拓新的販售路徑，南支那方面因其出產的種類與臺灣相近，就不會有需求量，而南洋地區如香港、馬尼拉、新加坡等，在柑橘類的消費上有相當大的需求量，因當地產量極少，故大多仰賴輸入供應，然而因為該地區的交易情況不明，無法找到合適的交易者，且在輸送的過程中腐敗率高，所以極少有業者願意嘗試，〔註115〕在統計數據中也有出現如英領海峽殖民地、馬來西亞斗湖、爪哇、比律賓諸島、暹羅、蘭領印度、西貢、加奈陀（加拿大）等零星輸出紀錄，不過數量都非常少，一直到 1939 年依然以支那和關東州為主。

表 4-3-8　1901～1939 年柑類輸出地別數量累年表　　　單位：斤

	支　那	關東州	香　港	英領海峽殖民地及英領ボルネチ	タワオ（馬來西亞斗湖，Tawao）	爪　哇
1901	10,389	---	---	---	---	---
1902	15,486	---	---	---	---	---
1903	13,376	---	80	---	---	---
1904	17,896	---	---	---	---	---

〔註114〕臺灣總督府殖產局特產課編，《南支南洋の青果產業》（臺北：臺灣總督府殖產局特產課，1935），頁 63～73。

〔註115〕臺灣經濟通信社編纂，《臺灣經濟の基礎知識（昭和十四年版）》，頁 254～255。

1908	19,203	---	---	---	---	---
1909	3,512	---	---	---	---	---
1910	2,082	---	---	---	---	---
1911	2,270	---	40	---	---	---
1912	238	460	---	---	---	---
1914	3,582	---	---	---	---	---
1915	62	60	---	---	---	---
1916	9,417	---	---	---	---	---
1917	25,436	800	---	---	---	---
1918	54,995	14,739	32,575	---	---	---
1919	36,984	---	27,230	---	---	---
1920	200	385	100	---	---	---
1921	402	---	---	---	---	---
1922	22,375	---	2,100	---	---	---
1923	133,040	---	24,100	8,932	---	---
1924	117,692	500	42,370	---	---	---
1925	296,566	7,960	821,340	---	---	---
1926	230,980	154,055	1,612,260	---	---	---
1927	196,435	342,602	770,280	2,688	---	---
1928	242,373	591,330	1,482,770	400	---	---
1929	520,561	836,851	928,745	---	---	---
1930	529,015	726,500	591,500	---	---	---
1931	132,935	725,786	356,795	---	---	19,400
1932	1,031,504	5,828,973	9,720	80	---	14,235
1933	2,031,867	5,786,978	17,330	---	---	---
1934	5,968,420	9,086,209	342,292	---	---	---
1935	2,472,872	6,908,743	1,591,224	5,830	400	---
1936	850,795	9,301,057	808,242	1,200	---	---
1937	284,080	8,882,348	622,951	3,736	436	---
1938	1,793,500	8,241,102	1,800	---	---	---
1939	1,600,360	12,486,722	---	---	---	---
	比律賓諸島	奉　天	暹　羅	蘭領印度	西　貢	加奈陀（加拿大）
1901	---	---	---	---	---	---
1902	---	---	---	---	---	---
1903	---	---	---	---	---	---
1904	---	---	---	---	---	---
1908	---	---	---	---	---	---

1909	---	---	---	---	---	---
1910	---	---	---	---	---	---
1911	---	---	---	---	---	---
1912	---	---	---	---	---	---
1914	---	---	---	---	---	---
1915	---	---	---	---	---	---
1916	---	---	---	550	---	---
1917	---	---	---	1,166	---	---
1918	---	---	---	---	---	---
1919	---	---	---	---	---	---
1920	---	---	---	---	---	---
1921	---	---	---	---	---	---
1922	---	---	---	---	---	---
1923	---	---	---	2,280	---	---
1924	---	---	---	---	---	---
1925	---	---	---	---	---	---
1926	---	---	2,000	---	---	---
1927	3,000	---	---	---	---	---
1928	---	---	---	---	---	---
1929	---	---	---	600	---	---
1930	---	---	---	200	---	---
1931	---	---	---	---	---	---
1932	9,920	28,600	---	---	---	---
		滿州國			
1933	---	395,334	---	85	---	---
1934		202,885	---	---	10,400	2,504
1935	---	1,365	---	4,000	18,200	3,374
1936	1,200	6,017	---	---	---	---
1937	7,000	406	---	---	---	---
1938	---	1,184	---	---	---	---
1939	10,000	1,538	---	---	---	---

	其　他	合　計	
1901	---	10,389	
1902	---	15,486	
1903	---	13,456	
1904	---	17,896	
1908	---	19,203	
1909	---	3,512	

1910	---	2,082	
1911	---	2,310	
1912	---	698	
1914	---	3,582	
1915	---	122	
1916	---	9,967	
1917	---	27,402	
1918	400	102,709	
1919	---	64,214	
1920	---	685	
1921	---	402	
1922	160	24,635	
1923	---	168,352	
1924	---	160,562	
1925	---	1,125,866	
1926	---	1,999,295	
1927	---	1,315,005	
1928	---	2,316,873	
1929	---	2,286,756	
1930	---	1,847,215	
1931	---	1,234,916	
1932	125	6,923,157	
1933	2,911	8,234,420	
1934	3,600	15,603,491	
1935	---	10,993,338	
1936	---	10,994,085	
1937	---	9,800,957	
1938	---	10,037,586	
1939	---	14,098,620	

作者整理。

註：缺 1905～1907（明治 38～40）年、1913（大正 2）年之數據。

資料來源：臺灣總督府民政部財務局稅務課,《臺灣外國貿易年表》明治 34 年～37 年、
　　　　明治 41 年～大正元年、大正 3 年～5 年、大正 7 年。臺北：臺灣總督府,
　　　　1902～1905、1909～1913、1915～1917、1919；臺灣總督府農商局農務課
　　　　編,《主要青果物統計》昭和 4 年～昭和 14 年。臺北：臺灣總督府農商局
　　　　農務課, 1930～1941。

　　柑橘移出日本的航路主要有 3 條，基神線、高濱線及高阪線。基神線為基隆經門司至神戶的航路，由大阪商船會社及近海郵船會社運行，按照蓬萊丸、大和丸、扶桑丸、朝日丸、瑞穗丸、吉野丸的順序，於每週的一、三、五自神戶、基隆相互出港，約在 4 日後的週四、六、一抵達目的地，不過在每年的 10 月 1 日至隔年的 3 月 31 日，因季風關係航行時間會延長至 5 日，屬臺灣總督府命令航路；高濱線的去程為高雄發船直達橫濱，回程時橫濱出航途經神戶、門司、長崎、基隆最後回到高雄，每個月往來 6 回，其中 3 回在回程時會經過宇品（廣島）、馬公等港，也是由大阪商船會社及近海郵船會社所運行，屬臺灣總督府命令航路；〔註 116〕高阪線往來高雄與大阪之間，屬非命令航路。〔註 117〕

表 4-3-9　柑橘移出主要航路

基神線		
大阪商船會社	蓬萊丸、瑞穗丸、扶桑丸	一週 3 回
近海郵船會社	朝日丸、大和丸、吉野丸	基隆—門司—神戶
高濱線		
大阪商船會社	桃園丸、明石丸、博洋丸、恆春丸、高雄丸、湖南丸	一月往來 6 回 去程：高雄—橫濱
近海郵船會社	廣速丸、元明丸、岩手丸、元中丸、岐阜丸	回程：橫濱—神戶—（宇品）—門司—長崎—基隆—（馬公）—高雄
高阪線		
大阪商船會社、近海郵船會社		高雄—大阪

資料來源：加藤駿發行，《常夏之臺灣》（臺北：常夏之臺灣社，1928），頁 196〜199；臺灣總督府殖產局特產課編，《熱帶產業調查會：柑橘產業ニ關スル調查書》（臺北市：臺灣總督府殖產局特產課，1935 年），頁 90〜91。

　　銷售的部份是由臺灣青果株式會社委託日本香蕉寄售機關所屬的中間人販賣或直接向批發商出貨，不過販售地也只限定在香蕉寄售機關所在的都市，地方消費的商品則由所屬中間商及批發商配給。如東京、京都、大阪、神戶等 4 個都市的寄售機關屬於中央卸賣市場所屬，下關的寄售機關則屬於臺灣青果

〔註 116〕加藤駿發行，《常夏之臺灣》（臺北：常夏之臺灣社，1928），頁 196〜199。
〔註 117〕臺灣總督府殖產局特產課編，《熱帶產業調查會：柑橘產業ニ關スル調查書》，頁 90〜91。

株式會社所屬的經銷商。而年末的禮品會根據顧客的訂單以郵便包裹寄送，中間商也會設立臨時的出張所將移入植物檢查合格的包裹寄給收件人。〔註 118〕移出至日本的柑類雖因有雙重植物檢查制度而數量不比輸出高，但仍有百萬餘斤的運量，其中又以神戶移入量最高，其次為東京及門司，其餘地區移入量則時多時少，無穩定的移入量。

表 4-3-10　臺灣移出柑橘類日本寄售機關

寄售機關所在地	寄售機關
門司	門司青果株式會社
長崎	長崎青果株式會社
神戶	神戶中央青果株式會社
大阪	大阪青果株式會社
京都	京都青果株式會社
名古屋	名古屋臺果株式會社
金澤	臺灣產青果北陸荷受組合
橫濱	橫濱青果株式會社
東京	昭和青果株式會社
函館	函館臺果株式會社
小樽	株式會社丸果小樽青果卸賣市場
京城	京城バナナ組合

資料來源：臺灣總督府殖產局特產課編，《熱帶產業調查會：柑橘產業ニ關スル調查書》（臺北市：臺灣總督府殖產局特產課，1935 年），頁 86～87。

表 4-3-11　1918～1939 年柑類移出地別數量累年表　　　　單位：斤

	神　戶	東　京	門　司	橫　濱	朝　鮮	下　關
1908	22,150	4,880	200	150	---	---
1909	18,800	---	---	---	---	---
1910	26,900	1,450	1,950	3,500	---	2,150
1911	69,550	2,800	8,600	6,250	---	400
1912	57,470	1,750	3,550	6,400	---	1,400
1914	59,966	1,020	3,440	7,010	---	220

〔註 118〕臺灣總督府殖產局特產課編，《熱帶產業調查會：柑橘產業ニ關スル調查書》，頁 86～87。

1915	107,113	930	5,150	1,590	---	150
1916	220,130	1,210	16,995	2,400	---	200
1917	499,040	180	57,580	---	---	235
1918	523,530	---	132,250	4,380	---	110
1919	361,419	70	80,275	2,727	---	---
1920	88,240	---	15,750	630	---	---
1921	374,215	200	78,960	250	---	---
1922	939,295	---	153,000	---	---	---
1923	947,023	9,977	159,480	8,100	---	30
1924	727,575	115,320	214,510	6,420	---	---
1925	569,580	282,060	168,980	18,960	---	---
1926	470,310	233,405	130,518	18,990	33,400	70
1927	708,575	273,025	202,015	39,845	31,380	130
1928	524,194	202,935	202,617	14,940	18,238	338
1929	759,347	289,800	326,253	34,160	95,840	975
1930	1,016,154	554,580	283,818	63,060	109,905	---
1931	1,110,120	714,100	234,020	55,450	120,325	17,500
1932	1,511,380	736,860	205,775	71,900	305,260	138,980
1933	1,530,930	1,210,390	58,420	8,240	76,419	136,843
1934	1,889,614	939,108	387,600	41,820	26,460	171,180
1935	1,315,150	1,137,360	472,640	87,920	1,710	---
1936	1,866,340	1,555,720	462,850	87,070	150	---
1937	1,507,900	1,104,600	397,210	58,850	---	---
1938	1,369,040	859,200	436,360	13,920	---	50
1939	1,534,875	1,107,940	444,100	42,835	50	---
	名古屋	大　阪	沖　繩	小　樽	函　館	福　岡
1908	---	---	---	---	---	---
1909	---	---	---	---	---	---
1910	---	1,200	300	---	---	---
1911	---	9,500	100	---	---	---
1912	---	1,750	200	---	---	---
1914	---	5,940	300	30	---	---
1915	---	1,250	1,000	---	---	---
1916	---	900	710	100	---	---
1917	---	1,260	1,780	---	---	---

1918	---	250	120	---	---	---
1919	---	1,695	1,890	70	---	---
1920	---	---	495	35	---	---
1921	---	150	5,340	---	---	---
1922	---	40	490	---	---	---
1923	120	190	960	---	---	---
1924	---	640	---	---	---	---
1925	13,800	340	140	---	---	70
1926	11,245	370	---	560	2,540	---
1927	32,580	18,535	195	---	---	---
1928	40,490	680	260	---	---	---
1929	6,885	38,740	105	780	1,105	39
1930	60	515	408	---	---	---
1931	4,500	---	100	---	---	---
1932	50	1,010	150	---	---	---
1933	500	400	---	---	---	---
1934	280	39,790	290	---	---	---
1935	110	---	25	---	---	---
1936	150	---	---	---	---	---
1937	50	---	150	---	---	---
1938	50	---	350	---	---	---
1939	---	---	310	---	---	---

	其　他	合　計
1908	550	27,930
1909	---	18,800
1910	950	38,400
1911	1,500	98,700
1912	350	72,870
1914	100	78,026
1915	---	117,183
1916	20	242,665
1917	1,800	561,875
1918	60	660,700
1919	---	448,146
1920	---	105,150

1921	---	459,115	
1922	---	1,092,825	
1923	---	1,125,880	
1924	---	1,064,465	
1925	---	1,053,930	
1926	---	901,408	
1927	---	1,306,280	
1928	---	1,004,629	
1929	---	1,554,029	
1930	---	2,028,500	
1931	---	2,256,115	
1932	---	2,971,365	
1933	---	3,022,142	
1934	---	3,496,142	
1935	---	3,014,915	
1936	50	3,972,330	
1937	---	3,068,760	
1938	50	2,679,020	
1939	220	3,130,430	

作者整理。

註：缺 1913（大正 2）年之數據。

資料來源：臺灣總督府民政部財務局稅務課，《臺灣外國貿易年表·附錄》明治 41 年
　　　　　～大正元年、大正 3 年～大正 5 年、大正 7 年。臺北：臺灣總督府，1909
　　　　　～1913、1915～1917、1919；臺灣總督府農商局農務課編，《主要青果物統
　　　　　計》昭和 4 年～昭和 14 年。臺北：臺灣總督府農商局農務課，1930～1941。

　　臺灣柑橘產業的發展除了有臺灣總督府的大力支持，各地的農會、試驗場
等也投入大量的心力輔導果農種植出品質優良的果實，而果實在採摘後，經由
產業組合、同業組合的統一篩選並送至檢查所，而後進行包裝及運送，減少了
果農因專業度不足或不熟悉流程受到損失，也能將該地的產出進行品質管理，
確保運送至日本或是國外的柑橘維持良好名聲。倉庫及冷藏庫的設置適當的
調節了盛產期的產出，使供給期延長並避免大量果實湧入市場造成的價格崩
盤。果實的加工除了有調節產量的效用之外，也能有效的利用品質較差的果
實，製成具有更高經濟價值的商品，另開新財源的同時，也能進行長途運送而
不致損壞，更可以有效的利用農閒時期及閒置人力，發展副業增加農民的收

益。在交通日益便利的環境下，各地物產的交流越發密切，也造成了各種病蟲害的流動，因此促成了植物檢查制度的出現，不管是要進入日本或是輸移出臺灣的柑橘，均須經過嚴密的檢查，獲得檢查證明方可出入境，但臺灣與日本雙邊的植物檢查也使果實在送達消費者手中時，因為繁複的手續而延誤，出現許多的怨言，雖然有多次要求廢除二重檢查的提議，可是病蟲害的情況並無好轉，所以到最後依然沒有成功取消。臺灣的柑橘果實自產地運送至日本或國外，都經過了多種的運送工具及各式組合、會社、業者之手，才能完成整條的銷售路徑，將臺灣逐年增加的產量輸送至國外，賺取大量的外匯。

第五章　日治時期臺灣柑橘產業對臺灣之影響

　　臺灣總督府會如此推廣與支持臺灣的柑橘產業，其實與臺灣的氣候、土質適合有關，因為臺灣氣溫較高，所產的柑橘要比日本和支那產提早成熟，與兩地販售期錯開，品質也相當好，在日本市場的聲價不錯，未來潛力可期，故在經過一連串的經費補助、苗木獎勵、試驗以及技術宣導，柑橘的種植面積及產量均逐年上升，在品質管控下亦能輸移出至日本與其他國家賺取外匯，至今依然有頗為大量的出口。而除了對經濟上的貢獻之外，也充斥於臺灣的常民生活中，諸如因諧音被認為具有吉祥意涵而被擺上供桌獻給神明與祖先，或作為祝福被贈予親友；因柑橘各部位具有不同的藥性，而常見於日常身體保健的中藥材中；為延長保存期限及增添食物風味而轉製成蜜餞、果乾或果汁；因柑橘皮具有去汙的功效而經常出現在家中使用的清潔劑成分中等，在地方發展上亦有不小的助益，直至今日仍舊是與民俗及常民生活方面密切相關的果實。以下就經濟、民俗與生活三方面進行論述。

第一節　柑橘在日治時期經濟上的貢獻

　　首先，就北臺灣柑類的產額來說，雖然早在清代柑類苗木已隨移民來臺，但在第一位果農栽種產出獲得利益後，其他農民爭相的栽種使市場價格低落，導致農民入不敷出而放棄，因此到了日治初期，臺灣種植柑類的農戶少有大規模栽種的情形。而後在臺灣總督府針對臺灣各產業進行的調查中，臺灣的柑橘被認為是品質好、符合日本人口味並具有發展潛力的物產之一，從經費補助到

實質的種苗、肥料分發，農事試驗場到園藝試驗支所在品種、接木、包裝、運送等方面的試驗，再到地方農會向果農進行宣傳與教導，一步步的讓柑類的種植面積及產量逐年增加，連帶著產值不斷攀升。

就前面章節所討論的內容來分析表 5-1-1 及表 5-1-2 臺北及新竹兩州的 3 種柑類產量與產值，柑橘自 1903 年因開啟對外貿易而使柑橘的需求增加，開始以現金的形式進行補助，隨後發現農民在獲得優良種苗的途徑上出現困難，故於 1908 年設立士林園藝試驗場專門從事適合臺灣栽種的柑苗養成，並於 1909 年開始分發柑苗，除了臺北州的椪柑外，兩州的產量都有大幅度的上升。然在 1911 年的暴風雨侵害中果樹受損，在未完全恢復時，於 1912 年的結果期又受到數回暴風雨的侵襲，使 1912 年的收成減少了 3 成左右。〔註1〕從臺北州範圍的數值來看，產量的減少使單價提高，故當年臺北州範圍內的產值並沒有跌落太多，而新竹州似乎沒有受到什麼影響，椪柑的產量反倒上升了 8 萬多斤、產值增加 1 萬 6 千多円。到了 1916、1917 年，產量上有了一次明顯的躍進，比對前面章節的表 3-1-3，從 1910 年到 1920 年的種苗分發數量處於巔峰時期，以柑橘苗木種下後需數年才能收獲的特性來看，正好解釋了這一階段產量、產值提升的原因。另外，新竹州的產量在 1923、〔註2〕1930、1931 及 1939 年出現較大幅度的變化，均與產期氣候有關。1930 年因結果後乾旱，使落果增加，加上部分地質的關係，新埔及關西兩個主產地減收 3 分之 2 的椪柑，整個新竹州約減收 4 成左右，〔註3〕較去年減少了 175 萬餘斤，椪柑品質又不佳，使產值下跌；〔註4〕1931 年因天候佳而椪柑盛產，其他州的商人紛紛前來購買，而竹南、三灣、新埔等地因有得到補助興建了貯藏倉庫，使盛產時價格不致於暴跌，整體產值上平穩上升；〔註5〕1939 年因秋季時受到強風侵害，使新竹州柑橘類減產約 4 成。〔註6〕在產業計畫上，1933～1937 年新竹州推行了

〔註1〕臺灣總督府民政部殖產局，《臺灣產業年報（第八回）大正元年》，頁 94～95。

〔註2〕〈本年蜜柑盛產〉，《臺灣日日新報》，1923 年 10 月 27 日，日刊 05 版。

〔註3〕〈新竹州下の　椪柑大減收　約四割二十萬圓の減〉，《臺灣日日新報》，1930 年 11 月 19 日，日刊 05 版。

〔註4〕〈新竹凸柑　本年失收　品質亦不佳〉，《臺灣日日新報》，1930 年 11 月 30 日，日刊 05 版。

〔註5〕〈新竹州下椪柑　本年天候順調盛出　各地商人均往採買〉，《臺灣日日新報》，1931 年 10 月 25 日，夕刊 n04 版。

〔註6〕〈柑橘類は減產　內地移出も頗る不振　その上島內消費好況のため〉，《臺灣日日新報》，1940 年 1 月 18 日，日刊 03 版。

新竹州產業五箇年計畫，柑橘方面針對病蟲害驅除預防與結果樹數調查，〔註7〕雖然產量並無如預期般成長，但產值有上漲，或許與病蟲害的驅除預防成效提升果實品質有關。而隨著適地適種政策的推行，也逐漸能從表中發現，臺北主產桶柑及雪柑，雖然也有產椪柑，但無法與新竹相比；新竹主產椪柑，桶柑與雪柑的產量也無法與臺北相較。整體而言，北臺灣柑類從 1903 年近 3 萬円的產值，經過 40 年的發展，在 1942 年成長了百倍至 300 多萬円，實為極大幅度的增加，可見在北臺灣地區不僅是氣候條件合適，地方組織的推廣與獎勵補助也促進了產業的發展，為北臺灣帶來大量的財源。

表 5-1-1　臺北、新竹州範圍內 1903～1942 年椪柑、桶柑及雪柑之產量

單位：斤

	臺北州範圍			新竹州範圍		
	椪柑	桶柑	雪柑	椪柑	桶柑	雪柑
1903	47,567	159,461	202,749	103,215	186,323	9,266
1904	63,844	326,911	318,935	106,455	155,157	9,833
1905	10,714	212,680	294,500	178,975	266,824	9,451
1906	12,410	379,060	521,173	185,471	275,652	11,265
1907	218,805	517,263	621,647	184,443	220,804	11,820
1908	169,990	516,297	839,128	223,031	207,126	7,653
1909	150,622	445,955	737,570	256,606	256,723	9,384
1910	138,068	454,158	756,731	348,367	331,165	10,428
1911	238,515	686,950	367,914	393,910	356,041	12,953
1912	156,900	460,708	308,506	477,556	337,041	12,090
1913	152,637	472,981	272,954	604,460	477,312	14,826
1914	158,981	606,901	305,136	552,008	413,873	19,437
1915	179,721	595,455	311,555	855,213	575,277	31,387
1916	238,151	844,821	381,505	1,543,655	1,111,148	63,034
1917	328,046	1,246,772	406,836	1,537,046	965,237	60,042
1918	315,691	1,506,163	385,290	1,696,346	1,028,162	75,925
1919	311,438	1,446,382	498,506	2,333,266	1,128,547	5,342
1920	470,344	1,829,302	584,632	2,649,662	1,211,974	4,909
1921	492,084	2,327,317	641,543	3,147,540	1,617,145	4,850
1922	468,812	1,913,765	502,262	2,924,686	1,364,750	3,726
1923	914,140	2,706,660	637,344	4,929,819	2,499,563	2,905

〔註 7〕新竹州，《〔昭和十四年十二月〕　產業五箇年計畫實績　（新竹州）》（新竹：新竹州，1939），頁 16～17。

1924	791,034	3,400,375	582,472	3,644,331	2,306,626	2,387
1925	997,474	4,310,640	769,983	4,643,509	2,327,442	2,692
1926	954,237	4,584,566	820,743	4,345,931	2,391,822	2,275
1927	1,307,760	6,012,042	978,685	5,491,125	3,491,652	1,967
1928	1,342,577	5,884,720	1,010,854	5,136,370	2,802,512	2,296
1929	1,274,806	5,464,295	794,530	6,354,799	3,104,696	1,821
1930	1,425,430	5,954,360	834,057	4,599,099	2,436,342	1,304
1931	1,484,900	6,820,650	833,240	10,241,638	4,588,337	1,599
1932	867,187	7,070,046	357,611	11,639,523	4,019,881	1,402
1933	867,931	8,068,682	370,131	11,808,768	4,021,130	1,381
1934	881,122	8,793,313	269,630	14,026,002	3,912,823	1,542
1935	913,651	10,658,223	274,475	12,702,153	3,661,799	1,779
1936	954,714	11,482,051	284,546	14,121,361	3,756,257	1,344
1937	949,516	12,224,895	255,206	12,897,209	3,468,618	1,388
1938	784,266	13,176,783	232,519	14,190,371	4,247,835	982
1939	866,933	16,074,701	267,330	11,071,319	3,597,941	972
1940	629,780	13,061,630	185,381	11,526,343	3,906,885	1,255
1941	675,539	20,903,380	188,949	11,733,691	4,319,933	1,579
1942	388,829	13,944,132	145,560	12,121,625	3,951,503	1,600

作者整理。

資料來源：《臺灣柑橘類統計·明治 36 年～明治 43 年》、《臺北廳第二～第三統計書》、《宜蘭廳第七～第八統計書·大正 3 年～大正 4 年》、《新竹廳第七～第十一統計摘要·大正 3 年～大正 7 年》、《桃園廳第三統計摘要·大正四年》、《桃園廳產業統計·大正五年》、《桃園廳第一～第二統計書·大正 6 年～大正 7 年》、《臺灣產業年報（第十二回）大正五年》、《臺灣產業年報（第十三回）大正六年》、《臺灣總督府第二十二統計書（大正七年）》、《臺灣農業年報（大正八年）》、《主要青果物統計·大正 9 年～昭和 17 年》。

表 5-1-2　臺北、新竹州範圍內 1903～1942 年椪柑、桶柑及雪柑之產出價額

單位：円

	臺北州範圍			新竹州範圍			北臺灣計
	椪柑	桶柑	雪柑	椪柑	桶柑	雪柑	
1903	2,305	4,465	6,021	6,403	8,054	274	27,522
1904	4,159	1,215	9,898	6,429	6,480	333	28,514
1905	5,359	5,955	8,577	10,405	9,036	397	39,729
1906	6,220	10,614	13,376	10,046	9,817	384	50,457
1907	11,679	18,441	18,820	4,700	5,192	376	59,208
1908	7,295	12,862	21,781	8,663	5,294	230	56,125
1909	6,676	11,876	18,461	10,264	6,418	307	54,002

1910	6,275	15,628	22,720	19,281	10,928	333	75,165
1911	14,296	26,071	16,853	25,724	12,702	487	96,133
1912	13,907	25,002	18,973	42,326	18,291	744	119,243
1913	10,811	29,860	12,488	42,814	30,133	678	126,784
1914	10,096	29,101	11,199	35,053	19,845	714	106,008
1915	11,075	27,778	11,294	52,699	26,836	1,138	130,820
1916	13,606	20,909	9,442	88,189	27,501	1,560	161,207
1917	20,421	49,347	15,679	95,682	38,204	2,302	221,635
1918	28,245	94,195	17,453	151,771	64,301	3,439	359,404
1919	40,830	113,975	31,057	305,891	88,929	5,342	586,024
1920	49,579	141,204	41,830	279,301	93,552	4,909	610,375
1921	40,899	133,101	26,302	222,557	73,244	4,850	500,953
1922	43,583	136,621	24,299	180,236	53,583	3,726	442,048
1923	71,070	148,375	30,000	305,366	109,585	2,905	667,301
1924	66,493	205,217	23,904	273,417	110,558	2,387	681,976
1925	87,952	262,355	39,458	299,466	110,061	2,692	801,984
1926	82,737	292,931	41,598	319,420	122,652	2,275	861,613
1927	90,153	286,422	39,677	365,224	143,296	1,967	926,739
1928	98,048	298,526	45,795	337,957	114,328	2,296	896,950
1929	88,901	248,240	31,168	331,107	105,233	1,821	806,470
1930	67,007	202,814	21,969	186,309	58,785	1,304	538,188
1931	63,177	217,906	21,091	325,913	111,447	1,599	741,133
1932	39,660	228,065	9,016	366,483	94,089	1,402	738,715
1933	38,490	268,243	10,352	393,724	109,685	1,381	821,875
1934	40,526	329,397	9,157	503,096	128,653	1,542	1,012,371
1935	42,684	401,116	9,715	490,984	121,902	1,779	1,068,180
1936	43,384	436,814	9,950	544,885	124,070	1,344	1,160,447
1937	46,858	492,792	9,696	587,825	130,603	1,388	1,269,162
1938	46,347	589,967	10,182	633,857	168,596	982	1,449,931
1939	65,002	1,005,968	16,868	669,668	244,788	972	2,003,266
1940	67,317	1,200,917	16,457	1,192,397	362,145	1,255	2,840,488
1941	78,020	2,199,527	19,143	1,311,258	438,837	1,579	4,048,364
1942	47,975	1,511,717	17,974	1,218,528	402,850	1,600	3,200,644

作者整理。

註：數據均已四捨五入至無小數點。

資料來源：《臺灣柑橘類統計・明治 36 年～明治 43 年》、《臺灣總督府第十四～二十二統計書》明治 43 年～大正 7 年、《臺灣農業年報（大正 8 年）》、《主要青果物統計・大正 9 年～昭和 17 年》。

　　產量的大增帶來逐年提升的產值，然而臺灣島內無法消化如此大量的出產，除了農民為了在銷售過程中減少損失而組成的產業組合協助出貨至其他地區外，產業組合也因在輸移出至國外時，發現容易因國外的銷售情況不明而虧損，組成同業組合選定國外的經銷商合作保障輸移出時的獲利能收回。北臺灣的蜜柑不論是州外搬出、輸出或移出，多經過輕便鐵道或汽車的運送到鄰近街庄或與縱貫鐵道連接，再載運至港口輸出。臺灣北部的港口主要為淡水港及基隆港。淡水港於 1626 年開始即陸續作為西班牙、荷蘭等國家向東洋發展的根據地，北部山中的硫磺、石炭等物產也自此港輸出，後又經明鄭時期至清領時期，淡水港在地理位置上有著重要的地位。隨著臺灣島內道路的開鑿，1731 年淡水港成為了與大陸交通頻繁的貿易港，而後又於 1860 年因英法聯軍戰敗簽署天津條約，臺灣開淡水和安平兩港作為對外貿易的門戶。然到了日治時期，淡水河逐漸淤積，雖仍可行船並維持著對外貿易卻無往日盛況，北臺灣貿易重心漸漸轉移。〔註8〕在日後吞吐大量貨物的基隆港雖於 1863 年即因天津條約開港，但 1895 年日本接收臺灣進行調查，基隆港的條件不甚理想，需進行修築才可實現發揚臺灣產業的目的，故於 1899～1943 年間進行了三期的築港工事，花費 3,543 萬餘圓使基隆港成為一年可吞吐 323 萬噸以上貨物的集散地，〔註9〕而北臺灣的輸出重心也隨著基隆築港工事的進行，逐漸從淡水轉移至基隆港。〔註10〕從表 5-1-3 中可見，1911 年以前，北臺灣的蜜柑輸出口岸為以茶葉輸出為主的淡水港，1911 年以後逐漸轉至基隆港佔有大部分的輸出，而輸出量也從以中部梧棲與鹿港為多，轉變成以基隆港占有全臺灣輸出量最大的比例。

表 5-1-3　　1901～1939 年蜜柑輸出港別之輸出價額　　　　單位：円

	基　隆	臺　北	淡　水	安　平	高　雄	其　他	共　計
1901	---	---	45	---	---	327	372
1902	---	---	33	---	---	444	477
1903	---	---	88	6	---	458	552
1904	1	---	81	4	---	625	711
1908	---	---	431	2	---	186	619

〔註 8〕臺灣總督府交通局道路港灣課，《淡水港調查書》（臺北：臺灣總督府交通局道路港灣課，1934），頁 3～6。

〔註 9〕臺灣總督府交通局道路港灣課，《臺灣の港灣》（臺北：臺灣總督府交通局道路港灣課，1938），頁 27～40。

〔註 10〕王世慶，《淡水河流域和港運運史》（臺北市：中研院社科所，1996），頁 97。

1909	---	---	75	---	---	87	162
1910	---	---	18	---	---	94	112
1911	21	---	2	---	---	75	98
1912	50	---	4	---	---	11	65
1914	74	---	40	---	---	115	229
1915	5	---	---	---	---	6	11
1916	260	---	86	---	---	125	471
1918	4,386	---	448	---	145	135	5,114
1919	5,181	---	241	---	---	213	5,635
1920	44	---	15	---	8	---	67
1921	20	---	8	---	6	23	57
1922	1,998	---	5	---	---	2	2,005
1923	11,388	---	196	---	29	63	11,676
1924	11,186	---	1,540	---	107	17	12,850
1925	82,878	---	1,213	---	24	38	84,153
1926	171,943	---	205	---	17,253	5	189,406
1927	75,170	---	241	---	32,200	36	107,647
1928	135,001	--	265	---	30,649	52	165,967
1929	189,104	---	728	---	1,615	183	191,630
1930	147,178	---	59	---	5,392	---	152,629
1931	80,172	---	151	---	661	---	80,984
1932	432,526	---	55	---	2,011	212	434,804
1933	419,902	---	7	---	7,947	115	427,971
1934	722,465	---	35	---	23,538	28	746,066
1935	557,614	---	---	---	8,396	---	566,010
1936	706,715	--	---	---	26,550	---	733,265
1937	516,186	---	---	---	14,003	---	530,189
1938	552,178	---	---	---	29,273	---	581,451
1939	1,080,316	---	---	---	61,901	---	1,142,217

作者整理。

註：數據均已四捨五入至無小數點。「其他」港別以梧棲及鹿港兩港口為主。缺 1913（大正 2 年）年之數據。

資料來源：《臺灣外國貿易年表》明治 34 年～明治 37 年、明治 41 年～大正元年、大正 3 年～大正 5 年；《臺灣貿易年表》大正 9 年～昭和 14 年。

　　輸出方面主要以支那（後改稱為中華民國）、關東州、香港及滿州國為主要輸出國，其他國家則僅有少量的輸出（參見表 5-1-4）。輸出的記錄早在 1899（明治 32）年就有，雖然輸出量不多，但比芭蕉實提早 8 年（芭蕉實 1907 年

開始有輸出紀錄）開始輸出，也只比鳳梨晚 2 年（參見表 5-1-5），相較起此 2 種日治時期生果輸出大宗的水果，儘管輸出量時多時少，但蜜柑可說是相當早便出口至國外的。如 1916 年受歐洲第一次世界大戰影響，支那輸入臺灣柑橘量增，〔註11〕於 1918 年達到蜜柑 5 萬餘斤的輸入量，價額近 3 千円，而後雖在 1920 年下滑至不足百円的輸出額，但 2 年後再次增加，1925 年以後基本維持每年萬元甚至 10 萬元以上的輸出價額。1932 年滿州國建立，大連汽船株式會社開通臺滿間的直航航路，新闢的北支那販路讓臺灣柑橘輸出的景況更加繁盛，蜜柑總輸出價額大幅成長達 43 萬餘円，遠超移出至日本的價額，也贏過芭蕉實與鳳梨的輸出量。而就蜜柑在所有輸出生果中所占有的輸出價額比例，雖然同樣有起伏不定的情況，但在 1925 年也就是進入昭和年間之後，蜜柑所占有生果輸出價額的百分比經常有 3 成至 6 成左右（參見表 5-1-5），超過芭蕉實與鳳梨的輸出價額所占比例位居第一，為生果輸出方面主要的生果種類。

表 5-1-4　柑類輸出國別輸出價額累年表　　　　　　　　單位：円

	支　那	關東州	香　港	英領海峽殖民地及英領ボルネチ	タワオ（馬來西亞斗湖，Tawao）	爪　哇
1901	372	---	---	---	---	---
1902	478	---	---	---	---	---
1903	546	---	6	---	---	---
1904	711	---	---	---	---	---
1908	619	---	---	---	---	---
1909	162	---	---	---	---	---
1910	112	---	---	---	---	---
1911	96	---	2	---	---	---
1912	15	50	---	---	---	---
1914	229	---	---	---	---	---
1915	6	5	---	---	---	---
1916	444	---	---	---	---	---
1917	1,057	54	---	---	---	---
1918	2,853	275	1,939	---	---	---
1919	3,171	---	2,464	---	---	---
1920	20	41	6	---	---	---
1921	57	---	---	---	---	---
1922	1,851	---	135	---	---	---

〔註11〕臺灣經濟通信社編纂，《臺灣經濟の基礎知識（昭和十四年版）》，頁 243。

1923	8,442	---	2,299	706	---	---
1924	9,224	70	3,556	---	---	---
1925	22,805	1,058	60,290	---	---	---
1926	25,608	23,222	140,440	---	---	---
1927	19,036	33,903	54,244	191	---	---
1928	16,152	55,876	93,907	32	---	---
1929	44,972	82,145	64,447	---	---	---
1930	41,279	64,885	46,448	---	---	---
1931	8,511	51,735	18,274	---	---	2,464
1932	61,838	367,037	517	9	---	2,448
1933	103,682	303,170	785	---	---	---
1934	284,795	431,439	17,729	---	---	---
1935	131,414	355,578	77,419	481	30	---
1936	59,197	630,098	41,393	72	---	---
1937	15,970	478,423	34,823	368	28	---
1938	125,883	455,102	150	---	---	---
1939	132,468	1,007,932	---	---	---	---
	比律賓諸島	奉　天	暹　羅	蘭領印度	西　貢	加奈陀（加拿大）
1901	---	---	---	---	---	---
1902	---	---	---	---	---	---
1903	---	---	---	---	---	---
1904	---	---	---	---	---	---
1908	---	---	---	---	---	---
1909	---	---	---	---	---	---
1910	---	---	---	---	---	---
1911	---	---	---	---	---	---
1912	---	---	---	---	---	---
1914	---	---	---	---	---	---
1915	---	---	---	---	---	---
1916	---	---	---	27	---	---
1917	---	---	---	100	---	---
1918	---	---	---	---	---	---
1919	---	---	---	---	---	---
1920	---	---	---	---	---	---
1921	---	---	---	---	---	---
1922	---	---	---	---	---	---
1923	---	---	---	229	---	---
1924	---	---	---	---	---	---

1925	---	---	---	---	---	---
1926	---	---	136	---	---	---
1927	273	---	---	---	---	---
1928	---	---	---	---	---	---
1929	---	---	---	66	---	---
1930	---	---	---	17	---	---
1931	---	---	---	---	---	---
1932	524	2,348	---	---	---	---
		滿州國				
1933	---	20,094	---	5	---	---
1934		11,638	---	---	746	216
1935	---	126	---	200	1,456	360
1936	72	417	---	---	---	---
1937	540	65	---	---	---	---
1938	---	316	---	---	---	---
1939	1,530	287	---	---	---	---

	其 他	合 計
1901	---	372
1902	---	478
1903	---	552
1904	---	711
1908	---	619
1909	---	162
1910	---	112
1911	---	98
1912	---	65
1914	---	229
1915	---	11
1916	---	471
1917	---	1,211
1918	50	5,117
1919	---	5,635
1920	---	67
1921	---	57
1922	19	2,005
1923	---	11,676
1924	---	12,850
1925	---	84,153

1926	---	189,406
1927	---	107,647
1928	---	165,967
1929	---	191,630
1930	---	152,629
1931	---	80,984
1932	83	434,804
1933	420	427,971
1934	460	746,066
1935	---	566,010
1936	---	733,265
1937	---	530,217
1938	---	581,451
1939	---	1,142,217

作者整理。

註：數據均已四捨五入至無小數點。缺 1905～1907（明治 38～40）年、1913（大正 2）年之數據。

資料來源：《臺灣外國貿易年表》明治 34 年～37 年、明治 41 年～大正元年、大正 3 年～5 年、大正 7 年；《主要青果物統計》昭和 4 年～昭和 14 年、《臺灣貿易年表・大正九年》。

表5-1-5　蜜柑、芭蕉實與鳳梨輸出價額、生果總計與蜜柑所占之百分比

	蜜柑（円）	芭蕉實（円）	鳳梨（円）	生果總計（円）	蜜柑佔生果百分比	芭蕉實佔生果百分比
1897	---	---	704	704	0%	---
1898	---	---	289	289	0%	---
1899	133	---	464	597	22.28%	---
1900	102	---	200	302	33.77%	---
1901	372	---	185	557	66.79%	---
1902	478	---	---	478	100.00%	---
1903	552	---	742	1,294	42.66%	---
1904	711	---	728	1,439	49.41%	---
1905	3,531	---	1,064	4,595	76.84%	---
1906	503	---	2,064	2,567	19.59%	---
1907	2,175	983	2,061	5,219	41.67%	18.84%
1908	619	643	1,966	3,228	19.18%	19.92%
1909	162	460	3,938	4,560	3.55%	10.09%

1910	112	350	2,018	2,480	4.52%	14.11%
1911	98	151	1,786	2,035	4.82%	7.42%
1912	65	801	604	1,470	4.42%	54.49%
1913	70	334	1,315	1,719	4.07%	19.43%
1914	229	29	1,653	1,911	11.98%	1.52%
1915	11	223	2,393	2,627	0.42%	8.49%
1916	471	1,883	5,937	8,408	5.60%	22.40%
1917	1,211	10,387	8,269	20,147	6.01%	51.56%
1918	5,117	59,110	7,794	75,848	6.75%	77.93%
1919	5,635	20,085	6,717	34,170	16.49%	58.78%
1920	67	1,360	4,755	7,835	0.86%	17.36%
1921	57	388	2,630	4,165	1.37%	9.32%
1922	2,005	6,228	4,481	14,840	13.51%	41.97%
1923	11,676	15,564	2,370	34,141	34.20%	45.59%
1924	12,850	175,194	4,058	202,974	6.33%	86.31%
1925	84,153	123,311	869	221,968	37.91%	55.55%
1926	189,406	447,211	4,818	707,123	26.79%	63.24%
1927	107,647	173,470	3,492	331,039	32.52%	52.40%
1928	165,967	86,576	1,379	280,819	59.10%	30.83%
1929	191,630	69,439	1,506	319,280	60.02%	21.75%
1930	152,629	200,767	3,120	398,326	38.32%	50.40%
1931	80,984	200,451	3,568	306,458	26.43%	65.41%
1932	434,804	161,526	4,321	645,301	67.38%	25.03%
1933	427,971	356,622	43,205	939,651	45.55%	37.95%
1934	746,066	672,600	25,338	1,656,719	45.03%	40.60%
1935	566,010	767,368	40,581	1,545,282	36.63%	49.66%
1936	733,265	578,648	30,148	1,544,681	47.47%	37.46%
1937	530,189	598,733	39,052	1,365,107	38.84%	43.86%
1938	581,451	426,433	34,433	1,260,323	46.14%	33.84%
1939	1,142,217	487,221	65,343	2,011,398	56.79%	24.22%

作者整理。

註：生果總計包含芭蕉實、蜜柑、樂類及文旦、桃及李、鳳梨、西瓜與其他生果。

資料來源：臺灣總督府財務局稅務課編，《自明治三十九年至昭和十年臺灣貿易四十
　　　　　年表》（臺北市：臺灣總督府財務局稅務課，1936），頁 85～87。臺灣總督
　　　　　府財務局稅務課編纂，《臺灣貿易年表》，昭和十年～昭和十四年。臺北市：
　　　　　臺灣總督府財務局稅務課，1938～1939 年。

　　移出方面主要從基隆港出口（參見表 5-1-6），運抵神戶、東京、門司及橫濱等地為主，在 1926～1934 年間移出至朝鮮的柑類也達 30 餘萬斤、2 萬餘円，其餘地區移出數量不多（參見表 5-1-7）。雖然數量和移出價額總計並不如芭蕉實多，但在時間上，蜜柑的移出比芭蕉實及鳳梨提早了 5 年（芭蕉實及鳳梨最早移出記錄均為 1907 年），在生果中為移出最早的，可見蜜柑在日治初年即受到注意，且日本有一定的需求量。在 1915 年與輸出同樣受到第一次世界大戰影響，日本的移入量達到 10 萬餘斤以上、5 千餘円的價額，且逐漸增加至 66 萬餘斤、3 萬 6 千餘円，雖然在 1919～1921 年有稍微下降，不過在 1921 年輸出入植物檢查制度設置後，移出至日本的蜜柑數量不減反增，1922 年達到 109 萬餘斤，價額也超過了 26 萬円。蜜柑在移出的數量及價額上，雖然 1931 年以前都比輸出量來的多，但自 1932 年臺滿航路開啟後，便遠不如輸出量，自 1907 年芭蕉實開始移出後，在生果的移出數量占比上除了 1907 年有超過 5%，其餘年份均在 4%以下，反觀芭蕉實的移出價額占比，常年佔有 9 成以上甚至到 99%的移出價額（參見表 5-1-8），兩者反差大，與輸出價額占比互有多寡的情況不盡相同，主要因為嚴格且繁雜的雙重植物檢查制度，在人力及設備不足的情況下，大幅的限制了檢查的數量，也導致移出日本的數量受到影響，雖然改輸出至國外，不過植物檢查制度對柑橘產業的發展確實產生不小的阻礙。〔註 12〕

表 5-1-6　1902～1939 年蜜柑移出港別之移出價額

	基　隆	安　平	高　雄	馬　公	其　他	共　計
1902	1,552.480	---	---	---	---	1,552.480
1903	573.900	---	---	---	---	573.900
1904	29.400	---	---	---	---	29.400
1908	1,165	---	---	---	---	1,165
1909	94	---	---	---	---	94
1910	1,544	10	---	---	---	1,554
1911	3,363	---	---	---	---	3,363
1912	2,974	4	---	---	---	2,978
1914	3,875	---	---	---	---	3,875

〔註 12〕臺灣經濟通信社編纂，《臺灣經濟の基礎知識（昭和十四年版）》，頁 244。

1915	5,133	---	---	---	---	5,133
1916	14,515	---	---	---	---	14,515
1918	36,215	---	---	---	---	36,215
1920	14,157	---	---	---	---	14,157
1921	74,988	---	50	---	---	75,038
1922	261,420	---	---	---	---	261,420
1923	216,267	---	1,622	---	---	217,889
1924	150,715	---	22,488	---	---	173,203
1925	158,473	---	58,281	---	---	216,754
1926	102,626	---	43,217	---	---	145,843
1927	180,095	---	38,597	---	---	218,692
1928	148,106	---	26,711	---	---	174,817
1929	176,295	---	39,621	---	---	215,916
1930	195,233	---	53,667	---	---	248,900
1931	214,972	---	63,087	---	---	278,259
1932	250,036	---	49,475	---	---	299,511
1933	203,007	---	64,834	---	---	267,841
1934	221,265	---	80,319	---	---	301,584
1935	140,812	---	129,763	---	---	270,575
1936	212,033	---	160,405	---	---	372,438
1937	286,173	---	101,795	---	---	387,968
1938	373,425	---	47,948	---	---	421,373
1939	363,310	---	126,928	---	---	490,238

作者整理。

註：缺 1905～1907、1913、1917、1919 年之數據。

資料來源：《臺灣外國貿易年表・附錄・臺灣內地間貿易年表》明治 35 年～明治 37
年、明治 41 年～大正元年、大正 3 年～5 年、大正 7 年；《臺灣貿易年表》
大正九年～昭和十四年。

表 5-1-7　柑類移出地別移出價額累年表

	神　戶	東　京	門　司	橫　濱	朝　鮮	下　關
1918	29,000	---	6,766	407	---	8
1919	36,893	10	8,278	300	---	---
1920	12,206	---	1,771	101	---	---
1921	62,707	23	11,434	40	---	---

1922	225,644	---	35,624	---	---	---
1923	185,125	723	30,901	899	---	6
1924	115,647	21.585	34,678	1,157	---	---
1925	122,105	52.478	36,215	3,579	---	---
1926	75,907	37,811	21,549	3,673	4,473	10
1927	130,281	32,017	37,986	4,743	5,527	24
1928	99,635	24,932	37,433	1,810	3,699	70
1929	114,934	35,126	47,329	4,154	9,138	98
1930	147,733	46,599	40,816	5,069	8,552	---
1931	170,048	58,301	35,365	4,398	6,521	3,142
1932	182,684	44,625	24,952	4,740	24,483	16,905
1933	165,579	65,675	7,413	730	9,814	18,176
1934	168,174	74,089	35,851	3,875	2,368	14,450
1935	103,195	120,969	37,189	9,044	165	---
1936	170,093	151,753	41,936	8,625	13	---
1937	145,920	133,066	52,259	6,699	---	---
1938	212,609	140,834	65,772	2,060	---	10
1939	239,254	171,291	73,310	6,292	6	---
	名古屋	大　阪	沖　繩	小　樽	函　館	福　岡
1918	---	22	10	---	---	---
1919	---	200	220	8	---	---
1920	---	---	74	5	---	---
1921	---	25	809	---	---	---
1922	---	10	142	---	---	---
1923	20	37	178	---	---	---
1924	---	136	---	---	---	---
1925	2,259	68	28	---	---	22
1926	1,878	57	---	80	405	---
1927	6,248	1,828	38	---	---	---
1928	7,047	138	53	---	---	---
1929	1,414	3,495	15	85	121	---
1930	5	67	59	---	---	7
1931	270	---	14	---	---	---
1932	3	104	15	---	---	---

1933	30	24	---	---	---	---
1934	48	2,705	24	---	---	---
1935	11	---	2	---	---	---
1936	13	---	---	---	---	---
1937	7	---	17	---	---	---
1938	8	---	70	---	---	---
1939	---	---	46	---	---	---

	其　他	合　計
1918	2 長崎	36,215
1919	---	45,909
1920	---	14,157
1921	---	75,038
1922	---	261,420
1923	---	217,889
1924	---	173,203
1925	---	216,754
1926	---	145,843
1927	---	218,692
1928	---	174,817
1929	---	215,916
1930	---	248,900
1931	---	278,259
1932	---	299,511
1933	---	267,841
1934	---	301,584
1935	---	270,575
1936	5 鹿兒島	372,438
1937	---	387,968
1938	10	421,373
1939	27	490,238

作者整理。

資料來源：《臺灣貿易年表・大正九年》、《主要青果物統計》昭和 6 年～昭和 17 年。
臺灣總督府殖產局特產課編，《熱帶產業調查會：柑橘產業二關スル調查書》（臺北市：臺灣總督府殖產局特產課，1935），頁 81。

表 5-1-8　蜜柑、芭蕉實與鳳梨移出價額、生果總計與蜜柑所占之百分比

	蜜柑 （円）	芭蕉實 （円）	鳳梨 （円）	生果總計 （円）	蜜柑佔生果 百分比	芭蕉實佔 生果百分比
1902	1,552	---	---	1,552	100.00%	---
1903	574	---	---	574	100.00%	---
1904	29	---	---	29	100.00%	---
1905	---	---	---	0	---	---
1906	56	---	---	56	100.00%	---
1907	2,341	43,146	362	45,849	5.11%	94.10%
1908	1,165	104,515	2,472	108,152	1.08%	96.64%
1909	940	155,879	1,056	157,875	0.60%	98.74%
1910	1,554	345,030	1,799	348,383	0.45%	99.04%
1911	3,363	378,006	16,648	398,017	0.84%	94.97%
1912	2,978	336,617	13,283	352,878	0.84%	95.39%
1913	3,853	374,234	3,846	381,933	1.01%	97.98%
1914	3,875	587,017	1,453	592,345	0.65%	99.10%
1915	5,133	684,564	17,372	707,069	0.73%	96.82%
1916	14,515	1,054,056	36,518	1,132,252	1.28%	93.09%
1917	28,008	1,600,618	18,312	1,680,680	1.67%	95.24%
1918	36,215	2,014,807	15,273	2,152,183	1.68%	93.62%
1919	45,909	2,030,343	37,182	2,151,896	2.13%	94.35%
1920	14,157	1,805,518	165	1,893,017	0.75%	95.38%
1921	75,038	4,156,042	28,158	4,361,880	1.72%	95.28%
1922	261,420	6,845,823	28,227	7,211,883	3.62%	94.92%
1923	217,889	8,280,418	62,255	8,637,630	2.52%	95.86%
1924	173,203	11,816,303	21,360	12,207,347	1.42%	96.80%
1925	216,754	9,096,358	6,306	9,504,149	2.28%	95.71%
1926	145,843	10,900,377	14,421	11,223,766	1.30%	97.12%
1927	218,692	8,616,464	21,223	9,050,194	2.42%	95.21%
1928	174,817	8,614,837	21,226	9,089,822	1.92%	94.77%
1929	215,916	8,419,100	18,383	8,890,225	2.43%	94.70%
1930	248,900	8,369,850	49,463	8,925,377	2.79%	93.78%
1931	278,059	8,329,152	105,915	8,959,263	3.10%	92.97%
1932	299,511	6,982,753	72,785	7,591,805	3.95%	91.98%
1933	267,841	7,899,188	16,280	8,437,424	3.17%	93.62%

1934	301,584	8,137,941	104,554	8,839,159	3.41%	92.07%
1935	270,575	9,475,551	142,129	10,163,438	2.66%	93.23%
1936	372,438	10,586,507	132,235	11,386,511	3.27%	92.97%
1937	387,968	11,736,412	167,056	12,586,590	3.08%	93.25%
1938	421,373	12,855,634	185,312	13,812,402	3.05%	93.07%
1939	490,238	16,519,291	323,749	17,755,050	2.76%	93.04%

作者整理。

註：生果總計包含芭蕉實、蜜柑、蘽類及文旦、桃及李、鳳梨、西瓜與其他生果。

資料來源：臺灣總督府財務局稅務課編，《自明治三十九年至昭和十年臺灣貿易四十
　　　　　年表》（臺北市：臺灣總督府財務局稅務課，1936），頁 85～87。臺灣總督
　　　　　府財務局稅務課編纂，《臺灣貿易年表》，昭和十年～昭和十四年。臺北市：
　　　　　臺灣總督府財務局稅務課，1938～1939 年。

　　　除了鮮果的販售，將生產過剩或品質較差的果實加工製作成耐貯存的蜜
餞，除了有效調節市場供給，也能達到減少體積方便運送至遠地的效果，更能
發展為在地名產販賣，增加農民收入。在眾多種類的蜜餞中，以生薑、冬瓜、
李子、柑橘類果實、楊桃等原料製作的蜜餞較為常見，不過在統計資料上，往
往以「蜜餞」兩字概括記錄，少見有將細節品項全數列出，故下文中僅能以「蜜
餞」項的產額及產值概略敘述其具有的價值，並佐以 1907（明治 40）年的細
項統計表列出的蜜餞種類，以觀當時柑橘類果實製造的蜜餞類型與地區差異。
從表 5-1-9 可見，北臺灣蜜餞的產值在 1914 年以前，占全臺蜜餞總產值約 2、
3 成左右，當時的主要產區為臺南廳，佔有 4、5 成的產值，其次為臺中廳的 2
成上下，不過在 1914～1928 年間，隨著製品的改良及包裝方面的注重，原先
因只是普通菓子商副業而價格低廉的蜜餞開發出社會中流以上的客群，〔註
13〕使北臺灣蜜餞的產值占比達到 5 成以上甚至曾升至 7 成，為全臺蜜餞產值
最高的州廳，而後便逐年下降至不足 3 成，被臺中州超越位居第二。若是從一
斤的單價來看，除了產量提高的因素外，北臺灣高占比的產值應與販售價錢也
有一定的關係。筆者以各州廳 1910～1942 年間的產量與產值計算一斤的單價
呈現於表 5-1-10 中，臺北及新竹的單價大致上均高於其他州廳及全臺平均，
而主要產區的臺南一斤單價常年低於平均值，維持一斤 0.1～0.4 円的價錢，次
多的臺中州單價也低於北臺灣兩州，要到 1935 年之後，才隨著整體的物價逐
漸攀升。

────────────────

〔註13〕臺灣總督府民政部殖產局，《臺灣產業年報・第十一回・大正四年》（臺北：臺
　　　　灣總督府民政部殖產局，1917），頁 315～316。

表 5-1-9　1907、1910～1942 年北臺灣蜜餞產值　　　　單位：円

	臺北州範圍	新竹州範圍	全臺總計	北臺灣占比
1907	3,854	3,512	17,614	41.8%
1910	11,920	2,617	43,737	33.2%
1911	3,230	1,588	33,072	14.6%
1912	4,257	1,922	31,871	19.4%
1913	5,700	4,532	27,998	36.5%
1914	31,274	5,868	53,307	69.7%
1915	45,654	8,091	72,209	74.4%
1916	46,728	7,755	77,996	69.9%
1917	53,353	6,794	107,749	55.8%
1918	75,724	9,246	156,117	54.4%
1919	91,242	18,260	238,174	46.0%
1920	78,987	42,531	216,236	56.2%
1921	112,104	8,509	190,853	63.2%
1922	111,578	11,095	199,214	61.6%
1923	111,044	13,502	196,323	63.4%
1924	102,327	21,243	208,844	59.2%
1925	99,424	18,790	218,816	54.0%
1926	100,641	22,931	227,731	54.3%
1927	120,047	20,333	242,048	58.0%
1928	105,577	21,774	253,560	50.2%
1929	88,955	25,849	253,382	45.3%
1930	67,624	24,783	203,248	45.5%
1931	47,671	23,274	186,331	38.1%
1932	58,699	23,751	243,136	33.9%
1933	69,898	24,500	265,933	35.5%
1934	52,139	30,267	250,037	33.0%
1935	72,214	25,845	306,423	32.0%
1936	89,736	20,718	248,449	44.5%
1937	89,890	8,247	256,992	38.2%
1938	78,497	13,880	271,357	34.0%
1939	74,366	18,702	328,057	28.4%

1940	304,315	49,488	1,237,594	28.6%
1941	258,456	26,371	1,058,125	26.9%
1942	348,987	77,451	1,715,107	24.9%

作者整理。

資料來源：《臺灣總督府統計書》第 14（明治 43 年）～第 44（昭和 15 年）；臺灣總督
府殖產局，《臺灣工業統計・第二十一次・昭和 16 年》（臺北：臺灣總督府
殖產局，1943），頁 68～69；〈各廳に於ける產業月報～明治四十年中島內
蜜餞生產額表〉，《臺灣農事報》，第 24 期（1908 年 12 月），頁 55～57。

表 5-1-10　　1907、1910～1942 年各州蜜餞一斤單價　　　　單位：円／斤

	臺北州	新竹州	臺中州	臺南州	高雄州	全臺平均
1907	0.29	0.28	0.21	0.25	0.14	0.25
1910	0.33	0.29	0.24	0.17	---	0.21
1911	0.25	0.34	0.24	0.19	---	0.2
1912	0.29	0.33	0.28	0.19	---	0.22
1913	0.31	0.35	0.31	0.29	---	0.31
1914	0.37	0.32	0.26	0.23	---	0.31
1915	0.51	0.32	0.22	0.22	---	0.37
1916	0.32	0.34	0.2	0.23	---	0.28
1917	0.37	0.34	0.33	0.21	---	0.29
1918	0.6	0.42	0.39	0.23	---	0.35
1919	0.65	0.56	0.4	1	---	0.48
1920	0.61	0.71	0.65	0.33	0.38	0.48
1921	0.57	0.61	0.34	0.27	0.27	0.41
1922	0.53	0.69	0.49	0.29	0.6	0.45
1923	0.48	0.63	0.45	0.27	0.77	0.39
1924	0.44	0.55	0.39	0.27	0.27	0.37
1925	0.43	0.49	0.35	0.25	0.28	0.36
1926	0.41	0.48	0.35	0.26	0.28	0.34
1927	0.43	0.46	0.35	0.27	0.27	0.36
1928	0.43	0.39	0.29	0.24	0.76	0.33
1929	0.43	0.43	0.27	0.26	0.55	0.32
1930	0.35	0.39	0.22	0.23	0.35	0.27
1931	0.3	0.36	0.19	0.18	0.21	0.23
1932	0.3	0.33	0.2	0.2	0.17	0.23
1933	0.32	0.33	0.21	0.19	0.17	0.23
1934	0.3	0.34	0.23	0.19	0.17	0.24

1935	0.39	0.35	0.26	0.22	0.19	0.27
1936	0.64	0.55	0.42	0.32	0.32	0.39
1937	0.65	3.08	0.4	0.34	0.34	0.45
1938	0.8	0.69	0.42	0.4	0.34	0.49
1939	0.85	1.12	0.43	0.62	0.4	0.57
1940	1.14	1.01	0.48	0.84	0.57	0.73
1941	1.14	1	0.84	0.69	0.87	0.86
1942	1.07	1.07	0.9	0.94	0.9	0.93

作者整理。

資料來源：《臺灣總督府統計書》第 14（明治 43 年）～第 44（昭和 15 年）；臺灣總督
　　　　　府殖產局，《臺灣工業統計‧第二十一次‧昭和 16 年》（臺北：臺灣總督府
　　　　　殖產局，1943），頁 68～69；〈各廳に於ける產業月報～明治四十年中島內
　　　　　蜜餞生產額表〉，《臺灣農事報》，第 24 期（1908 年 12 月），頁 55～57。

　　根據 1907（明治 40）年島內蜜餞生產額表列出的 45 種蜜餞（見表 5-1-11），當時用來製作的材料以各種果實居多，如薑、柑、桔、苦瓜、冬瓜、金桔、佛手柑、楊桃、桃子、柚子、鳳梨、李子、芒果、梅子、楊梅等，如果以全臺產量及產值來看，以冬瓜糖最高，也是臺北、基隆、新竹、彰化、嘉義及臺南等廳各自生產最多的種類；其次為桔餅，主要產區為臺北、基隆、新竹及彰化，除基隆廳外，其餘地區為臺灣柑類主要出產地。而本文主要討論的柑類在 45 種蜜餞中，共有柑餅、桔餅、金桔棗、金棗糕及金棗蜜等 5 種，柑餅以新竹產量最多，其他還有臺中、臺北及基隆；桔餅以彰化產量最高，筆者推測因員林盛產椪柑，當地桔餅應是以椪柑製成，不過因製作方式差異而有不同稱呼，其餘的臺北及基隆也有製作。而日後同樣出產大量椪柑鮮果的新竹亦有針對椪柑製作如柑餅、椪柑罐頭或椪柑羊羹等產品，柑餅更因領受內國博覽會及各地品評會褒狀賞狀而成為新竹的名產之一；〔註14〕金桔棗僅臺北有製造；金棗糕僅宜蘭有生產，為當地特產馳名臺灣，曾被大稻埕的東瀛商會作為贈答品發兌，〔註15〕或作為旅遊的伴手禮帶回分送親友；〔註16〕而金棗蜜則僅有臺南出產。除了上述 45 種蜜餞外，亦有許多以柑類果實研發的產品，如金柑漬、金柑鱉甲漬罐頭、椪柑罐頭、椪柑羊羹、虎頭柑蜜餞等，常在臺灣旅行案內列於蜜餞的敘述中，〔註17〕為各地的特產進行推廣增添地方收入。

〔註14〕〈新竹通信／蜜餞出賣〉，《臺灣日日新報》，1911 年 1 月 14 日，日刊 03 版。
〔註15〕〈金棗糕出售〉，《臺灣日日新報》，1922 年 1 月 24 日，日刊 06 版。
〔註16〕〈宜蘭／觀月團來〉，《臺灣日日新報》，1930 年 10 月 8 日，日刊 04 版。
〔註17〕臺灣總督府殖產局，《臺灣案內》（臺北：臺灣總督府殖產局，1915），頁 95～96。

表 5-1-11　1907 年臺灣蜜餞產值

單位：錢

	臺北廳	宜蘭廳	基隆廳	新竹廳	全臺總計
明薑糖	206.03	---	---	456.50	783.50
明薑蜜	---	---	48.00	---	68.40
柑餅	166.00	---	48.00	624.45	1,063.45
桔餅	47.00	---	96.00	---	1,403.00
蜜苦瓜	---	---	22.50	---	22.50
冬瓜糖	343.00	---	300.00	1,285.40	7,152.40
冬瓜蜜	---	---	---	---	16.00
冬瓜瓜魚	---	---	160.00	---	160.00
冬瓜瓜花	---	---	160.00	---	160.00
金桔棗	96.00	---	---	---	96.00
佛手簽	64.00	---	---	82.30	170.30
楊桃糖	---	---	---	166.30	481.70
楊桃糕	---	302.50	---		529.70
楊桃蜜花	---	---	---		90.00
楊桃蜜枰	---	---	---		28.00
桃子糕	96.00	---	---	---	96.00
桃子糖	---	---	---	---	18.00
金棗糕	---	279.00	---	---	279.00
金棗蜜	---	---	---	---	68.00
柚仔糖	---	---	---	---	101.60
柚皮糖	---	41.60	---	119.60	161.20
荸來糕	---	109.60	---	114.40	423.60
荸來膏	---	---	---	---	260.00
荸來糖	---	---	---	---	84.00
荸來醬	---	---	---	---	33.92
李仔糕	---	797.20	---	171.00	1,041.80
李仔膏	---	---	---	---	247.50
李仔糖	---	27.00	---	216.00	569.80
李仔蜜李仔	---	---	64.00	---	158.72
李仔蜜枰	---	---	---	---	92.00

橡仔糖	---	---	---	9.60	19.40
橡仔花	---	---	---	---	95.70
蜜石花	---	---	4.80	---	4.80
蜜波蘿	---	---	240.00	---	240.00
枇杷糕	---	---	36.00	266.00	302.00
梅子糖	---	---	---	---	209.00
梅子蜜	---	---	---	---	35.20
梅子餅	---	---	---	---	80.00
梡梅	---	---	---	---	64.00
楊梅糖	---	---	---	---	69.30
楊梅蜜	---	---	---	---	52.80
天文冬	---	---	---	---	342.00
仙查糖	---	---	---	---	22.00
桑岳	---	---	---	---	91.80
葫荻	---	---	---	---	34.44
總計	1,018.03	1,556.90	1,179.30	3,511.55	17,522.56

資料來源：〈各廳に於ける產業月報——明治四十年中島內蜜餞生產額表〉，《臺灣農事報》，第 24 期（1908 年 12 月），頁 55～57。

　　隨著栽種技術的逐年進步，臺灣柑類果實的產量亦逐漸增加，為了消化大量的出產，除了臺灣島內的消費外，也開發了國外以及日本的販售通路。輸出部分，早期以淡水港為主，但在淡水河逐漸淤積及基隆港的築港工程陸續完成後，北臺灣的輸出重心轉移至基隆港，淡水港雖仍有運作，但漸無早年盛況，而主要輸出的國家為支那、關東州與香港，在 1932 年滿州國建立、臺滿航路開啟後，增加了滿州國，於 1939 年達到柑類 114 萬餘円的輸出額，位居鮮果輸出額第一的位置；移出部分，比輸出年份稍晚 3 年，但比後來佔據鮮果移出量首位的芭蕉實要早上 5 年的時間，可見柑類較早受到注意且在日本有一定的消費數量。在移出方面，最初便以基隆港為主要移出港，運至神戶、東京、門司及橫濱等地，不過後來受到嚴密的植物檢查制度影響，在人力與設備不足的情況下，限制了移出數量，改走輸出通路，使移出量不如輸出量且遠低於芭蕉實的銷量，但仍有著鮮果移出額第二的排名。不過儘管移出量受限，臺灣的柑類也作為地方特產書寫於旅行案內中，成為來臺旅遊的日本人歸國時攜帶的禮品，加上鮮果的島內銷售與輸移出貿易都為臺灣賺

進大量外匯。除了鮮果的銷售外，使用品質較差或過剩的果實製造的蜜餞，除了有效控制鮮果市場的價錢，也能在充分利用果實並開拓另外的銷售管道，比如作為年節的贈答品或是旅行的地方特色伴手禮，均為地方賺取額外的錢財。

第二節　柑橘在祭祀民俗上的應用

在臺灣傳統信仰中，一年的祭拜行事小到每月初一十五的祭神、祭祖，初二十六的拜土地公，大到各節日或神明生日的祭祀，其中定不乏水果的出現，且會因應時節和對象供俸不同的種類。而每到柑橘盛產的季節，供桌上經常能見到其身影，因「柑」和「甘」字同音，又「柑」與「橘」同類，「橘」和「吉」諧音，都有「吉利」之意，[註18] 不只在過年期間，各節日祭祀時使用或是送禮都是意涵美好的物件，柑橘製成的蜜餞——桔餅（柑餅）在婚俗裡更是一份母親對女兒的體貼與期望，除了在精神、制度方面上的祝福，在物質層面上亦會作為建築裝飾的題材，祈求吉祥與甘美的生活，柑橘可說是一種意寓極好且貼近生活的水果。以下舉歲時禮俗、生命禮俗與建築裝飾三方面為例。

一、歲時的重要供品

歲時禮俗貫穿全年的始終，從正月元旦至臘月除夕，幾乎每個月都有行事，表現的方式十分廣泛，緊密伴隨著人們生產活動與社會歷史的發展而不斷形成及變化，更有不少習俗與季節更替、農業生產、民俗養生等相關，也會因族群、宗教信仰、地理位置或歷史的因素而出現獨特的地區性與融合性。[註19] 閩南、廣東地區的禮俗隨著先民的遷移來臺，經過政權的更替、族群的融合，重要的節日大致仍存，如春節、元宵、清明、端午、中元、重陽、冬至及除夕等，只是在習俗上多少也出現了些許的差異，而在這些歲時禮俗中以農曆為準的行事裡，又以正月春節最為忙碌。吳瀛濤的《臺灣民俗》中記錄，自舊年的 12 月開始，即有如尾牙、送神、筅黗（ㄒㄧㄢˇㄊㄨㄣ，閩南語音讀：tshíng-thûn，意為清掃煤煙之意）等行事要處理，到了 12 月的最後一天，為臺語中俗稱二十九暝或卅暝（農曆有大小月之分）的除夕，當天

〔註18〕廖漢臣，《臺灣的年節》（臺中市：臺灣省文獻委員會，1973），頁 15。
〔註19〕張紫晨，《中國民俗與民俗學》（臺北市：南天，1995），頁 78、198～199。

下午要供上牲醴祀神祭祖，稱之為「辭年」。要在神明及祖先牌位前疊柑塔、供年粿及春飯（取「歲有餘糧，年年食不盡」之吉意），還要壓桌錢（取發財之意），另外再準備五味碗拜門口及地基主，用春飯拜灶神與床母，門後豎放長年蔗（連根帶葉的甘蔗）2 支，取其鞏固家運吉利之意。〔註20〕其中於除夕「堆疊柑塔」的行為，或說柑類在春節期間的重要地位，在清代的各方志中即有所見。

表 5-2-1　臺灣文獻叢刊中春節期間與柑相關之供品及行事

名　稱	內　容
《安平縣雜記》	〈節令〉 正月元旦，……貼新桃符，放爆竹，列各樣糖料於盒以供神【糖料有寸金棗、花生粒、桔紅糕等名目】，名曰「開正」。〔註21〕
	（十二月）二十五日，各家齋戒焚香，莫敢狎褻，俗傳天神下降。除夕前數日，各親友競以糖粿【一名「年糕」】、紅柑、甜料、雞鴨等物相饋送，道上往來不絕。〔註22〕
	除夕之日，各家均備饌盒、牲醴、葷素菜品、年糕等物以祀神、祭祖。先焚香、點燈、燒紙，燃爆竹隆隆不絕，神前及祖宗位前均供甜料一小碟，隔年飯、隔年菜各一小鍾【隔年菜以波稜菜為之，一本而已，不折斷，名曰「長年菜」，過年每人須食一本】、發粿一小塊，上插通草製麗春花，有雙蕊者【俗名「雙春」】，紅柑兩碟，有用一碟者。至新年初五後撤去。〔註23〕
《雲林縣采訪冊》	〈斗六堡·風俗·歲時〉 除夕，家換新門聯、放火炮，所謂「爆竹一聲除舊、姚符萬戶更新」也。神案排紅柑，兩旁發粿一碗、米飯一碗，上插以紅春花，飯曰過年飯；候乾，合柑皮炒以代茶，甚美。煮芥菜，待酸食之，曰長年菜。是夕祀神祭先，圍爐飲酒，賜銀錢於卑幼，曰壓年。舉家博奕為戲，尊長不禁。〔註24〕

〔註20〕吳瀛濤，《臺灣民俗》（臺北市：眾文圖書，2000），頁 1、31～34。
〔註21〕不著撰人，張光前點校，臺灣史料集成編輯委員會編，《安平縣雜記》（臺南市：國立臺灣歷史博物館，2011），頁 165。
〔註22〕不著撰人，張光前點校，臺灣史料集成編輯委員會編，《安平縣雜記》，頁 172。
〔註23〕不著撰人，張光前點校，臺灣史料集成編輯委員會編，《安平縣雜記》，頁 172。
〔註24〕倪贊元纂輯，張光前點校，臺灣史料集成編輯委員會編，《雲林縣采訪冊》（臺南市：國立臺灣歷史博物館，2011），頁 70。

《嘉義管內采訪冊》	〈打貓南堡・歲序〉
	十二月二十四日，送神。家備牲醴祀神，燒金紙，另以一張印與馬在紙上，曰「雲馬」，同金紙燒化。家家各掃淨屋宇塵埃，謂歲將更新也。親朋戚友，**備甜粿、紅柑、雞鴨等物相贈**。農家以土產之物相饋，俗曰「送年」。〔註25〕
	除夕，家家用紅紙書門聯，貼於門首。備牲醴祀祖先神祇，燒金紙、放炮，取爆竹除歲桃符之義。用發粿一個，白米飯一碗，上插紅春花一蕊，置於神桌上，以紅柑排於兩旁。是夕事神、祭先畢，備酒席在廳堂中，桌下用烘爐一個，置火炭於爐中，用銅錢一串，圍於爐外，舉家老幼同飲，曰「圍爐」，取團圓之義。尊長以圍爐銅錢分賜子孫，曰「壓年」。〔註26〕
《臺灣私法人事編》	十二月二十五日應辦天神下降，與正月初四日接神合辦；降真柴、香柴、香末、紅柑十六粒、清茶、鮮花、薦盒、金香、燭炮；以上共按銀壹中元（二十五、初四此二日，爐主要當五更時候到壇拜謁）。〔註27〕
	十二月三十日應辦正月本壇要用物件，春聯聯文，抄附在後。紅柑、珍料、降真、香柴、香末、春聯、花枝、好茶；以上共按銀壹元。〔註28〕

作者整理。

資料來源：《臺灣文獻叢刊》。

在除夕之前，親友間會準備糖粿、紅柑、甜料、雞鴨或農家的土產物互相贈送，俗稱「送年」。也有一說指出，因為服喪期間的人家在過年時不可做甜粿，習慣上是由親友贈送，稱作送年，而被贈送甜粿的人家以橘子和糖果為答禮，〔註29〕既遵守了喪期的規範，亦獲得了年節的祝福，在禮尚往來的過程中，更加深了親友間的聯繫。到了除夕當日，各家準備牲禮、葷素菜飯、年糕、發糕等物祀神祭祖，並將紅柑排列或置於盤中放在神位及祖先牌

〔註25〕不著撰人，洪燕梅點校，臺灣史料集成編輯委員會編，《嘉義管內采訪冊》（臺南市：國立臺灣歷史博物館，2011），頁503。

〔註26〕不著撰人，洪燕梅點校，臺灣史料集成編輯委員會編，《嘉義管內采訪冊》，頁503〜504。

〔註27〕《臺灣私法人事編》（臺北市：臺灣銀行經濟研究室，1961），頁326。

〔註28〕《臺灣私法人事編》，頁326。

〔註29〕鈴木清一郎，《臺灣舊慣　冠婚葬祭と年中行事》（臺北市：臺灣日日新報社，1934），頁519。

位之前，一直放到初五或元宵才撤除。「紅柑」並非為單一品種的名稱，而是泛指果皮色澤鮮紅的柑橘統稱，〔註30〕因民間認為紅即吉祥，「柑」與「橘」的音及意均帶有美好的含意，〔註31〕故於春節此一充滿喜氣的節日供於神桌上討吉利與喜氣。如閩南人在春節期間多是以桶柑為供品及堆疊柑塔（或稱柑墩、柑棚）的材料，除了因為適逢桶柑的產期，其果色紅形圓，喜氣又取其「圓滿」之意，〔註32〕亦有將柏樹枝插入柿子與橘子祭祖，取意「百（柏）事（柿）大吉（橘）」。〔註33〕一般將從除夕祀神祭祖後仍繼續將部分供品擺放在神桌上直到初五或元宵方撤下的行為稱作「壓桌」。《台灣民間年節習俗》一書指出，從除夕起，正廳案架桌上應有如下的基本供品，至新正初五日止始可撤除：甜料（一疊）、隔年飯（各一小鍾，以飯盛尖，上插春仔花，取意餘裕）、隔年菜（一本波菜頭尾不切斷，又名長年菜）、紅柑、發粿、飯春（以蓪草製成的花，又單蕊稱「春仔」、雙蕊稱「雙春」，插於隔年飯及發粿上，以示剩餘，不虞匱乏）。〔註34〕不過筆者家中神明和祖先的擺設有別，神明的左右放插著春花的發糕，香爐前方放年糕及發糕壓桌，初五才可撤下；祖先則是在爐前放年糕及發糕，左右各一杯春飯（杯中盛飯插一根寸棗）壓桌，同樣初五方撤。而疊柑塔〔註35〕要挑選完整、渾圓、色亮的桶柑，3顆作基上疊兩顆，最上面1顆要帶葉，神明、祖先各2疊，到十五才可撤下，一如描述春節期間形式的俗諺：「初一場，初二場，初三老鼠仔娶新娘，初四神落地，初六挹肥。初七七元，初八食完完，初九天公生，初十點燈起，十五上元暝，食飽拆柑棚。」〔註36〕另外，波菜作為長年菜似為南部年俗，北部應為芥菜。

〔註30〕行政院農業委員會農業知識入口網：蔬果 Data——紅柑小百科 https://kmweb. coa.gov.tw/theme_data.php?theme=news&sub_theme=agri_life&id=53508（2022/ 11/28 點閱）。

〔註31〕魏英滿、陳瑞隆編，《台灣民間年節習俗》（臺南市：世峰出版社，2000），頁 145。

〔註32〕陳運棟編，《臺灣的客家禮俗》（臺北市：臺原出版，1991），頁 143。

〔註33〕姜義鎮，《臺灣民俗與特產》（臺北市：武陵，2002），頁 20。

〔註34〕魏英滿、陳瑞隆編，《台灣民間年節習俗》，頁 144～145。

〔註35〕網路上找無「疊柑塔」之閩南語說法，筆者家中說法閩南語音似 thia̍p kam thong。

〔註36〕魏英滿、陳瑞隆編，《台灣民間年節習俗》，頁 25。

圖 5-2-1　除夕神桌擺設

照片來源：2022/1/31 筆者攝於舊家。

　　因氣候環境上的合適，臺中以北地區的客家人多是以果實碩大、顏色討喜的虎頭柑來「壓神桌」，並供到「出年架」（大年初五）或元宵後。客家人認為祭祀祖先的祭品絕不能拿別人送的，否則就成了別人幫你拜祖先，所以祭品通常自行生產，無法自行生產的則須用錢購買，「壓神桌」的祭品更是如此，然虎頭柑開始被拿到市面上販賣的時間應不會早於 20 世紀 70 年代，在這之前需要的人家都要設法自產，雖然不是缺之不可的重要祭品，卻是最能彰顯新春喜悅氛圍的祭品之一，在一小塊地上種植一棵，幾年後便可結實累累，定可滿足年節期間諸神的祭祀。〔註37〕

圖 5-2-2　虎頭柑壓桌

圖片來源：翻拍自陳逸君、劉還月、劉於情，《酸柑茶人》
　　　　　（新竹縣北埔鄉：常民文化事業股份有限公司，
　　　　　野者上酸柑茶人手作坊，2022），頁 132。

〔註37〕陳逸君、劉還月、劉於情，《酸柑茶人》（新竹縣北埔鄉：常民文化事業股份有
　　　　限公司，野者上酸柑茶人手作坊，2022），頁 131。

　　到了正月十五元宵夜，信眾會至廟宇求子、求配偶或求平安，而「柑」在過程中成為了乘載神明給予祝福的媒介。如鄭用錫《北郭園全集・元宵感事》中：「祈男柑向龕前乞，聽卜香藏袖裏燒。」〔註38〕或如《嘉義管內采訪冊》：「男婦老幼，齊到玄天上帝廟宇，焚香禮拜求福，小子求柑食之，並無疾病。」〔註39〕另在《廈門志》中亦有：「向神丐紅柑，或燭、或錢，柑年倍其數之」〔註40〕的紀錄。信眾祈求完畢後，會取走桌上的柑帶回或給小孩吃，有著帶回福氣或祝福的意涵，而到了隔年則要以倍數的柑償還作為感謝。臺灣文獻叢刊中關於元宵節夜晚向神明所求或各類「偷俗」不外乎求子嗣、求平安，至於那個乘載祝福的「媒介」則不一定是柑，但一定是與所求之事相關或諧音之物，只是恰好在元宵時為柑之盛產期，柑又具有美好的意涵故經常被作為這個「媒介」。在連橫的《雅堂文集》有「乞龜」一詞的記載，指出在有慶典或喪事時，會以麵粉或米粉製成形狀如龜的粿，慶事為紅稱為紅龜，喪事則用白色。因龜象徵長壽，閩南語讀音如「居」，具有「居財」的意涵。在廟會時，會陳列數十隻重量有十餘斤的龜供人們向神乞求，據說可獲得大福，而隔年的此日需要加倍償還，〔註41〕與求柑的習俗相似。鈴木清一郎《臺灣舊慣　冠婚葬祭と年中行事》中也有記錄到臺灣人需求子和求配偶時，會在農曆正月元宵節夜晚去寺廟「求柑」或「求龜」（弄璋弄瓦），需在神前供上鮮果和稱為壽金的金紙百張，然後點燭焚香說出自己的願望。如果是「求柑」就要拿回所供的蜜柑一顆；如果是「求龜」就要拿回所供的龜粿一個。在當年或明年達成願望時，就要用原來兩倍或十倍的供品，在次年的同一天去神前獻祭，稱作「答謝」。〔註42〕求柑、求

〔註38〕鄭用錫撰，楊浚編，《北郭園全集》（臺北市：龍文，1992），頁138。〈卷三・七言律詩〉：「元宵感事　春光豔說到元宵，為底觀燈更寂寥。無復魚龍喧百戲，誰看蹴鞠轉三橋。祈男柑向龕前乞，聽卜香藏袖裏燒。此是海邦今夕景，不妨記取作風謠。」（句讀為作者標註，原文無句讀）。

〔註39〕不著撰人，洪燕梅點校，臺灣史料集成編輯委員會編，《嘉義管內采訪冊》，頁542。〈打貓東頂堡・歲序〉：「至十五日，上元之期，元宵一夜，燈火光輝，男婦老幼齊到玄天上帝廟宇，焚香禮拜求福，小子求柑食之，並無疾病。」

〔註40〕（清）周凱纂，《廈門志》（臺北縣中和市：宗青，1995），頁641。「婦女艷服入廟，獻蓮花燈。閩語呼燈曰「丁」，祈嗣之意。向神丐紅柑，或燭、或錢，柑年倍其數之（？），廟祝書諸籍；歸以瓦石投擲山海，主吉利。未字少女賽紫姑，俗呼東施娘；偷摘人家園蔬及春帖，遭詬罵，謂異日必得佳婿，亦古「鏡聽」之意。海濱如石碼各處，有擲石之戲，折肱破腦以為樂；廈則無之。」

〔註41〕連橫，《雅堂文集》（臺北市：臺灣銀行經濟研究室，1964），頁183。

〔註42〕鈴木清一郎，《臺灣舊慣　冠婚葬祭と年中行事》，頁61。

龜或乞龜的還願行為並不具有強制力,也無須簽訂契約,但信仰的約束使信眾信守人神之間的承諾,發揮人性的自覺,極少有人只取不還。〔註43〕

　　另於宜蘭礁溪由漳州人所建的協天廟在農曆正月13～16日會舉行春祭,春祭大壽龜為其重要的活動。據協天廟官網所述,在宜蘭初開墾時,人們感念關聖帝君的庇佑,在關聖帝君飛升日會以大壽龜進行祭祀。每年由爐主準備好象徵平安、如意的大壽龜,自農曆1月13日開始接受信眾的叩謝和祈願,16日才分龜。而求得「龜肉」的信眾在第2年願望實現後須加倍償還「壽龜」,如所請求之事未能如願或適逢喪事,可等應驗再奉還。組成壽龜的材料十分多元豐富,有米糕、紅片、肉餅、金棗、米粉、年柑等,年柑龜特別是以藤編製成龜型籠再放入年柑供信眾祈求,〔註44〕宜蘭傳藝中心更是以其為主角舉辦了「柑仔龜保平安」特展,帶著藤編龜前往全臺各具特色的文昌祠將柑仔龜獻予文昌帝君,並與全聯福利中心合作開辦藤編工藝工作坊,除了復刻傳統信仰、保存古法技藝外,也向大眾傳達乞龜背後所隱含的「分福」理念,〔註45〕而以金棗和年柑組成的壽龜為宜蘭協天廟特有的習俗。

圖 5-2-3　大壽龜（金棗龜）

圖片來源:敕見礁溪協天廟官網—協天廟簡介—活動慶典:
https://www.sttemple.org/（2022/11/29 點閱）。

〔註43〕林茂賢,《臺灣民俗記事》（臺北市:萬卷樓,1999）,頁 14。

〔註44〕敕見礁溪協天廟官網—協天廟簡介—活動慶典:https://www.sttemple.org/（2022/11/29 點閱）。

〔註45〕宜蘭傳藝園區——柑仔龜保平安特展:https://www.px-sunmake.org.tw/activity/detail.html?id=d3a0079a-0d3e-3a56-e3b9-4b63de6982fc&cate=news（2022/11/29 點閱）。

圖 5-2-4　大壽龜（年柑龜）

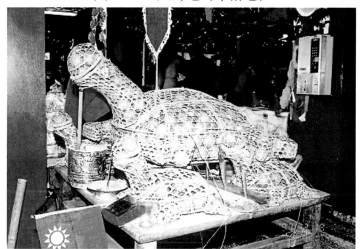

圖片來源：敕見礁溪協天廟官網——協天廟簡介——活動慶典：
https://www.sttemple.org/（2022/11/29 點閱）。

圖 5-2-5　柑仔龜保平安特展主視覺

圖片來源：宜蘭傳藝園區——柑仔龜保平安特展：https://www.px-sunmake.
org.tw/activity/detail.html?id=d3a0079a-0d3e-3a56-e3b9-4b63de69
82fc&cate=news（2022/11/29 點閱）。

圖 5-2-6　宜蘭傳藝中心與全聯福利中心合作推廣柑仔龜之介紹牌

圖片來源：2023/2/20 攝於新竹全聯食品店。

二、生命禮俗中的祝福、期望與體貼

　　生命禮俗為每個人從出生到死亡各個人生階段向外宣告的行為，如嬰兒時期的三朝、滿月、四月日及度晬，向神明、祖先、鄰居及家庭成員告知新生兒的到來與成長；成年禮代表人生進入了下一個階段，不可再如小孩般任意妄為；婚禮為結兩姓之好，向社會、向親朋好友昭告兩人間的關係或說兩個家庭間的姻親關係；喪禮則是人一生的終點，也須向社會及親人告知此人的離世。這些禮俗也可稱為制度民俗，在一個民族中為大家所遵守的習慣上的規定，是與人或民族的發展歷史有密切相關的，雖然沒有明文的規定，卻是被世代所沿用的、約定俗成的禮俗。〔註46〕在生命禮俗中，與柑橘較有關聯的為婚禮，故以下舉婚禮為例，說明柑橘在其中代表的意涵。

　　傳統婚俗有六禮，即問名、訂盟、納采（納吉）、納幣（納徵）、請期、親迎（迎娶），不過後人簡化了六禮併為四禮，分別為問名、訂盟（送定）、完聘（與納采、納幣合併）、親迎（與請期合併，即俗稱之送日頭）。〔註47〕在連橫《臺灣通史》中的納采一禮，男方會視其貧富準備金簪或銀簪一對，繫上朱絲置於盒內，與豬羊、糕餅、糖品、老酒、鮮花、大燭等物，由媒人乘轎引導、鼓吹隊送之至女方家，女方家則要以糕餅及時果，如鳳梨、香蕉、紅柑、芋頭之類具有祝福涵義的東西酬謝。〔註48〕「納采」意為男方送聘金給女方，也叫

〔註46〕張紫晨，《中國民俗與民俗學》，頁 182～185。
〔註47〕吳瀛濤，《臺灣民俗》，頁 125。
〔註48〕連橫，《臺灣通史》，頁 608。原文：「納采之禮，俗曰「插簪」。男家以金簪一對，繫朱絲，置於盒內，或用銀簪，視其貧富。具豚羊、糕餅、糖品、鮮花、老酒、大燭之屬，媒氏乘轎前導，鼓吹送之。女家酬以糕餅時果，若香蕉、鳳

完聘或大聘。在進行納采之禮時，除了送聘金外，還有所謂「扛檻」之禮，又叫「辨盤」。〔註49〕「檻」（ㄕㄥ，閩南語音讀：siānn）為一種結婚或祝壽時，裝運禮物的雙人抬紅色長方形大木箱，〔註50〕由媒人、男方家人、押檻人作陪送至女方家。整個扛檻的隊伍中，有一檻裝有大餅、荖花、冰糖、冬瓜糖、柿粿、桔餅、麵線、豬羊、福員、糖仔路等物，每一樣都有著對婚姻、生活的祝福，如荖花祝福圓滿、桔餅取意吉利、麵線象徵長壽等。女方收下這些聘禮後，會以禮餅、新郎禮服，衣帽鞋襪、文具錶鏈等作為答禮，答禮的禮品稱為「磧盤」，較為講究的人家，還以繡鞋、草花、鮮花一盒、石榴一盒、連招花、木炭、烏糖、香蕉、麻豆、粟芋、橘餅、竹心等贈予親家公婆。不過現代人的訂婚儀式已經省略了更多需要操辦的事項，喜餅店都有搭配好的「六件禮」或「十二件禮」，〔註51〕其中象徵新人甜蜜、白頭偕老的四色糖，以桔餅為組成甜料之一的搭配方式在清代即有，如《臺灣私法人事編》的聘禮貼所載錄：「端肅謹具：婚書成通，啟書成通（禮帖）。聘金成百，蠟燭雙輝。糖餅滿百，糖果成百。冬瓜成盒，桔餅成盒。剛鬣成肩（豬），家鳧四掌（鴨）。德禽四翼（雞），鯉魚成尾。盒儀成雙（十二盒），龜眼團圓。檳榔偕老，蓮招吉果。奉申納采之敬。姻弟吳泰頓首百拜。」〔註52〕可見其自古至今經常被作為祝福之禮。

到了親迎（迎娶）當日，古時新娘是乘花轎至男方家，由一小童端盤，盤上放2顆紅柑，向轎前作揖恭請新娘出轎，新娘則要將盤上的紅柑收入袖中，並以緞製的刺繡物、鑰匙袋或煙袋置於盤內，或僅作揖、或拱手作為答謝。如《新竹縣志初稿》〈卷五上・考一・風俗・閩俗〉：

> 女從婿出，拱其手，各登輿，婿先、婦後。至家，婿立門外，揖婦出輿，升堂交拜而後歸房。今親迎者少，僅以彩轎及鼓樂迎婦歸，至門前停轎，婿至轎前，足輕三踢，扇輕輕一扣，命幼弟或幼侄以小盤盛果品，揖新婦出轎，婦贈以禮物。〔註53〕

梨、芋頭、紅柑之類。各以其物，分饋親友。」

〔註49〕鈴木清一郎，《臺灣舊慣　冠婚葬祭と年中行事》，頁157。

〔註50〕教育部臺灣閩南語常用詞辭典——檻：https://twblg.dict.edu.tw/holodict_new/result_detail.jsp?n_no=13569&curpage=0&sample=%F0%A3%9B%AE&radiobutton=0&querytarget=0&limit=1&pagenum=0&rowcount=0（2022/12/1 點閱）。

〔註51〕卓克華，《台灣舊慣生活與飲食文化》（臺北市：蘭臺，2008），頁102～112。

〔註52〕《臺灣私法人事編》，頁380～381。

〔註53〕鄭鵬雲、曾逢辰纂輯，臺灣史料集成編輯委員會編，《新竹縣志初稿》（臺南市：臺灣史博館，2011），頁229。

圖 5-2-7　四色糖

註：內有桔餅（左上）、冬瓜糖（右上）、冰糖（左下）、糖果（右下）。

圖片來源：林復振南北貨——訂婚禮盒：https://www.linfuzhen.com/product/four-color-sweets（2022/12/1 點閱）。

《嘉義管內采訪冊》：

> 女家新婦至男家婿門，用朮米丸湯，歡請內外諸人等，取團圓之意。
> 令一童子八、九歲，手捧錫盤一個，盤上置紅柑二粒，向轎前作揖，
> 恭請新婦出轎。新婦將紅柑收入袖中，用緞製繡物件，或鎖匙袋、
> 或煙袋，置於盤內，另擇夫婦齊眉、兒孫滿眼之老婦人，扶新婦出
> 轎進房。房中備嘉穀酒席，點紅燭一對，在席上，夫婦同飲，行合
> 卺之禮。俗曰「食酒婚桌」。〔註54〕

或如《臺灣通史》〈風俗志·冠婚〉：

> 花轎之後，蓋以竹篩，朱畫八卦，避不祥也。既至，少駐於庭。一
> 童子以盤奉雙柑，請新人出，婿揖之，女拱手答拜。〔註55〕

《臺灣舊慣　冠婚葬祭と年中行事》中對此作出解釋，媒人領新郎的弟弟或家中童子到轎前，將裝有 2 顆橘子的盆遞給新娘，新娘會摸過橘子以表謝意，並送一個紅包給端盤的小童。這個行為是一種討吉祥的儀式，2 顆橘子代表婚後夫妻兩人生活的甜蜜，俗話說：「糖甘（柑諧音）蜜甜」之意，盆則是象徵家庭幸福圓滿，〔註56〕此一行為稱為「拜轎」，而在非柑橘產期時，則會以蘋果作為替代，意謂平平安安。除了會以桔餅和柑作為聘禮和回禮，女方家

〔註54〕《嘉義管內采訪冊》，頁 498。
〔註55〕連橫，《臺灣通史》，頁 609。
〔註56〕鈴木清一郎，《臺灣舊慣　冠婚葬祭と年中行事》，頁 177。

在準備嫁妝時，母親會特別將冬瓜、柑餅等蜜餞放置在嫁奩廚匣中，以便將來女兒懷孕時可以蜜餞緩解孕時的不適，另也有對女兒「食甜甜快生後生」的期待。〔註57〕而客家人則會將元宵後撤下的虎頭柑製成酸柑茶，作為平日裡的「居家良藥」，母親更會將酸柑茶塞進女兒的私密嫁妝中，擔心女兒在夫家生病無人照顧，可用酸柑茶緩解身體不適。〔註58〕這些嫁妝在含有母親對女兒的期待和祝福的同時，也無庸置疑地展現了母親對女兒的疼惜和關懷。

三、傳統建築裝飾上的祈願

柑橘類應用在傳統建築中最常見的是象徵福氣的佛手柑，不論是在彩繪、漏窗、石雕、磚雕、泥塑或是彩瓷等各種裝飾工法上都可見其身影，常與蝙蝠交互使用，可見其含義及形象廣受匠師及民眾喜愛與接納。而在柑類方面，一般統稱為橘子，因橘與「吉」諧音取義、以橘喻吉，亦有作為歲朝供珍賞，故象徵吉祥如意亦有發財之兆，又橘與「舉」一音之轉，也有中舉之意。橘可單獨成意亦可與其他元素組合，如大橘即代表「大吉」；大橘和兩顆柿子代表「事事大吉」；大橘、百合根（柏樹）、柿子組合代表「百事大吉」；大橘（雄雞）與鯰魚則代表年年大吉等。〔註59〕這些題材不管是家宅或是廟宇，運用各種工法裝飾都是非常合適的。家宅或民居部分，有將橘子與其他具吉祥意涵的水果組合成水果籃或水果盤的樣式，製成彩繪瓷版貼覆於屋頂脊堵的位置，取代原本的剪黏，除了使眾人可以明顯地看見外，脊堵也是一個向上天祈求心願的位置，鮮花與素果是人們心意虔誠的表現，花卉象徵富貴發達的祈求，果實又有生命繁衍的意涵，人們將這兩種紋樣裝飾於脊堵上，來象徵對於禮天、敬天的供禮。如鶯歌游家祖厝的左護龍脊堵與桃園餘慶居正間脊堵正面的水果彩繪瓷版裝飾。〔註60〕寺廟或祠堂部分，磚雕的裝飾工法通常出現在建築物中最尊貴的祭祀空間，代表著人們對神明、祖先的敬意和謝意，也是人們心中對生活的願望和祈求，並將這些祈求寄託於具吉祥寓意的人物、動物或花果的磚雕紋飾中。如板橋林家花園三落大厝第一

〔註57〕 卓克華，《台灣舊慣生活與飲食文化》，頁45。
〔註58〕 陳逸君、劉還月、劉於情，《酸柑茶人》，頁65。
〔註59〕 劉淑音，〈台灣傳統建築吉祥裝飾——集瑞構圖的表現與運用〉（新北市：國立臺北大學民俗藝術研究所碩士論文，2002），頁74、138。
〔註60〕 康格溫，〈日治時期台灣建築彩繪瓷板研究——以淡水河流域為例〉（新北市：國立臺北大學民俗藝術研究所碩士論文，2005），頁213～218、160～162、191～196。

落的對看堵、同處定靜堂第二落的對看堵，〔註61〕磚雕上有石榴、大橘與蓮，
有著子孫大吉的寓意。〔註62〕

圖 5-2-8　鶯歌游家左護龍脊堵、桃園餘慶居正間脊堵水果彩繪瓷版

圖片來源：康格溫，〈日治時期台灣建築彩繪瓷板研究——以淡水河流域為例〉
（新北市：國立臺北大學民俗藝術研究所碩士論文，2005），頁 264。

圖 5-2-9　板橋林家花園三落大厝正廳前廊對看堵——子孫大吉

圖片來源：2023/2/22 筆者攝於板橋林家花園。

〔註61〕蘇怡玫，〈建築磚雕藝術研究——以淡水河流域之古建築為例〉（新北市：國立
　　　　臺北大學民俗藝術研究所碩士論文，2008），頁 132～140、199、204、210。
〔註62〕王慶臺，《林本源園邸古蹟細賞系列：雕刻之美‧貳》（新北市：新北市文化局，
　　　　2011），頁 75。

圖 5-2-10　板橋林家花園定靜堂第二落的對看堵

圖片來源：2023/2/22 筆者攝於板橋林家花園。

圖 5-2-11　湖口三元宮前殿中門上樑枋彩繪

照片來源：2022/10/2 筆者攝於湖口三元宮。

　　柑橘從產季開始就肩負著作為人們向神明、祖先祈求吉利的供品，並被認為是乘載著神明祝福的媒介，凡是在產季期間的大小祭祀，基本上均可見柑橘的蹤跡。自除夕之前的送神、筶黜及親友間送年習俗開始，到除夕的祭祀、柑塔的壓桌，再到元宵的乞龜，都離不開柑橘的使用。而在廟宇、家宅的各種裝飾上，人們也將柑橘裝飾在具有向天祈願意涵的脊堵上、園林的牆面裝飾或重要的祭祀空間中，無不顯示著人們對「吉」與「中舉」的追求。另外，雖然傳統婚俗至今已簡化許多，但在每一項聘禮、流程及嫁妝的準備，仍留存著先人

們對婚姻美滿的祝福與母親的期望和體貼。這些從古至今都無甚改變的習俗顯示人們最純粹的願望，以藝術與實用結合的方式，藉著各樣的花果、器物、蟲魚鳥獸及物什表露無遺。

第三節　柑橘在常民生活上的應用

　　柑橘在現今社會中，除了年節時分供於神桌上象徵大吉大利、黃金招財外，亦經常被做為禮品分送給親朋好友，臺灣各地更是經常能見以柑橘類製造而成的蜜餞或飲食品作為地方特產的情況，如宜蘭知名的金柑製品——金棗糕、具客家特色的酸柑茶等，都是做工繁複又富有誠意的伴手禮。不只鮮果，加工過後的柑橘被製成蜜餞、罐頭、醬料或藥材，均可應用於平時的飲食物，諸如蛋糕的口味、裝飾材料及內餡，或是解油膩的沾料、清肺潤喉的藥材佐料等。除此之外，柑橘也經常出現在家用清潔劑的成分內，可見柑橘對臺灣常民生活有著非常密切的連結。以下分別以藥性及加工再製品等 2 方面進行論述。

一、古籍中柑類止咳化痰、消食利氣的藥用價值

　　現代人生病自然會到藥局購買成藥或是到各大醫院診所看病拿藥，但古時候醫療尚不發達且資訊流通緩慢，今日仍在使用的中藥草乃是在這種情況下，經過了數千年的經驗積累而流傳下來的。柑橘類在中藥材古籍中佔有多項，如陳皮、枳殼、枳實、青皮、橘紅、橘實、橘絡、橘葉、佛手、香櫞等，多具有止咳化痰、理肺、消積食等功效，而除了在中藥材中具有這些功效，現在也常被作為舒緩感冒症狀的飲品之一，可見其確有其效才會在民間不停流傳。下面以柑及橘各部位為分類，分別講述各醫藥類古籍中所記載之內容：

1. 皮

　　皮的部分又以使用的部位、果實的成熟度和產地分為陳皮、青鹽陳皮、橘紅、化橘紅、青皮等。陳皮又稱橘皮、紅皮、黃橘皮、廣橘皮、柑皮等，[註63] 乃泛指芸香科柑橘類及其變種的果皮經曬製而成的藥材，[註64] 產廣中陳久者為良，陳久使燥氣全消，溫中而不燥、行氣而不峻，故名陳皮。[註65] 明代李

〔註63〕吳中朝，《中藥材圖鑑：嚴選 500 種中藥材，教你輕鬆識藥、辨藥、用藥》，頁 297。
〔註64〕陳逸君、劉還月、劉於情，《酸柑茶人》，頁 174。
〔註65〕續修四庫全書編纂委員會編，《續修四庫全書 990‧子部‧醫家類‧藥品化義》

中梓撰之《鐫補雷公炮製藥性解》中記載:「其味辛苦、性溫,上下氣消食化痰破結、止嘔欬、定霍亂、療吐瀉、利小便、通五濕、逐膀胱留熱、殺寸白諸蟲,去白者兼能除寒發表,留白者兼能補胃和中,」此外,在明代王綸的《本草集要》中,亦有去臭、通神、理肺氣降痰(去白者)、理脾胃消食(留白者)等功效。〔註66〕青鹽陳皮則是清代趙學敏所撰之《本草綱目拾遺》中所記錄的蘇州宋公祠遺法,將2斤的陳皮浸於河水中一日,用竹刀刮去浮白,貯於竹筐內以沸湯淋3、4次,再用冷的河水清洗乾淨才不會苦,再曬至半乾可以得到1斤淨皮。初次用甘草與烏梅肉各4兩煎成濃汁,拌曬夜露至酥,捻成如豆大再用川貝母去心4兩、青鹽3兩研磨為細末,拌勻曬乾收藏。有消痰降氣、生津、運脾調胃、開鬱、安神、解毒等功效。〔註67〕今日較為著名的陳皮產地為中國大陸廣東新會,以當地所產的大紅柑皮製成的陳皮為廣東三寶之一的新會陳皮,若以現代科學的角度來看,柑橘屬果皮具有極強的生理活性,並包含抗發炎、抗腫瘤、抗氧化及抗心血管疾病的特性。近年日本沖繩的扁實檸檬成為當地重要發展的機能性食品原料,其皮所製成的陳皮在各營養成分上,多高於新會陳皮,是未來可應用於保健食品及醫藥品的開發之上,而廣受大眾關注。〔註68〕

圖5-3-1　陳皮

圖片來源:吳中朝,《中藥材圖鑑:嚴選500種中藥材,教你輕鬆識藥、
　　　　　辨藥、用藥》(臺北市:大都會文化,2015),頁297。

橘紅為廣陳皮去白者,味辛帶苦、性溫,能升能降、力散結利氣,性氣重

　　　　　(上海:上海古籍,2002),頁272。
〔註66〕續修四庫全書編纂委員會編,《續修四庫全書990‧子部‧醫家類‧本草集要》
　　　　　(上海:上海古籍,2002),頁402。
〔註67〕續修四庫全書編纂委員會編,《續修四庫全書995‧子部‧醫家類‧本草綱目拾遺》(上海:上海古籍,2002),頁35~36。
〔註68〕鄧凱云、楊筱姿、陳怡宏、林欣榜、蔡孟貞,〈國產相橘類果皮製成陳皮之多甲基類黃酮含量及抗氧化活性研究〉,《臺灣農業化學與食品科學》,49卷6期(2011/12),頁338~345。

而味清，入肺脾二經，主一切痰病，居諸痰藥之上。〔註69〕而化州橘紅毛橘紅、光七爪、光五爪，〔註70〕相傳為先人羅辨種化州仙橘於石龍之腹，至今仍存只此一株，在蘇澤堂的最好，清風樓次之，紅樹再次。其果實不是橘，皮厚肉酸不太適合食用，每年均需通告督撫差遣親隨跟同採摘製作，數量不多，真正的化州橘紅每片可值一金，當時即有人以柚皮代替，價格不貴不過功效有差，柚子皮忌冷服，真化州橘紅性峻削能伐生氣，消痰速度雖快，但破氣損人故不適合輕易使用，也有人研發以蜜橘皮製成甜橘紅，醒脾消痰、清香入肺，功效不比化產橘紅差，且性不峻削適合體弱者服用。〔註71〕

圖 5-3-2　橘紅

圖片來源：台灣健康文摘報〈橘紅與化橘紅的區別〉：https://twdnews.com/Hyperspace/1280-1（2022/11/03 點閱）。

圖 5-3-3　化橘紅

圖片來源：吳中朝，《中藥材圖鑑：嚴選 500 種中藥材，教你輕鬆識藥、辨藥、用藥》（臺北市：大都會文化，2015），頁 382。

青皮又稱四花青皮、個青皮、青皮子，〔註72〕雖與橘紅同出一種植物，但

〔註69〕續修四庫全書編纂委員會編，《續修四庫全書990·子部·醫家類·藥品化義》，頁 301。

〔註70〕吳中朝，《中藥材圖鑑：嚴選 500 種中藥材，教你輕鬆識藥、辨藥、用藥》，頁 382。

〔註71〕續修四庫全書編纂委員會編，《續修四庫全書 995·子部·醫家類·本草綱目拾遺》，頁 33～34。

〔註72〕吳中朝，《中藥材圖鑑：嚴選 500 種中藥材，教你輕鬆識藥、辨藥、用藥》，頁 276。

取橘未成熟而落的果實，[註73] 色青實小未有穰，以刀劃蓮花瓣者佳。[註74]
味苦辛、氣寒，行足厥陰經，引經藥入手少陽經，主治氣滯、消食破積、結膈
氣、治小腹痛，可瀉肝氣、治脇痛。[註75]

圖 5-3-4　青皮

圖片來源：吳中朝，《中藥材圖鑑：嚴選 500 種中藥材，教你輕鬆識藥、
辨藥、用藥》（臺北市：大都會文化，2015），頁 276。

2. 絡

橘絡為橘囊上筋膜，又名橘絲、橘筋，味甘苦、性平，歸肝、肺經，炒熟
煎湯飲治口渴吐酒，[註76] 能宣通經絡滯氣，經常使用於治療衛氣（保衛及抵
抗外邪的氣）逆於肺之脈脹，亦能驅皮囊膜外積痰活血。[註77]

圖 5-3-5　橘絡

圖片來源：吳中朝，《中藥材圖鑑：嚴選 500 種中藥材，教你輕鬆識藥、
辨藥、用藥》（臺北市：大都會文化，2015），頁 297。

[註73] 續修四庫全書編纂委員會編，《續修四庫全書 990‧子部‧醫家類‧藥品化義》，
　　　 頁 273。
[註74] 續修四庫全書編纂委員會編，《續修四庫全書 991‧子部‧醫家類‧本草品彙
　　　 精要》（上海：上海古籍，2002），頁 281。
[註75] 續修四庫全書編纂委員會編，《續修四庫全書 990‧子部‧醫家類‧本草集要》，
　　　 頁 402。
[註76] 明‧李時珍，《新校增訂本草綱目（下）》，頁 18。
[註77] 續修四庫全書編纂委員會編，《續修四庫全書 995‧子部‧醫家類‧本草綱目
　　　 拾遺》，頁 34。

3. 果肉

橘實味甘酸、氣溫、無毒,甘者潤肺、酸者聚痰,開胃、止渴、除胸中膈氣,然食之多痰,不可多食,亦不可與蟹同食,否則會引發不適,也有人以蜜煎橘充當水果食用或醃製成醬。〔註78〕

4. 果核

橘核苦、平、無毒,主治腰痛、腎冷、膀胱氣痛,使用時須先以新瓦焙香,去殼取其仁,研磨入藥。〔註79〕

表 5-3-1　柑類中藥材藥性整理

名　稱	性　味	功　效
陳皮	味辛苦、性溫	上下氣消食化痰破結、止嘔欬、定霍亂、療吐瀉、利小便、通五濕、逐膀胱留熱、殺寸白諸蟲,去白者兼能除寒發表,留白者兼能補胃和中
青鹽陳皮		消痰降氣、生津、開鬱、運脾調胃、解毒、安神
橘紅	味辛帶苦、性溫	能升能降、力散結利氣,性氣重而味清,入肺脾二經,主一切痰病
化橘紅	性峻削	能伐生氣,消痰雖捷,破氣損人不宜輕用
青皮	味苦辛、氣寒	主治氣滯、消食破積結膈氣、治小腹痛,用之瀉肝氣、治脇痛
橘絡	味甘苦、性平	治口渴吐酒,宣通經絡滯氣
橘實	味甘酸、氣溫	甘者潤肺、酸者聚痰,止渴、開胃,除胸中膈氣
橘核	味苦、性平	主治腰痛、膀胱氣痛、腎冷

作者整理。

資料來源:《鐫補雷公炮製藥性解》、《本草綱目拾遺》、《藥品化義》、《本草集要》、《新校增訂本草綱目(下)》。

二、多樣化的柑類再製品

柑橘在食用方面的再製品類型廣泛,除了生果鮮食外,從最傳統的製成蜜餞、醬料、藥材,到逐漸精緻、繁複的甜品、果汁飲品、果醬、料理等形式,加工技術的進步提升了柑橘的價值,也豐富了飲食上的變化,以下將依本文主要列舉之 6 個柑橘品種分別舉出該品種之加工產品,不過因雪柑之名今日已無所見且不確定是否尚存,故並不會在此提及。

〔註78〕明・李時珍,《新校增訂本草綱目(下)》,頁 16。
〔註79〕明・李時珍,《新校增訂本草綱目(下)》,頁 18。

1. 椪柑

椪柑在臺灣是柑橘類產量最大的種類，也是北臺灣產量前兩大的柑類果實，其中北臺灣又以新竹出產最豐，因而發展出了椪柑羊羹這項名物。據傳羊羹起源於中國，傳入日本後成為知名的傳統點心。起初羊羹是一種用羊肉煮成的羹湯，再冷卻成凍配餐，傳至日本後，鎌倉時代至室町時代因僧侶戒律不可食葷，逐漸演變成一種以豆類製作而成的凍狀食品，也變成茶道愛用的茶點。〔註80〕而因應在臺日人的飲食需求，日本民間生活中的重要零食茶點——羊羹，也隨著日本生活文化來到臺灣而快速發展，並利用臺灣各地特色物產製造成不同口味的羊羹商品，〔註81〕如新竹的椪柑羊羹、宜蘭的金柑羊羹、羅東的檜木羊羹、日月潭櫻羊羹、嘉義的竹羊羹、臺南的龍眼羊羹、臺東的檸檬羊羹等，〔註82〕以供來臺日本旅客及在臺日人購買符合他們口味又具臺灣特色的產品。

圖 5-3-6　1930 年代椪柑羊羹包裝

圖片來源：姚村雄，《圖解臺灣製造：日治時期商品包裝
設計》（臺中市：晨星，2013），頁 135。

以日治時期新竹規模最大的飲食商店「明石屋」所生產的椪柑羊羹為例，其紙盒包裝利用飽滿的椪柑果實及果園作為背景圖案，以傳達其產品的製造來源與口味特色；還有菱形的「YAMA」商標和「新竹名產」字樣，強調此羊羹的新竹在地生產特色；整體上模仿日本商品的包裝樣式，以強調其產品

〔註80〕陳靜寬，〈經典甘味伴手禮〉，《觀·臺灣》，第 23 期（2017 年 1 月），頁 23。
〔註81〕姚村雄，《圖解臺灣製造：日治時期商品包裝設計》（臺中市：晨星，2013），頁 135。
〔註82〕臺灣總督府交通局鐵道部，《臺灣鐵道旅行案內》（臺北：臺灣總督府交通局鐵道部，1930），頁 64。臺灣總督府交通局鐵道部，《臺灣鐵道旅行案內》（臺北市：社團法人東亞旅行社臺灣支部，1942），頁 56～182。

之道地日本風味。〔註83〕

2. 桶柑

桶柑的主要產地為北臺灣，其中又以臺北州的新莊郡最多。鮮果主要在農曆過年期間堆疊於佛桌上壓桌，取其吉祥之意，此外，柑餅或稱橘（桔）餅傳統上也是以桶柑製作而成的蜜餞，〔註84〕除了作為零食點心及止咳化痰之用的食品外，也是女性出嫁時，男方送至女方家中的聘禮之一，更是婦女產後調理使腹部收縮的重要食材。〔註85〕清代的《本草綱目拾遺》中有一項介紹各地材料不一、尺寸不同的橘餅，其中以漳泉地區出產較為出名，又興化地區以金橘製成的金錢橘餅如錢般小、通明如琥珀，可消食下氣開膈。橘餅可下氣寬中、消痰運食，除黃疸臟脹，亦可治諸色痢、治瀉，或製補虛益腎之百果酒。藥製柑橘餅加入多種藥材以雪水煎半乾後去除渣滓，取其湯煮柑橘，再以微火烘，每次翻面需細捻使藥味進入皮內，製作出來的柑橘餅能清火化痰寬中降氣。

> 橘餅：閩中漳泉者佳名麥芽橘餅圓徑四五寸乃選大福橘蜜糖釀製而
> 成乾之面上有白霜故名肉厚味重為天下第一浙製者乃衢橘所作圓徑
> 不及三寸且皮色黯黑而肉薄味亦苦劣出塘棲者為蜜橘餅味差勝然亦
> 不及閩中者又興化出金錢橘餅乃取金橘製成小如錢明如琥珀消食下
> 氣開膈捷於砂仁荳蔻又可醒酒醉後點茶允為妙供
> 味甘性溫下氣寬中消痰運食食物宜忌黃疸臟脹除膈止消 經驗廣集
> 治諸色痢　行篋檢秘橘餅一兩圓眼肉五錢冰糖五錢水二碗煎一碗露
> 一宿溫服不露亦可至重者不過二三服無不神驗
> 治瀉　梁氏集驗夏月喫瓜菜太多以致洩瀉不休用漳州好橘餅一枚細
> 切薄片作二次放茶鍾內沖服○橘餅湯　經驗廣集治傷食生冷瓜菜泄
> 瀉不休橘餅一個切薄片放碗內以沸湯潑蓋住泡汁出即飲湯連餅食一
> 餅可作數次服
> 百菓酒　香櫞佛手各二個核桃肉圓眼肉連肉橘餅各半觔柏子仁四兩
> 松子三兩紅棗二十兩黑糖三觔乾燒酒五十觔浸此酒補虛益腎乃河中
> 李太守秘方

〔註83〕姚村雄，《圖解臺灣製造：日治時期商品包裝設計》，頁135。
〔註84〕〈臺灣栽培柑橘摘要（二）〉，《臺灣日日新報》，1911年1月14日，日刊02版。
〔註85〕鈴木清一郎，《臺灣舊慣　冠婚葬祭と年中行事》，頁101、159~161。

藥製柑橘餅：北硯食規用元明粉半夏青鹽百藥草天花粉白茯苓各五
錢訶子甘草烏梅去核各二錢硼砂桔梗各三錢以上俱用雪水煎半乾去
渣澄清取湯煮柑橘炭鏊微火烘日翻二次每次輕輕細捻使藥味盡入皮
內如捻破則不妙能清火化痰寬中降氣〔註86〕

　　橘（桔）餅早於清領時期即有自臺灣出口至漳州的紀錄，〔註87〕到了日
治時期，臺灣總督府大力支持柑橘產業的發展，產額雖日漸增加，卻會出現
市場無法消化產量的情況，總督府見廣東及歐美各國每年輸出柑橘餅獲利不
下百萬圓，便派遣實業練習生前往該地學習，並聘請專門的技術者傳授製造
方式，以期將來免於柑橘盛產無法消化之憂，在供應臺灣內的需求外也可輸
柑橘餅於海外賺取外匯。〔註88〕且觀柑橘鮮果與橘（桔）餅之售價，如 1907
年底至 1908 年初的柑橘產季，蜜柑鮮果百斤約 2～4 圓不等，〔註89〕然桔
餅、金桔餅百斤 18 圓，大柑餅百斤 24 圓，〔註90〕加工過後使原本價賤的鮮
果價值提升，增加農民收入的同時，也能有效的消化過剩的產量。在當時，
蜜餞為廣東輸出的名品，臺灣承其法製造甚多，其中又以新埔劉永安所製尤
為出名且獲博覽會、品評會賞狀，更得日本人所嗜好，〔註91〕遂逐漸成為新
竹名產之一，更於南部開設共進會時，邀其開賣店於會場並設支店於新竹驛
前，派員隨列車販賣，以供旅客購買。〔註92〕除了劉永安之外，新竹州轄下
的新埔庄、北埔庄由於早期移民主要來自廣東惠州府陸豐縣、嘉慶州鎮平縣、
潮州饒平等客家原鄉，客家族群的生活習性勤儉，擅長於水果醃製加工，所
以日治時期新埔庄的蜜餞產業特別發達，有杜裕昌、錦瑞春、蔡合春、曾天
香、范和發、金裕發等知名商號，可在其蜜餞包裝上看見以各種蜜餞果實原
料為元素的裝飾及高彩度色彩搭配的介紹販賣品項文宣，呈現出濃郁的傳統
民間美味零食特色。〔註93〕從下面兩張蜜餞標貼來看，除了在果實圖像呈現
了柑橘外，在文字敘述的部分也均有提及柑餅這一品項，可見柑餅在新埔、

〔註86〕續修四庫全書編纂委員會編，《續修四庫全書 995・子部・醫家類・本草綱目
　　　　拾遺》，頁 35。
〔註87〕黃叔璥，《臺海使槎錄》，頁 47～48。
〔註88〕〈籌製柑餅〉，《臺灣日日新報》，1908 年 7 月 30 日，日刊 03 版。
〔註89〕〈柑橘之收成及市價〉，《臺灣日日新報》，1908 年 1 月 17 日，日刊 03 版。
〔註90〕〈雜貨市情〉，《臺灣日日新報》，1907 年 11 月 5 日，日刊 04 版。
〔註91〕〈新埔蜜餞〉，《臺灣日日新報》，1910 年 5 月 10 日，日刊 03 版。
〔註92〕〈新竹通信／蜜餞出賣〉，《臺灣日日新報》，1911 年 1 月 14 日，日刊 03 版。
〔註93〕姚村雄，《圖解臺灣製造：日治時期商品包裝設計》，頁 72～73。

北埔一帶應為重要名產之一。

圖 5-3-7　1910 年代蔡合春蜜餞標貼

註：蔡合春為新竹郡北埔街知名的蜜餞商號，生產各種傳統蜜餞、糕點，商品類型多
　　樣豐富，其包裝標貼同樣作當時一般流行的中國傳統風格設計。標貼上橘紅色區
　　塊文字敘述「本舖祖傳蜜煎明羌柑餅楊萄李糕佛手鳳梨併各色糖料不惜工本採選
　　純淨佳菓精製優美氣味清甜誠衛生滋養之良品也遠近馳名四方光顧者進酒圖庶
　　不致悞　台灣新竹北埔街二四四番地　製造元蔡□□」。

圖片來源：姚村雄，《圖解臺灣製造：日治時期商品包裝設計》(臺中市：晨星，2013)，
　　　　　頁 75。

圖 5-3-8　1930 年代錦瑞香「李仔糕」蜜餞標貼

註：標貼上黃色區塊文字敘述「本舖開業以來已經三十餘年矣敝号親自督造當
　　地名產蜜餞製造明羌柑餅李糕楊桃佛手鳳梨等其他各種和洋菓子製造精益
　　求精重加研究一切之製品美味甘甜衛生第一誠一般以為贈答最佳之品也諸
　　位光顧欲惠用者請任敝號招牌為記庶不致悞　製造發賣人劉開盛謹啟」。

圖片來源：姚村雄，《圖解臺灣製造：日治時期商品包裝設計》(臺中市：晨星，
　　　　　2013)，頁 73。

圖5-3-9　1930年代「錦珍香」蜜餞標貼

圖片來源：姚村雄，《圖解臺灣製造：日治時期商品包裝設計》（臺中市：
　　　　　晨星，2013），頁151。

　　柑餅的製作過程繁複且費時，採摘下來的桶柑清洗並去除蒂頭後，藉由熱水川燙去除果皮的苦澀味，再以活水浸泡24小時，洗去川燙時煮出的苦水，24小時後以刀在果實表面切出深度約2公分的切痕4～8道，有利於更加入味，之後以桶柑10斤、麥芽糖1.5斤、黃冰糖4斤的比例放入鍋中翻炒約6小時直到收汁，起鍋前用鍋鏟將果實壓扁即完成。〔註94〕上述為福氣安康共享廚房與銅鏡社區發展協會及福康休閒農場合作，將苗栗三灣地區因盛產採收也無法回本的桶柑製作成柑餅所開設的小課程及拍攝的簡易教學影片，其他也有以蒸煮代替川燙去苦澀的方式，煮果實的麥芽糖和糖的種類及比例也有不同，但將鮮果製作成柑餅的主要原因大多為桶柑盛產價賤，故社區發展協會或農會協助農民多元發展，將賣相不佳、過剩的果實製成其他加工食品，在另開財源的同時也達到愛物惜食的美德，如2020年三灣地區的桶柑盛產，原以為開學後可以消化部分的產量，但因新冠肺炎的關係導致市場的買氣不佳，於是三灣鄉農會開設柑餅製作班教導農民，協助農產轉型增加桶柑的銷售機會，而柑餅的市價約為1斤380元，價格較豐收的鮮果高，除了消化產量也可增加農民的收入。〔註95〕

　　而隨著飲食觀念的改變，過去為使食物保存期更久的重鹽、重糖醃漬方式逐漸被認為是不健康的飲食習慣，一些傳統的零食小吃不得不做出改變或另尋出路。如筆者於北埔老街一攤位上見使用砂糖橘製成的小型橘餅，約一口的

〔註94〕福氣安康教你如何做橘餅：https://www.youtube.com/watch?v=W-rEOVZqj1w&t
　　　　=10s（2022/10/18 點閱）。
〔註95〕三灣柑橘盛產　農會教農民製柑餅消化存量【客家新聞20200310】：https://
　　　　www.youtube.com/watch?v=ClFWDEvHvZc（2022/10/18 點閱）。

大小，食用起來較不會如傳統使用桶柑製成的橘餅一般份量太大，一片可能需要多次或多人食用，又因使用的柑橘品種不同，風味也有所差異。或如隆源餅行所售之蜜糖桶柑，將較小的桶柑製成柑餅後，1～2片裝一盒，4盒一包的包裝販賣，並附上設計成橘子圖案的小文宣簡單介紹製作方式和食用方法，看起來較精緻且衛生，或許可以吸引較為年輕的客群購買。在食用方面，可以使用麻油、酒和柑餅煎蛋，或加入糖醋料理、佐入饅頭和麵包，也可直接搭配茶飲和咖啡食用，有飯後解膩、助於清新口氣之用途。〔註96〕

圖 5-3-10 傳統桔餅

註：直徑約9公分。

照片來源：購買時間不明，購買地點為新竹
地區，2022/6/5 筆者自攝。

圖 5-3-11 裹糖小桔餅

註：直徑約3～4.5公分不等。

圖片來源：2022/6/4 購於北埔老街，筆者自攝。

〔註96〕隆源餅行蜜糖桶柑包裝內附小文宣之建議食用方式。

圖 5-3-12　蜜糖桶柑　　　　　　　圖 5-3-13　蜜糖桶柑內容物

圖片來源：2022/9/25 購於北埔老街　　　　註：直徑約 7～8 公分不等。
　　　　　隆源餅行，筆者自攝。　　　　圖片來源：2022/9/25 購於北埔老街
　　　　　　　　　　　　　　　　　　　　　　　　隆源餅行，筆者自攝。

3. 金柑

　　110 年全臺金柑種植面積達 246.01 公頃，其中宜蘭地區即佔有 91%的面積，居於全臺之冠，產量更是達 2,910,047 公斤，佔全臺 92.83%，為宜蘭的特色農產。〔註97〕目前除了常見的長實與寧波兩品種外，花蓮區農業改良場更研發出果實碩大且香甜的新品種——長壽金柑，不論鮮食、蜜漬或製成果乾，均有其風味。〔註98〕在《本草綱目》中記載金橘又名金柑，氣味酸甘、溫、無毒，主治下氣快膈，有解酒、止渴、驅臭之效，以其皮效果尤好。〔註99〕而以現今科學的角度來看，金柑富含維他命 C、B、A、E、有機酸、礦物質元素、類胡蘿蔔素、水解蛋白質胺基酸、果糖、果膠與類黃酮化合物等營養成分，直接將果皮與果實一同食用可充分利用其食用與藥用價值，達到食補的效果。〔註100〕

〔註97〕行政院農業委員會農業主題館——金柑 110 年度統計年報：https://kmweb.coa.
　　　　gov.tw/subject/subject.php?id=4401（2022/10/21 點閱）。
〔註98〕蔡宜峰發行，《金柑心　來做麭》（花蓮：行政院農業委員會花蓮區農業改良
　　　　場，2018），頁 2。
〔註99〕明‧李時珍，《新校增訂本草綱目（下）》，頁 21～22。「金橘：〔氣味〕酸甘。
　　　　溫。無毒。〔主治〕下氣快膈。止渴解醒。辟臭。皮尤佳。」
〔註100〕行政院農業委員會農業主題館〈「金柑營養豐富、鮮食健康、好處多多」〉：
　　　　https://kmweb.coa.gov.tw/subject/subject.php?id=34568（2022/10/23 點閱）。

圖 5-3-14　以金柑加工製品為底圖的日治時期明信片

註：明信片上部背景為金柑樹圖樣、左下為松島家金柑羊羹包裝圖樣、
　　右下為朱婦製宜蘭金柑漬包裝圖樣。
圖片來源：宜蘭縣史館宜蘭人文知識數位資料庫──宜蘭街役場發行
　　　　　繪葉書。

　　金柑的加工製品不只今天，在日治時期即已相當知名，除了有配合日本人口味製作的金柑羊羹外，也有至今仍著名的金棗糕。如金柑砂糖漬在 1907 年東京勸業博覽會中，即為宜蘭廳出品的項目之一，是其他州廳均無的物產；〔註101〕老增壽店主朱婦黎所製的金柑漬更在 1914 年秋天京都舉辦的全國食料品博覽會中獲得金牌的賞狀。〔註102〕除了在各博覽會、品評會受到好評外，更是做為宜蘭的名產遠近馳名，如大稻埕東瀛商會特別批發金棗糕來用作過年期間的禮品販賣；〔註103〕中秋節到宜蘭賞月的觀月團在搭火車返回臺北前，會有如宜蘭街老增壽金棗糕、松島屋金柑羊羹、登田屋名產店來開設臨時賣店供團員購買伴手禮攜回；〔註104〕或作為宜蘭街役場發行的繪葉書底圖設計元素等。宜蘭金棗蜜餞的製作說法有 2 種，一為 1843 年任噶瑪蘭廳通判的朱材哲有鑑於宜蘭地區種植的金柑味道苦澀被棄置於地，故命熟悉蜜餞製作的師爺研發並將製法公布，地方居民爭相學習製作，金棗蜜餞自此成為宜蘭的特產；另一種說法與 1861 年老增壽蜜餞舖的成立有關，該店原先為朱應賓所開設的中藥舖，為了治療病人的咳嗽而將金柑製作成金棗糕，因風味極佳意外使

〔註101〕〈博覽會出品（四）〉，《臺灣日日新報》，1907 年 1 月 27 日，日刊 04 版。
〔註102〕〈宜蘭雜信　金牌受賞〉，《臺灣日日新報》，1915 年 3 月 31 日，日刊 02 版。
〔註103〕〈金棗糕出售〉，《臺灣日日新報》，1922 年 1 月 24 日，日刊 06 版。
〔註104〕〈宜蘭／觀月團來〉，《臺灣日日新報》，1930 年 10 月 8 日，日刊 04 版。

聲名大噪，成為該店百年來屹立不搖的重要產品，第二代的朱婦黎將中藥鋪轉型為蜜餞鋪，以金棗糕參與各大展會獲獎無數，打響了宜蘭蜜餞的名氣，當時更有「到街仔，買婦黎糕」的諺語流傳，可見其風光景況。〔註105〕

圖 5-3-15　1920 年代范合發
金桔醬標貼

圖片來源：姚村雄，《圖解臺灣製造：
日治時期商品包裝設計》（臺
中市：晨星，2013），頁 24。

圖 5-3-16　1930 年代范春生
金桔餅標貼

圖片來源：姚村雄，《圖解臺灣製造：
日治時期商品包裝設計》（臺
中市：晨星，2013），頁 70。

　　至今，宜蘭製作金柑加工食品的店家仍不少，如日治時期著名的老增壽蜜餞鋪、〔註106〕1912 年創立的高連登蜜餞餅鋪、〔註107〕有百餘年歷史的德合記蜜餞〔註108〕到新世代金棗工廠代表的橘之鄉，將宜蘭的金柑產業蓬勃發展，成為宜蘭最具代表性的伴手禮。〔註109〕而金柑的加工製品也不再局限於金棗糕、金桔餅或是迎合日本人口味的羊羹，市面上可見金柑的果乾、金柑的濃縮汁、以金柑皮製成的金皮油、新風味的水晶棗，或是將果乾、蜜餞加入麵包、糕點或入菜增添風味的料理方式，為金柑發展出非常多元的使用方式，促進宜蘭在地經濟發展。

〔註105〕陳靜寬，〈經典甘味伴手禮〉，頁 21～22。
〔註106〕老增壽蜜餞鋪——品牌故事：http://www.laojansow.com.tw/（2022/10/7 點閱）。
〔註107〕高連登蜜餞餅鋪——品牌故事：https://www.039323334.com/pages/品牌故事（2022/10/7 點閱）。
〔註108〕德合記蜜餞——關於德合記：https://www.039383050.com.tw/pages/about（2022/10/7 點閱）。
〔註109〕宜蘭縣礁溪鄉金棗文化協會——蜜餞緣起與發展：http://www.linmei.org.tw/link7.htm（2022/10/7 點閱）。

圖 5-3-17　德合記蜜餞金棗糕

圖片來源：德合記蜜餞官網——金棗糕
　　　　　https://www.039383050.com.tw/
　　　　　products/金棗糕-5dba9f3b982b
　　　　　50d3.html（2022/10/23 點閱）。

圖 5-3-18　金柑果乾

照片來源：2022/8/25 筆者攝於自宅。

圖 5-3-19　橘之鄉冰釀風味水晶棗

圖片來源：橘之鄉官網——冰釀風味蜜
　　　　　餞系列 https://www.agrioz.com.
　　　　　tw/products/crystalkumquat
　　　　　（2022/10/24 點閱）。

圖 5-3-20　山元果金棗桔籽汁

照片來源：2022/8/9 筆者攝於自宅。

圖 5-3-21　罐裝金皮油

照片來源：2022/7/30 筆者攝於
　　　　　幸福家食材 DIY(新
　　　　　莊的烘焙用具店)。

圖 5-3-22　小包裝金皮油

照片來源：2022/7/30 筆者攝於
　　　　　幸福家食材 DIY(新
　　　　　莊的烘焙用具店)。

4. 酸橘

　　酸桔多產於桃竹苗地區，一般在市面上不太容易看見，也因其味酸很少人會直接食用，通常做為北部種植橘子時的砧木，甚至被日本人買去當醋或製作果汁，而客家人運用酸橘獨特的酸味製作出可去油解膩，提鮮的桔醬，近年更發展成了北部客庄的特色伴手禮。〔註110〕《臺灣日日新報》中即有將桔醬介紹為新埔知名名產，並將其製作方式大略寫下，先將熟成酸橘剝下的皮以水煮沸後瀝乾，再將其果肉去除種子入水煮沸並投放適量的鹽，然後以火烘乾、注入酒，與乾燥的蕃椒一起炒，桔醬乃成。百斤的酸橘（值6～7圓）加米酒30斤、蕃椒2斤（40錢），可製造1斤45匁（約768.75公克）裝者百瓶，每瓶可賣20錢，保存期限約5年，另百斤的酸橘約可取出2升（約3.6公升）的種子，1升重約240匁（約900公克）可賣約70～80錢左右，屬於酸橘製作桔醬的副產品。在林川夫主編的《民俗臺灣》中，講述民間雞肉最普遍的料理方式為熱水煮過後，切小片沾醬油或橘子醬吃，這裡說到的橘子醬在後面的解釋指的是橘子汁做成，使用時和醬油混合在一起，與現今桔醬的食用方式類似，不過至於是何種橘子製成的橘子汁則不得而知也無從考證。〔註111〕桔醬可用於各種魚、獸肉或蔬菜等，除提味外也可助消化，在吃過飽時，可加砂糖及湯亦有效果，受到很多的日本人及臺灣人喜愛，臺灣總督府認為是一種有潛力的事業。〔註112〕現今由於酸橘的產量不大，加上過程中大多依賴手工，故桔醬產量不多，不過近年客家庄的旅遊風氣逐漸盛行，許多餐廳也興起用桔醬沾菜、沾肉，使市場上的購買力和需求漸增，〔註113〕也開發出各種佐入桔醬的特色料理。〔註114〕另外，宜蘭的橘之鄉亦有將酸橘製成蜜餞售賣，均為酸橘開創出更加廣闊的市場。

〔註110〕彭惠圓總編，《「桔吉如炝・醬靚就好」2013新北客家桔醬節「醬」新獨具上好菜》，頁2～7。

〔註111〕林川夫主編，《民俗臺灣》（臺北市：武陵，1997），頁116。

〔註112〕〈香味料としての　桔醬　新竹地方で作られる〉，《臺灣日日新報》，1920年1月6日，日刊05版。〈新埔名產之桔醬〉，《臺灣日日新報》，1920年1月7日，日刊06版。

〔註113〕姜義鎮，《臺灣民俗與特產》，頁177。

〔註114〕彭惠圓總編，《「桔吉如炝・醬靚就好」2013新北客家桔醬節「醬」新獨具上好菜》，頁4～5。

圖 5-3-23　　罐裝桔醬

圖片來源：傳新書總編輯，《臺灣客家兒童系列叢書 2：好食客家菜》
（臺北市：客委會，遠足文化，2009），頁 28。

圖 5-3-24　　白斬油雞配桔醬

照片來源：2021/10/24 筆者攝於新竹寶山老復興飲食店。

圖 5-3-25　　橘之鄉貴妃酸桔

圖片來源：橘之鄉官網——貴妃蜜餞系列 https://www.agrioz.
com.tw/products/sourkumquats（2023/2/10 點閱）。

5. 虎頭柑

　　種源來自中國大陸的虎頭柑，除了先民渡海來臺時攜來的品種外，更多的
是先民經過多次嫁接培育出品種，當時虎頭柑的用途單一且無高產量的要求，
只需要足夠家中用來「壓神桌」及年節間的各項祭祀便可，在自家屋側、院後、

牆角、路旁或無法用作他途的閒地種植一兩株，即夠一年的用量。〔註 115〕在
日治時期，殖產局的林田氏經多年研究將虎頭柑製成蜜餞，由盛進商行的ビリ
ツケン商會在臺灣及日本銷售，〔註 116〕甚至輸出至澳洲及歐美並在當地廣受
好評。〔註 117〕更是在佐久間總督觀見天皇時獻上虎頭柑蜜餞，受到青睞，傳
聞宮內欲採購，希望盛進商行的蜜餞製造人齋戒沐浴從事蜜餞的製造。〔註 118〕
也因此使味極酸的虎頭柑逐漸受到重視，過去被視為雜木隨意砍伐的野生虎
頭柑也被臺灣總督府重視，通報各廳進行調查，其中以新竹、臺中、嘉義等地
的山區最多。〔註 119〕

　　對於虎頭柑，今日人們較為熟悉的食用方式應為加工製成的酸柑茶。客家
人在新年用來「壓神桌」的虎頭柑因味酸而難以入口，在年節過後撤下，秉持
著愛物惜物的精神，客家人將其加工製成酸柑茶，做為平時治療身體不適的
「藥」，甚至成為家庭中阿婆（客家話指祖母輩）的「私伽」（客家話私藏之意）
茶，平常都捨不得拿來喝更遑論販賣？以致市面上難見其蹤跡，被討論的機會
少，使其成為「籍籍無名」之茶。〔註 120〕酸柑茶是一種以水果為材料製成的果
茶，也是臺灣少見的緊壓茶之一。中國大陸各地的果茶幾乎都是以柚子製作，
主要原因為柚子的產地分布較廣且為固有水果，加上工序不會太麻煩，學跟做
都不算太難，容易成為柚子產地的加工產業之一。而臺灣的果茶被認為技術是
由廣東梅縣一帶的客家人移居來臺時傳入，配合臺灣全島均適合栽種的柚樹，
在盛產期正好拿吃不完的部分來製作果茶，使得早期臺灣多數的果茶都是以柚
子為主。〔註 121〕如《苗栗縣志·卷五·物產考·果屬》中，是以一種名為斗柚
的果實來製作，在果實中放入茶葉經過多次的蒸曬，在盛夏有解暑的功用：

　　柚：有紅、白肉二種，紅而大者曰斗柚。

　　以茶葉入其裡，多蒸曬，盛夏時食之可解暑，剖食亦佳。〔註 122〕

〔註 115〕陳逸君、劉還月、劉於情，《酸柑茶人》，頁 133～137。
〔註 116〕〈虎頭柑の蜜餞〉，《臺灣日日新報》，1913 年 5 月 25 日，日刊 01 版。
〔註 117〕〈糖果の濠洲輸出〉，《臺灣日日新報》，1913 年 10 月 01 日，日刊 02 版。
〔註 118〕〈蜜餞御買上〉，《臺灣日日新報》，1913 年 11 月 29 日，日刊 07 版。〈蜜餞
　　　　　光榮〉，《臺灣日日新報》，1913 年 11 月 30 日，日刊 05 版。
〔註 119〕〈虎頭柑の濫伐〉，《臺灣日日新報》，1913 年 7 月 12 日，日刊 07 版。〈虎頭
　　　　　柑之有用〉，《臺灣日日新報》，1913 年 7 月 13 日，日刊 06 版。
〔註 120〕陳逸君、劉還月、劉於情，《酸柑茶人》，頁 62～65。
〔註 121〕陳逸君、劉還月、劉於情，《酸柑茶人》，頁 67～75。
〔註 122〕沈茂蔭纂輯，臺灣史料集成編輯委員會編輯，《苗栗縣志》，頁 125。

　　然斗柚味道含甜、酸且微苦，在現代追求甜味的環境下，早已被淘汰，而愈甜的水果經九蒸九曬的製作流程後，澀味會愈重，故雖然果茶較常見的製作材料為柑、橘及柚，但也並非每一種都適合，虎頭柑酸味強且果皮厚，有利於反覆蒸曬緊壓及風味的呈現，是民間習慣使用的果實。〔註123〕酸柑茶之製作在《酸柑茶人》一書中，從備料至陳飲共分為了24個步驟，備料部分包含採果、洗果、採茶、炒茶及中草藥的備料；初製部分將虎頭柑開口取出果肉，將茶葉、果肉和中草藥混合發酵再填入果中並以棉繩捆實；在蒸曬的過程中，經過第一次的蒸、炭焙、曬之後重綁，第二輪的塑形，第三至第九輪的反覆蒸曬，才會進入陳飲的階段；過去家庭多半將酸柑茶掛在大灶的煙囪上，利用煙囪的熱源去潮除濕，而《酸柑茶人》以苗栗土製成土甕，將經九蒸九曬的果體放入甕中盛放，陳藏3年才會拿出來販賣。外殼堅硬的酸柑茶早期是以大菜刀、鋸子或鐵鎚敲開的，這讓業者為了貼合消費者生活方式的改變，方便消費者飲用，將其先行切開或製成茶包，然《酸柑茶人》認為緊壓茶只要被切開便會逐漸失去香氣，此法是摧毀酸柑茶價值的做法，實在不敢苟同，於是開發出茶刀以頂部口蓋處開始挖出內料，並以小火慢熬煮出溫潤茶味。〔註124〕

圖 5-3-26　酸柑茶	圖 5-3-27　酸柑茶茶包

照片來源：2021/12/31 筆者攝於角板山梅花季梅園茶會富豐自然茶園攤位。	照片來源：2022/5/25 筆者購於苗栗縣公館鄉農會。

〔註123〕陳逸君、劉還月、劉於情，《酸柑茶人》，頁 76～81。
〔註124〕陳逸君、劉還月、劉於情，《酸柑茶人》，頁 129～427。

　　酸柑茶早期在製作時，會將家中栽種以備不時之需的藥草加在內料之中，凡具有解渴、潤喉、止咳化痰或祛風除濕、解毒等功效的中草藥，都可能被拿來做為酸柑茶的添加材料，使酸柑茶在民間被認為具有止咳、化痰、解熱等功效，「是藥亦茶」的保健茶。而柑橘類在《本草綱目》中本就多具有止渴、止咳化痰、消氣下食之效，〔註125〕加之茶的降火之效，儘管沒有在酸柑茶中加入中草藥，應也是具有一定的效果。在國立中興大學生物科技學研究所教授高俊陽、王美琪、曾志正和國立成功大學藥學系教授李悅群、郭賓崇合作的研究報告〈偵測客家酸柑茶中虎頭柑皮的兩個主要黃酮配糖體〉中，透過造成柑橘類苦味主要來源的橙皮苷和柚皮苷 2 種黃酮配糖體的研究，印證民間所傳虎頭柑具有治療感冒功效之說，該研究報告之作者亦認為，客家先祖應該曾嘗試過多種柑橘類果實，發現以虎頭柑製成的酸柑茶抗風寒咳嗽的效果最好，並非完全是廢品利用下的產物。〔註126〕酸柑茶除了煮茶飲用外，在經過多次回沖、反覆滾煮後，茶香與茶味逐漸消失，剩下的茶渣可以放入茶袋或滷包袋裡以小火悶煮煲湯，亦可使用新敲下來的酸柑茶，會使湯頭增加柑橘淡淡的微酸滋味，適合夏季上桌，增加食欲亦能解膩、潤喉。〔註127〕

　　上述各項再製食品的出現，除了部分是從原鄉帶來的處理方式，還有部分與觀光產業的興起有密切的關聯。在日本治理臺灣後，臺灣也成為了日本人海外旅遊的目的地之一，隨著觀光客的到來，臺灣透過休憩空間的改善、人文觀光資源的規劃、鐵道部整體性的觀光宣傳及規劃觀光覽勝行程，推廣地方性風景名勝與表演，促進旅館業、餐廳及特展品展售等觀光產業。除了製作各式宣傳臺灣的印刷品、海報、明信片外，也在國內外的報刊雜誌中刊登廣告，向臺灣民眾、官方機構及學校進行宣傳，如遇博覽會，亦會設置「臺灣館」加強宣傳，向日本及國外行銷臺灣觀光。〔註128〕1937 年臺灣總督府有感於觀光業務的重要性，在鐵道部運輸課下新設觀光係，負責宣傳臺灣的觀光事業，1 萬 7

〔註125〕明・李時珍，楊湯銘發行，《圖解本草綱目》（臺北市：文友書店，1959），頁15～22。

〔註126〕高俊陽、李悅群、王美琪、郭賓崇、曾志正，〈偵測客家酸柑茶中虎頭柑皮的兩個主要黃酮配糖體〉，《農林學報》，67 卷 4 期（2020 年 12 月 01 日），頁261～271。

〔註127〕陳逸君、劉還月、劉於情，《酸柑茶人》，頁452～453。

〔註128〕陳靜寬，〈日治時期臺南伴手禮之分析〉，《臺陽文史研究》，第 2 期（2017 年1 月），頁 85～108。

千圓的預算印刷小冊子、繪葉書、影片等,以期 3 年後的國際競技東京大會時,能誘使外國人至臺觀光。〔註 129〕為了推動臺灣觀光,臺灣總督府除了在各地設置物產陳列館、物產介紹所或博物館介紹各地物產外,鐵道部及一些推廣單位如 JTB,亦為日本觀光客製作許多的「案內」(あんない,在日文中有「指南、指引」的意思),將「產地」和「產物」包裝在一起,讓不熟悉在地文化的旅客方便採購有地方特色的商品。〔註 130〕在各年度所出版的旅行案內中,如橋本白水的《臺灣旅行案內》、《鐵道旅行案內》、清水留吉的《台灣旅行案內》及鐵道部發行的《臺灣鐵道旅行案內》,除了寫有各地的觀光資訊、交通方式外,也介紹了各地的物產及名物(具在地特色的伴手禮),其中即包括平鎮、湖口、紅毛(今竹北車站)、竹南、頭圍(今頭城車站)、冬山、士林驛(今已裁撤改建為捷運淡水線)等車站的蜜柑物產,新竹驛的椪柑羊羹、宜蘭驛的金柑漬、蘇澳驛的金柑飴、柑露飴等都是具有當地特色的名物,且至今依然廣為人知。

　　柑橘類除了上述可製成各類加工食品及作為伴手禮的功用外,亦會被製作成許多如清潔劑、精油等生活用品,更有柑橘的產地會以柑橘的形象作為街道的裝飾或舉辦活動來吸引觀光客,使柑橘與生活越加的貼近,且不僅止於傳統生活中,還擴展到了現代生活中。一般認為柑橘類水果的果皮具有去油汙的清潔效用,有研究指出,果皮本身含有檸檬酸或酵素成分,可吸附油脂,具有去汙的功能,但因為其本身為固體無法隨著界面型態改變形狀,所以以接觸範圍有限無法達到完全的清潔,不過若是以萃取技術將果皮中的成分萃取液製成清潔劑,則是會以將油份溶於液體中移除的溶解性物理原理達到去污的效果。〔註 131〕而柑橘類果皮的油胞層蘊含大量精油,佔精油總量 7 成的檸檬烯(Limonene)廣泛地存在於各種香精油、芬多精中,被證實具有抑菌活性,〔註 132〕使其除了有預防癌症、舒緩焦慮、幫助睡眠和止痛的功效外,〔註 133〕也

〔註 129〕〈宣傳觀光臺灣于世界・鐵道部新設觀光係・新年度按經費萬七千圓〉,《臺灣日日新報》,第 13,268 號(1937 年 3 月 3 日),日刊 08 版。

〔註 130〕陳靜寬,〈經典甘味伴手禮〉,頁 20。

〔註 131〕陳世芬、陳崇裕、蔡戊清,〈天然清潔劑檢測分析與評估〉,《美容科技學刊》,7 卷 1 期(2010 年 3 月),頁 107～122。

〔註 132〕劉佳玲、曾燁哲,〈溶膠─凝膠法製備含檸檬烯抑菌粒子的檸檬烯含量及其抑菌效果之探討〉,《科學與工程技術期刊》,第 16 卷第 1 期(2020),頁 21～29。

〔註 133〕陳世芬、陳崇裕、蔡戊清,〈天然清潔劑檢測分析與評估〉,頁 107～122。

作為良好的抑菌劑使用在食品藥物中；〔註134〕而在精油中的另一種成分單萜醇氧化後可得醛和酮，具有抗菌、激發免疫功能、使人愉悅及平復情緒的效果；烯萜及芳香類物質大多具有消炎作用，能使人舒壓、鎮靜、活化思緒。在其他方面，也可應用於昆蟲與微生物的病害防治，更可降低化學性腫瘤的出現及抑制口腔癌的活性；揮發精油的成分更可促進呼吸道黏膜增加分泌，減緩支氣管痙攣並有利於排痰。〔註135〕

圖 5-3-28　含柑橘油萃取的洗潔精

照片來源：2022/10/04 筆者攝於舊宅。

　　由此可見，柑橘除了在文化中帶有吉祥的涵義，更是與日常生活息息相關。積累幾千年經驗的中藥材經現代科技逐漸驗證其功效，成為一般家中使用來舒緩喉嚨不適的飲品及食品；從日治時期為了觀光而發展出的伴手禮文化，使出產柑橘的地區創造出各色的名產，鮮果可做為年節禮品外，加工製品也可在解決生產過剩問題的同時，為農民賺取額外的收入，更將其作為在地特色向觀光客推廣創造商機。時至今日，傳統飲食物逐漸被健康意識摒棄，新研發及改善過後的各色加工食品經過重新包裝後，陳列於明亮、寬敞的商店之中，吸引年輕客群的消費；各式清潔劑主打添加柑橘萃取液，除了味道清新，經科學證實確有除油汙、抗菌的功效，而近年興起的芳香療法更是運用各式精油達到不同的效果，可說不管在過去或是現在，柑橘仍持續在影響著人們的生活。

〔註134〕劉佳玲、曾煒哲，〈溶膠—凝膠法製備含檸檬烯抑菌粒子的檸檬烯含量及其抑菌效果之探討〉，頁 21～29。
〔註135〕陳良宇、徐品家、李家齊、高詩堯，〈香氣分析：氣相層析法探討柑橘類精油成份組成〉，《生技學報》，4 卷 1 期（2012），頁 59～66。

第六章　結　論

　　柑橘曾經為日治時期臺灣三大出口水果之一，但相較於香蕉及鳳梨廣為人知的名聲，柑橘卻極少被提及，可是現在每到年末，全臺各地的市場上往往能見非常豐富的臺灣自產柑橘品種供消費者選購，且除了內銷外，臺灣的柑橘產量還足夠外銷至以亞洲為主的其他國家，而臺灣的柑橘產業有今日之貌多歸功於日治時期臺灣總督府對其的大力扶植。以本文所討論的 6 個柑橘類品種椪柑、桶柑、雪柑、金柑、酸橘及虎頭柑而言，其實均非臺灣本土種，而是在 18～19 世紀隨著先民的遷移與貿易從福建、廣東地區來到臺灣，又因為臺灣部分地區的土質及氣候非常適合柑橘的生長，日治時期之前柑橘在臺灣雖有因爭相種植造成生產過剩、價格低靡而時興時衰，但已為臺灣的柑橘產業打下一定的基礎。到了日治初期，日本人針對臺灣的各項產業進行調查，發現因為臺灣栽培柑橘的地區氣溫較日本高，種植出來的果實甜度較高且有特別的風味，成熟期更是提早可與日本國內柑橘上市的時間錯開，雖然氣溫較高容易滋生病蟲害或黴菌使果實不利於貯藏與搬運，但在其他方面上，柑橘是一種非常具有發展潛力的園藝作物，故受到總督府的重視。

　　臺灣總督府在臺灣柑橘產業上的扶植大致分成園藝機構的研究與推廣、官方的獎勵與補助及地方性組織的推廣與行銷。日本領臺之初，即對臺灣展開各式各樣的調查並規劃發展方向，如農產業方面，於 1896 年便設立了臺灣最早的近代農學研究機構——農事試驗場進行農業改良的各項試驗，地方街庄長也會定期利用縣廳派遣的農事試驗場技手開辦產業講話會，向農民宣導農事方面的情報、知識等。到了 1908 年，針對園藝作物試驗的園藝試驗場設立，初期栽培

的園藝作物以柑橘類為主，從種植方式、病蟲害防治、肥料的使用、作物的整理到貯藏運輸方面，皆經過無數次的試驗方得到適合臺灣氣候條件的處理方式，且以在地方選定模範園的方式將最新的試驗成果投入各地的柑橘園示範給農民學習，試圖改變舊有的或較差的種植方式，使臺灣的柑橘栽種面積、果實品質等能日漸提升，並以最小的損失長途運輸至外國銷售獲取最大利益。而園藝試驗場除了進行試驗外，在種苗的種植供給上，對產業前期的發展也是一個極為重要的角色。因總督府對柑橘產業的前景看好，預期柑橘的需求會增加，於 1903 年開始以補助金的方式作為獎勵，鼓勵農民栽植柑橘增加產量，但隨著種植的農民增加，臺灣島內的種苗供給不足，自日本或支那進口的苗木品質不一，農民又缺乏辨認好壞的能力，造成栽種上的失敗，發放補助金的方式無法解決苗木的問題，故於 1912 年開始，將現金補助更改為種苗的補助，原先的補助金則成為園藝試驗場的經費，來進行優良種苗的培植與供給，確保苗木及農民栽種的品質。在產業發展步入軌道後，種苗養成分發的重任則轉移至主產地的農會，以州廳為單位由農會選擇土地及適合當地的種苗進行培育並以低廉的價格賣給栽培者，逐漸脫離完全依賴園藝試驗場的供給，建構出可自行運轉的獨立產業供給鏈，使園藝試驗場可繼續開發其他有潛力的園藝作物。而在這種關注範圍包括全臺灣的機構和獎勵補助機制之外，地方執行單位的貢獻更是不容小覷。

隨著地方農業的發展，一個能夠向農民宣導新技術、主導各項精進產業計畫的農業團體有了創設的必要性。各地農會在創立之初，經常因為經費來源缺乏而使各項事業的試行受阻，須向總督府申請補助，但逐年增加的補助依然無法支持地方的發展，直到 1907 年改正了會費的收取規約，才得以陸續施行計畫。農會在地方柑橘產業發展上，配合總督府的計畫建立獨立的種苗養成、供應鏈，也將園藝試驗場研發的技術推廣至基層農民，並舉行品評會讓農民相互比較進行良性競爭，促進地方生產品質及產量。在產量提高之後，販售的市場就不再侷限於產地或附近聚落，不過當販售地遠離產地時，農民便無法掌控販售的價格及品質，時常會受到商人的蒙騙或壟斷而損失，故總督府於 1913 年發布律令第 2 號「臺灣產業組合規則」並對共同販售機關的設立進行獎勵助成，希望能由組合在產品方面統一檢查、包裝及協調販售的途徑等事業，單純化販賣方式增進利益並擴張新的販售途徑，促進產業和經濟的發展、農民福利的保障和生活的穩定。對於輸移出至臺灣以外地區方面，同樣也會遇到因不熟悉輸出地市場的狀況而受欺瞞的情況，地方上的產業組合或任意組合雖逐漸

增加，但統制力不足以對外，所以由生產者銷售團體及輸移出業者共同成立同業組合或販賣聯合會等組織，統一處理銷售至日本或國外的貨品及檢查手續，確保品質的穩定並減少農民蒙受損失的情況出現。臺灣的柑橘產業在全臺及地方性、官方及民間性各機構、組織的大力扶植與培育下，從依賴中央補助及供給才可運行的一項事業，逐漸發展成在地方可獨立運行的產業鏈，大大的提升柑橘的產量及品質，更由民間組織組合將柑橘販售至產地外甚至國外，為臺灣賺進良好的名聲及外匯。

在臺灣總督府支持下，臺灣的柑橘產業日漸蓬勃，產量與日俱增，但在盛產期並無法以人為的方式控制果實的成熟時間，往往容易生產過剩使價格跌落，讓農民血本無歸，故經各單位、學者研究，發展出適當的採摘方式、採摘時機、包裝、運送、貯藏方式及加工手法，除了能延長鮮果的保存期限及供應期，在盛產期也可減少果實同一時間大量流入市場的機會，維持市場價格的穩定，更可以加工的方式轉換果實型態，消耗過多、品質較差或賣相不好的果實，充分利用易被消費者摒棄的果實另開財源，並增加運送、保存及料理的方便性。而食品加工的果實處理方式，也在日本開始意識到外來病蟲害對本土作物的危害，進而陸續制定相關法規限制進出口植物的檢查條件時，得以繼續移出至日本。然柑橘鮮果的部分卻受到了極大的影響，不只在臺灣出口時需經過檢查，抵達日本後仍須接受第二次的檢驗才可進入日本國內，過程中繁複的手續、檢查的費用、所需的檢查時間、送抵消費者手中的延誤等，均造成許多的不便及抱怨，果實的新鮮度和品質也在檢查期間大大降低，更因為人力及設備的不足使檢查數量受到限制，直接的影響了移出數量，雖有人提出廢除這種雙重檢查制度，但病蟲害檢出率仍有 1～2 成，日本為了保護國內的柑橘產業也不得不堅持此種嚴謹的檢查方式。

柑橘自產地果園被採摘下來後，要運送至鄰近的市場，在最開始主要都是藉由人力挑擔的方式運送，但在產量上升後，單靠人力已不足夠，若想將大量的產出送至市場或植物檢查所進行輸移出的準備，必定需要藉由其他交通工具的協助，從日治時期各階段出版的地圖來看臺北、新竹 2 州產量最大地區的產業興起對運輸方式的影響，輕便軌道的鋪設、指定道路的編列都可看出該地的重要性，才會鋪設及開拓由國費及地方費維護修繕的道路。在輸移出方面，柑橘類在最開始是由臺灣青果株式會社與香蕉及其他青果物產一同管理及運送至全臺與日本販賣，雖在 1928 年一度將柑橘類的管理及運送交由聯合會，

但因運送上與香蕉發生衝突，在 1931 年時即將香蕉以外的青果物交還給臺灣青果株式會社接手，由大阪商船株式會社及近海郵船株式會社的航路運送。航線部分，分別有輸出的北支那航路、南支那航路及南洋線與移出的基神線、高濱線及高阪線，每年由臺灣青果株式會社管理出口，運輸柑類至支那、南洋、日本等地再交由當地業者、會社、組合或市場販賣的數量逐年增加，其中又以支那和神戶最多。臺灣柑橘產量的提高光靠內需市場已無法消化，需藉由國家或是組織的力量開拓海外市場，將柑橘販售至其他有需求的地區以賺取外匯。

有了上述不管是園藝試驗場的各種研發、現金或苗木的補助與獎勵、品評會的良性競爭或官方及地方組織的推行與合作，都將臺灣的柑橘一步步推展到可銷售至外國的產業。從產量與產值來看，總督府所推行的政策顯著的表現在其中，如 1909 年由園藝試驗場開始分發苗木使北臺灣各地的產量與產值有大幅的成長，又如 1916、1917 年左右，因前期分發的苗木已長成，使產量又進行了一次躍進，或如總督府推行的適地適種策略，臺北州補助桶柑及雪柑，新竹州則補助椪柑與桶柑，從產量上就可看出明顯的差異。產量的提升同時也對應著產值的提高，從 1903 年 2 萬 7 千餘円經 39 年的時間成長至 3、4 百萬円，提升了百倍不止，為地方賺進不少錢財可利用於增益產業，可見各項總督府或地方農會所推行的措施都使柑橘產業日益發展苗壯。而隨著產量的提升，各輸移出的路線陸續開發，將臺灣所生產的蜜柑運銷至日本國內、朝鮮及世界各地。輸出方面，在 1911 年以後主要由基隆港輸出至支那、關東州、香港等地，在 1932 年滿州國建國，大連汽船株式會社開通臺滿間的直航航路，使臺灣柑橘的輸出情況更加繁盛勝過移出量，蜜柑的總輸出額也成長至 43 萬餘円，已超越了當時出口值前三的芭蕉實及鳳梨名列第一，佔有生果輸出總額的 4～6 成。在移出方面，同樣也是由基隆港出口，以運至日本神戶、東京、門司及橫濱等地為主。蜜柑在移出的時間要早於芭蕉實及鳳梨這兩大出口水果，不過日本人似乎更加青睞芭蕉實，自 1907 年開始即佔有生果移出的 9 成以上，又 1921 年開始實行植物檢查制度後，雖然移出的價額仍持續成長，但仍舊受到人力、設備不足的影響而限制了移出量，1932 年臺滿航路開啟後，這些無法移出至日本的果實便轉向了支那販賣，移出量大致維持在 20～40 萬円上下，佔有生果總移出額約 2～3% 左右，贏過鳳梨成為生果移出價額第二名的地位。

柑橘在日治時期為臺灣賺進大量的外匯，而除了在經濟上的貢獻之外，柑橘也充斥於我們日常的生活之中。因其名字的諧音及討喜的顏色與外型，凡是

在產季內的各大小祭祀，均可見其身影，尤其又以春節為最，不只送禮要用柑橘，祭神、祭祖也一定有，更會在神桌上堆疊柑塔壓桌，直到初五或元宵才會撤下，是一種充滿年節氣氛及吉祥寓意的象徵，另外在宜蘭也是元宵求龜儀式中乘載祝福的媒介；在生命禮俗中的婚禮，柑橘在拜轎儀式中代表著夫妻兩人生活的甜蜜，製成的桔餅作為聘禮是一種對婚姻、生活的祝福，作為嫁妝更有著母親體貼女兒及祝福的意涵；在建築裝飾上也有著祈求吉祥及對神明、先祖表達敬意和謝意的用途，不管是在精神、制度或是物質層面上，均占有重要的地位。而在日常生活中，柑橘因其藥性常被作為感冒時止咳化痰的良品，更為了延長保存期限發展出各種如蜜餞、羊羹、果汁、果乾等再製品，不只可以做為觀光過後帶回家的伴手禮，也可作為增添食物風味的材料，除此之外，柑橘果皮中的精油因具有去汙及抑菌效果而常見於市售的清潔劑成分中，更可作為使人鎮靜、紓壓、活化思緒、平復情緒使人愉悅的精油使用。可見柑橘不只在傳統民俗文化上受到人們的重視，也在現代社會中被發展出其重要性。

　　臺灣的柑橘在經過日本人的大力扶植後，成為了可於地方獨立運作的產業鏈，並占有全臺園藝作物產值及出口值前三的地位，雖然日治末期受到戰爭及病害的影響，使部分產地消失，不過從農委會的農業統計資料及貿易統計資料中可見，臺灣的柑橘產業並沒有因此沒落，100～110 年間新竹縣成為了全臺桶柑種植面積最大的地區，雖然同樣有種植椪柑，但最大的產區並非新竹而是臺中，原先作為桶柑最大產地的臺北其種植面積雙北相加在 110 年僅餘 89.58 公頃，根本無法與新竹縣的 1,321.04 公頃相比。而輸出方面，自 1995 年開始就停止了桶柑的出口，椪柑則是從 10 月開始出口至隔年 3 月，在 110 年出口了約277 萬多公斤，約值 156,616 千元新臺幣，〔註1〕更勝於日治末期的出口量。

　　除了在產量及產值上的持續增長外，近代興起的社區總體營造與地方創生概念也為產區發展出額外的觀光產業，如苗栗獅潭老街以橘子為元素，裝飾及美化街道與解說牌，讓觀光客可以明確的瞭解該地的特色產物並達到宣傳的效果；或如新竹縣政府以「柑桔的故鄉」、「柑桔美食生活節」為名，舉辦全縣性的柑橘展售活動，讓民眾在購買及吃喝玩樂的過程中，認識新竹的柑橘並將新竹的柑橘美食推廣出去，增加在地店家的能見度。〔註2〕不過政權交替後

〔註 1〕行政院農業委員會農業統計資料查詢：https://agrstat.coa.gov.tw/sdweb/public/ inquiry/InquireAdvance.aspx（111/12/20 點閱）。

〔註 2〕新竹縣柑桔的故鄉 Facebook 粉絲頁：https://www.facebook.com/profile.php?id= 100063861461246（2022/11/7 點閱）。

的各項產業措施及政策並非本文之關注點，有關之施策使柑橘產業能成長到
如今之情況則有待後人深入研究。

圖 6-1　橘子裝飾的路燈燈桿

照片來源：2022/5/29 筆者攝於苗栗獅潭老街。

圖 6-2　獅潭老街導覽圖

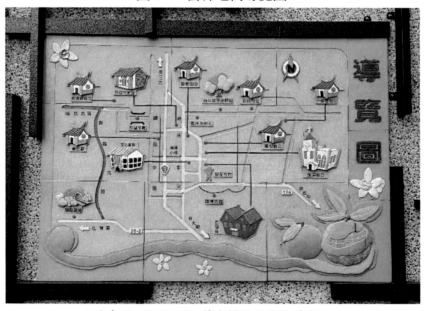

照片來源：2022/5/29 筆者攝於苗栗獅潭老街。

圖 6-3　獅潭老街某民宅外壁

照片來源：2022/5/29 筆者攝於苗栗獅潭老街。

圖 6-4　2020 年柑桔的故鄉活動主視覺

圖片來源：新竹縣柑桔的故鄉 Facebook 粉絲頁（2022/11/7 點閱）。

圖 6-5　2022 年新竹縣柑桔美食生活節活動主視覺

圖片來源：新竹縣柑桔的故鄉 Facebook 粉絲頁（2022/11/7 點閱）。

參考文獻

一、古籍

1. 《臺灣私法人事編》。臺北市：臺灣銀行經濟研究室，1961。
2. 丁紹儀，《東瀛識略》。南投市：臺灣省文獻委員會，1996。
3. 不著撰人，張光前點校，臺灣史料集成編輯委員會編，《安平縣雜記》。臺南市：國立臺灣歷史博物館，2011。
4. 不著撰人，洪燕梅點校，臺灣史料集成編輯委員會編，《嘉義管內采訪冊》。臺南市：國立臺灣歷史博物館，2011。
5. 余文儀，《續修臺灣府志》。臺北市：臺灣銀行經濟研究室，1962。
6. 沈茂蔭纂輯，臺灣史料集成編輯委員會編輯，《苗栗縣志》。臺北市：文建會，2006。
7. 林百川，林露結纂輯，陳偉智點校，《樹杞林志》。臺南市：國立臺灣歷史博物館，2011。
8. 周鍾瑄，《諸羅縣志》。臺北市：臺灣銀行經濟研究室，1962。
9. 周凱，周凱纂，《廈門志》。臺北縣中和市：宗青，1995。
10. 范咸，《重修臺灣府志》。臺北市：臺灣銀行經濟研究室，1961。
11. 唐贊袞，《臺陽見聞錄》。南投市：臺灣省文獻委員會，1996。
12. 倪贊元纂輯，張光前點校，臺灣史料集成編輯委員會編，《雲林縣采訪冊》。臺南市：國立臺灣歷史博物館，2011。
13. 陳朝龍等纂輯，臺灣史料集成編輯委員會編，《新竹縣采訪冊》。臺南市：臺灣史博館，2011。
14. 陳淑均總纂，臺灣史料集成編輯委員會編輯，《噶瑪蘭廳志》。臺北市：文建會，2006。

15. 陳培桂，《淡水廳志》。臺北市：臺灣銀行經濟研究室，1963。

16. 連雅堂編著，《臺灣詩乘‧卷二》。臺北縣板橋市：龍文出版，2009。

17. 連橫，《臺灣通史》。臺北縣中和市：宗青，1995。

18. 連橫，《雅堂文集》。臺北市：臺灣銀行經濟研究室，1964。

19. 張寶琳修，《光緒永嘉縣志》。北京：北京大學圖書館，1881。

20. 黃叔璥，《臺海使槎錄》。臺北市：臺灣銀行經濟研究室，1957。

21. 楊捷，《平閩紀》。臺北市：臺灣銀行經濟研究室，1961。

22. 臺灣史料集成編輯委員會編輯，《清一統志臺灣府；臺灣采訪冊；澎湖續編》。臺北市：文建會，2007。

23. 蔡振豐纂輯，臺灣史料集成編輯委員會編，《苑裡志》。臺南市：國立臺灣歷史博物館，2011。

24. 鄭用錫撰，楊浚編，《北郭園全集》。臺北市：龍文，1992。

25. 鄭鵬雲、曾逢辰纂輯，臺灣史料集成編輯委員會編，《新竹縣志初稿》。臺南市：臺灣史博館，2011。

26. 薛紹元總纂，臺灣史料集成編輯委員會編，《臺灣通志稿》。臺南市：國立臺灣歷史博物館，2011。

27. 續修四庫全書編纂委員會編，《續修四庫全書990‧子部‧醫家類‧藥品化義》。上海：上海古籍，2002。

28. 續修四庫全書編纂委員會編，《續修四庫全書990‧子部‧醫家類‧本草集要》。上海：上海古籍，2002。

29. 續修四庫全書編纂委員會編，《續修四庫全書990‧子部‧醫家類‧鐫補雷公炮製藥性解》。上海；上海古籍，2002。

30. 續修四庫全書編纂委員會編，《續修四庫全書991‧子部‧醫家類‧本草品彙精要》。上海：上海古籍，2002。

31. 續修四庫全書編纂委員會編，《續修四庫全書995‧子部‧醫家類‧本草綱目拾遺》。上海：上海古籍，2002。

二、日治時期文獻

（一）統計資料

1. 宜蘭廳編，《宜蘭廳第六統計書》。宜蘭：宜蘭廳，1914。

2. 宜蘭廳編，《宜蘭廳第七統計書》。宜蘭：宜蘭廳，1916。

3. 宜蘭廳編，《宜蘭廳第八統計書》。宜蘭：宜蘭廳，1917。

4. 桃園廳庶務課編，《桃園廳第三統計摘要·大正四年》。桃園：桃園廳庶務課，1916。

5. 桃園廳庶務課，《桃園廳產業統計·大正五年》。桃園：桃園廳庶務課，1917。

6. 桃園廳庶務課，《桃園廳第一統計書·大正六年》。桃園：桃園廳庶務課，1918。

7. 桃園廳庶務課，《桃園廳第二統計書·大正七年》。桃園：桃園廳庶務課，1919。

8. 農務課編，《臺灣柑橘類統計（明治 36 年～明治 43 年）》。臺北：農務課，出版年代不詳。

9. 新竹廳編，《新竹廳第六～第十一統計摘要·大正二年～大正七年》。新竹：新竹廳，1914～1919。

10. 新竹州，《新竹州第一統計書·大正十年》。新竹州：新竹州，1923。

11. 臺灣總督府民政部財務局稅務課，《臺灣外國貿易年表·明治三十四年～明治三十七年》。臺北：臺灣總督府，1902～1905。

12. 臺灣總督府民政部財務局稅務課，《臺灣外國貿易年表·明治四十一年～明治四十五年～大正元年》。臺北：臺灣總督府，1909～1913。

13. 臺灣總督官房調查課，《臺灣總督府第十四～二十二統計書》。臺北市：臺灣總督官房調查課，1912～1919。

14. 臺北廳編，《臺北廳第二統計書》。臺北：臺北廳，1915。

15. 臺北廳編，《臺北廳第三統計書》。臺北：臺北廳，1917。

16. 臺灣總督府民政部財務局稅務課，《臺灣外國貿易年表·大正三年～大正五年》。臺北：臺灣總督府，1915～1917。

17. 臺灣總督府民政部財務局稅務課，《臺灣外國貿易年表·大正七年》。臺北：臺灣總督府，1919。

18. 臺灣總督府農商局農務課編，《主要青果物統計·大正 9 年～昭和 17 年》。臺北：臺灣總督府農商局農務課，1921～1944。

19. 臺灣總督府財務局稅務課編纂，《臺灣貿易年表·大正 9 年～昭和 14 年》。臺北市：臺灣總督府財務局稅務課，1922～1939。

20. 臺北州知事官房文書課編，《臺北州統計書·昭和三年》。臺北：臺北州知

事官房文書課，1930。

21. 臺灣總督府植物檢查所編，《輸移出入植物檢查統計‧第壹號～第肆號》。臺北：臺灣總督府植物檢查所，1930～1936。

22. 臺灣總督府財務局稅務課編，《自明治三十九年治昭和十年臺灣貿易四十年表》。臺北市：臺灣總督府財務局稅務課，1936。

23. 臺灣總督府植物檢查所編，《臺灣植物檢查統計‧第17次～第19次》。臺北：臺灣總督府植物檢查所，1938～1942。

24. 臺灣總督府殖產局，《臺灣工業統計‧第二十一次‧昭和16年》。臺北：臺灣總督府殖產局，1943。

25. 臺灣總督府編，《臺灣總督府事務成績提要》，第一編（明治28年度）～第四十八編（昭和17年度）。臺北市：成文出版社，1985。

（二）公報、報紙、雜誌

1. 《臺灣日日新報》（漢珍）。
2. 《臺灣農事報》（中央研究院臺灣史研究所臺灣研究古籍資料庫）。
3. 《臺灣經濟年報》。
4. 《臺灣總督府（官）報》（國史館臺灣文獻館典藏系統）。
5. 《官報》（国立国会図書館デジタルコレクション）。

（三）出版書籍

1. 水谷天涯，《臺灣「附臺灣旅行地理案內」》。臺北：出版單位不詳，1928。
2. 加藤駿發行，《常夏之臺灣》。臺北：常夏之臺灣社，1928。
3. 平井金右工門，《〔昭和十一年二月〕農產加工指針》。新竹市：出版單位不詳，1936。
4. 伊藤憐之助發行，《臺灣總督府及所屬官署職員錄》。臺北市：臺灣時報發行所，1930。
5. 芳賀鍬五郎，《臺灣園藝》。臺北：臺灣教育會，1911。
6. 持地六三郎，《臺灣殖民政策》。東京市：合資會社富山房，1912。
7. 梅原寅之助，《產業組合報國‧附新體制と產業組合》。臺北市：東臺灣新報高雄支局，1940。
8. 新莊郡鷺洲庄役場，《鷺洲庄要覽‧昭和五年》。臺北州：新莊郡鷺洲庄役場，1931。

9. 新竹州農會編,《臺灣に於ける柑橘栽培》。新竹州:新竹州農會,1939。

10. 新竹州,《〔昭和十四年十二月〕 產業五箇年計畫實績 (新竹州)》。新竹:新竹州,1939。

11. 福田要,《南支那の資源と其の經濟的價值》。東京市:千倉書房,1939。

12. 鈴木清一郎,《臺灣舊慣 冠婚葬祭と年中行事》。臺北市:臺灣日日新報社,1934。

13. 臺灣總督府官房文書課編,《臺灣寫真帖》。臺北市:臺灣總督府官房文書課,1908。

14. 臺灣總督府園藝試驗場編,《園藝試驗成績第一報》。臺北:臺灣總督府園藝試驗場,1914。

15. 臺灣總督府民政部殖產局編,《臺灣產業年報(第八回)大正元年》。臺北市:臺灣總督府民政部殖產局,1914。

16. 臺灣總督府殖產局,《臺灣案內》。臺北:臺灣總督府殖產局,1915。

17. 臺灣總督府殖產局編,《臺灣總督府園藝試驗場一覽》。臺北:臺灣總督府殖產局,1916。

18. 臺灣總督府民政部殖產局,《臺灣產業年報(第十回)大正三年》。臺北市:臺灣總督府民政部殖產局,1917。

19. 臺灣總督府民政部殖產局編,《臺灣產業年報(第十一回)大正四年》。臺北市:臺灣總督府民政部殖產局,1917。

20. 臺灣總督府民政部殖產局編,《臺灣產業年報(第十二回)大正五年》。臺北市:臺灣總督府民政部殖產局,1919。

21. 臺灣總督府民政部殖產局編,《臺灣產業年報(第十三回)大正六年》。臺北市:臺灣總督府民政部殖產局,1920。

22. 臺灣總督府殖產局,《蜜柑小實蠅ニ關スル調查》。臺北市:臺灣總督府殖產局,1921。

23. 臺灣總督府殖產局,《臺灣農業年報(大正八年)》。臺北市:臺灣總督府殖產局,1921。

24. 臺北州編纂,《大正十三年度調查‧臺北州管內‧指定道路經濟調查書》。出版地不詳:出版單位不詳,1924。

25. 臺灣總督府殖產局編,《數字より見たる臺灣の農業》。臺北市:臺灣總督府殖產局,1925。

26. 臺灣總督府殖產局特產課編，《臺灣の柑橘》。臺北：臺灣總督府殖產局特產課，1927 年。

27. 臺灣總督府殖產局農務課編，《臺灣農業發達の趨勢》。臺北市：臺灣總督府殖產局農務課，1929。

28. 臺灣總督府殖產局編，《柑橘產業調查書》。臺北市：臺灣總督府殖產局，1930。

29. 臺灣總督府交通局道路港灣課編，《臺灣の道路》。臺北：臺灣總督府交通局道路港灣課，1930。

30. 臺灣總督府交通局鐵道部，《臺灣鐵道旅行案內》。臺北：臺灣總督府交通局鐵道部，1930。

31. 臺灣總督府殖產局編，《臺灣の柑橘產業》。臺北市：臺灣總督府殖產局特產課，1930。

32. 臺灣總督府編，《臺灣總督府及所屬官署職員錄》。臺北：臺灣時報發行所，1933。

33. 臺灣總督府交通局道路港灣課，《淡水港調查書》。臺北：臺灣總督府交通局道路港灣課，1934。

34. 臺灣總督府殖產局特產課編，《熱帶產業調查會：柑橘產業ニ關スル調查書》。臺北市：臺灣總督府殖產局特產課，1935 年。

35. 臺灣總督府殖產局編，《臺灣の農業》。臺北市：臺灣總督府殖產局，1935。

36. 臺灣總督府殖產局編，《臺灣の柑橘產業》。臺北市：臺灣總督府殖產局，1935。

37. 臺灣總督府殖產局特產課編，《南支南洋の青果產業》。臺北：臺灣總督府殖產局特產課，1935。

38. 臺灣總督府交通局道路港灣課，《臺灣の港灣》。臺北：臺灣總督府交通局道路港灣課，1938。

39. 臺灣經濟通信社編纂，《臺灣經濟の基礎知識（昭和十四年版）》。臺北：臺灣經濟通信社，1939。

40. 臺灣總督府交通局鐵道部，《臺灣鐵道旅行案內》。臺北市：社團法人東亞旅行社臺灣支部，1942。

41. 臺灣總督府農業試驗所，《臺灣農家便覽》。臺北市：臺灣農友會，1944。

42. 彌富忠夫，《臺灣の柑橘栽培法》。臺北市：臺灣園藝協會，1942。

43. 櫻井芳次郎，《臺灣産柑橘類の冷藏及普通貯藏の比較》。士林：士林園藝試驗支所，1932。

44. 櫻井芳次郎，《臺灣に於て將來性に富む果樹》。出版地不詳：出版單位不詳，1936 年。

45. 櫻井芳次郎，《福建省の園藝に關する調查》。臺北市：南洋協會臺灣支部，1937。

三、戰後統計資料

1. 《中華民國進出口貿易統計月報》，第 46 期～第 88 期，1972～1977。

2. 財政部關務署統計室編，《中華民國出口貿易統計月報（年刊）》，1989～2015。

四、專書

1. 王禮陽，《台灣果菜誌》。臺北市：時報文化，1994。

2. 王慶臺，《林本源園邸古蹟細賞系列：雕刻之美・貳》。新北市：新北市文化局，2011。

3. 王世慶，《淡水河流域和港運運史》。臺北市：中研院社科所，1996。

4. 行政院農業委員會動植物防疫檢疫局，《植物保護圖鑑系列 9～柑橘保護（上冊）》。臺北市：行政院農業委員會動植物防疫檢疫局，2002。

5. 朱耀沂，《臺灣昆蟲學史話（1684～1945）》。臺灣：國立臺灣大學出版中心，2013。

6. 吳中朝主編，《中藥材圖鑑：嚴選 500 種中藥材，教你輕鬆識藥、辨藥、用藥》。臺北市：大都會文化，2015。

7. 吳征鎰，彼得・雷文編，《中國植物志》。中國：科學出版社，1997。

8. 吳瀛濤，《臺灣民俗》。臺北市：眾文圖書，2000。

9. 明・李時珍，《新校增訂本草綱目（下）》。臺北縣：大台北出版社，1990。

10. 明・李時珍，楊湯銘發行，《圖解本草綱目》。臺北市：文友書店，1959。

11. 松浦章，年旭譯，《茶葉・香蕉・鰹節——日治時期臺灣農水產品的海外輸出》。新北市：博揚文化，2018。

12. 林茂賢，《臺灣民俗記事》。臺北市：萬卷樓，1999。

13. 林川夫主編,《民俗臺灣》。臺北市:武陵,1997。

14. 卓克華,《台灣舊慣生活與飲食文化》。臺北市:蘭臺,2008。

15. 洪伶編,《臺灣蔬果食用事典》。臺北縣永和市:稻田,2000。

16. 姜義鎮,《臺灣民俗與特產》。臺北市:武陵,2002。

17. 姚村雄,《圖解臺灣製造:日治時期商品包裝設計》。臺中市:晨星,2013。

18. 康有德,《水果與果樹》。臺北:黎明文化事業公司,1992。

19. 梁顎編,《經濟果樹·下》。臺北市:豐年社,1979。

20. 郭信厚,《世界水果圖鑑》。臺北市:貓頭鷹出版,2019。

21. 張紫晨,《中國民俗與民俗學》。臺北市:南天,1995。

22. 陳運棟編,《臺灣的客家禮俗》。臺北市:臺原出版,1991。

23. 陳逸君、劉還月、劉於情,《酸柑茶人》。新竹縣北埔鄉:常民文化事業股份有限公司,野者上酸柑茶人手作坊,2022。

24. 黃卓權主編,《客路:古道古橋關西路》。臺北市:客委會,2006。

25. 黃育智,《台灣古道地圖〔北部篇〕》。臺中市:晨星,2012。

26. 彭惠圓總編,《「桔吉如烊·醬靚就好」2013 新北客家桔醬節「醬」新獨具上好菜》。新北市:新北市政府客家事務局,2013 年 12 月。

27. 傅新書總編輯,《臺灣客家兒童系列叢書 2:好食客家菜》。臺北市:客委會,遠足文化,2009。

28. 農藝社編,《果樹栽培實務》。臺北市:武陵出版有限公司,1991。

29. 楊蓮福,《戀戀蘆洲情——鄧麗君在蘆洲的歲月》。臺北縣:博揚文化,2003。

30. 廖漢臣,《臺灣的年節》。臺中市:臺灣省文獻委員會,1973。

31. 臺北縣蘆洲市公所、成功國小,《千禧心·蘆洲情》。臺北縣:博揚文化,2000。

32. 鄭懿瀛,《三重市志續編下冊》。三重:臺北縣山重市公所,2005。

33. 蔡宜峰發行,《金柑心 來做麭》。花蓮:行政院農業委員會花蓮區農業改良場,2018。

34. 薛聰賢編著,《台灣蔬果實用百科》。彰化縣員林鎮:薛聰賢出版;臺北縣新店市:農學社總經銷,2001。

35. 魏英滿、陳瑞隆編,《台灣民間年節習俗》。臺南市:世峰出版社,2000。

五、期刊

1. 〈口繪及附圖——植物米穀檢查所〉，《臺灣建築會誌》，第 10 輯第 2 號（1936 年 6 月 1 日，封面後 13～15 頁。

2. 小泉清明，〈果實蠅の生育に及ぼす低溫の影響に關する研究・第三報——瓜實蠅の蛹、卵及幼蟲の發育速度、發育限界溫度及發育好適溫度に就いて〉，《熱帶農學會誌》，第 5 卷第 2 期（1933 年），頁 131～154。

3. 王益厓，〈臺灣之柑橘及其分布〉，《臺灣銀行季刊》，第十卷第二期（1958 年 12 月）。

4. 吳文星，〈札幌農学校と台湾近代農学の展開——台湾總督府農事試驗場を中心として〉，《臺灣教育史研究會通訊》，第 24 期（2002 年 12 月），頁 5～10。

5. 李讚產，〈新竹州產業五箇年計畫の實績〉，《臺灣經濟叢書》，第 9 卷（1941 年 3 月），頁 122～160。

6. 林書妍、陳右人，〈台灣原生柑橘之研究及其利用現況〉，《植物種苗》，第 8 卷第 1 期（2006 年 3 月），頁 1～12。

7. 柳子明、黃啟章，〈柑橘類名稱之釋意與錄異〉，《臺灣省農業試驗所農報》，11～12 期卷 2（1948 年 12 月 2 日），頁 16～32。

8. 胡昌熾，〈臺灣之柑橘〉，《臺灣銀行季刊》第二卷第四期（1949 年 6 月），頁 1～36。

9. 高俊陽、李悅群、王美琪、郭賓崇、曾志正，〈偵測客家酸柑茶中虎頭柑皮的兩個主要黃酮配糖體〉，《農林學報》，67 卷 4 期（2020/12/01），頁 261～271。

10. 陳玉麟，〈臺灣の特殊飲食物製造法に就いて（上）〉，《民俗臺灣》，第 5 卷第 1 號總號 43（1945 年 1 月 1 日），頁 32～37。

11. 陳世芬、陳崇裕、蔡戊清，〈天然清潔劑檢測分析與評估〉，《美容科技學刊》，7 卷 1 期（2010 年 3 月），頁 107～122。

12. 陳靜寬，〈經典甘味伴手禮〉，《觀・臺灣》，第 23 期（2017 年 1 月），頁 20～23。

13. 陳靜寬，〈日治時期臺南伴手禮之分析〉，《臺陽文史研究》，第 2 期（2017 年 1 月），頁 85～108。

14. 陳良宇、徐品家、李家齊、高詩堯，〈香氣分析：氣相層析法探討柑橘類

精油成份組成〉，《生技學報》，4 卷 1 期（2012），頁 59～66。

15. 曾立維，〈日治時期臺灣植物檢查制度下的柑橘產業〉，《臺灣文獻》，61 卷第 1 期（2010 年 3 月），頁 435～466。

16. 曾立維，〈日治時期新竹地區的農會與柑橘業之推廣〉，《臺灣文獻》，64 卷第 3 期（2013 年 9 月），頁 185～232。

17. 蔡龍保，〈日治時期臺灣道路改良事業之展開（1926～1936）〉，《國史館學術集刊》，第十七期（2008 年 9 月 1 日），頁 37～83。

18. 劉佳玲、曾煒哲，〈溶膠─凝膠法製備含檸檬烯抑菌粒子的檸檬烯含量及其抑菌效果之探討〉，《科學與工程技術期刊》，第 16 卷第 1 期（2020），頁 21～29。

19. 鄧凱云、楊筱姿、陳怡宏、林欣榜、蔡孟貞，〈國產相橘類果皮製成陳皮之多甲基類黃酮含量及抗氧化活性研究〉，《臺灣農業化學與食品科學》，49 卷 6 期（2011 年 12 月），頁 338～345。

20. 櫻井芳次郎，〈臺灣に於ける重要果樹の栽培〉，《臺灣經濟叢書》，第 9 卷（1941 年 3 月），頁 31～60。

六、學位論文

1. 胡倍輔，〈全球化化下國家與產業關係調整：以台灣柑橘產業為例〉。高雄市：國立中山大學政治學研究所碩士論文，2013 年。

2. 郭文鐸，〈臺灣柑橘栽培業之地理研究〉。臺北市：私立中國文化大學地學研究所博士論文，1983 年。

3. 黃建良，〈村落的興衰與遷廢：以新北洲後村與高雄紅毛港為例〉，國立臺北教育大學人文藝術學院臺灣文化研究所碩士論文，2017。

4. 康格溫，〈日治時期台灣建築彩繪瓷板研究──以淡水河流域為例〉。新北市：國立臺北大學民俗藝術研究所碩士論文，2005。

5. 曾立維，〈日治時期台灣柑橘產業的開啟與發展〉。臺北市：國立政治大學史學研究所碩士論文，2006 年。

6. 蔡龍保，〈殖民統治的基礎工程：日治時期臺灣道路事業之研究（1895～1945）〉。臺北：國立臺灣師範大學歷史研究所博士論文，2006 年 7 月。

7. 劉淑音，〈台灣傳統建築吉祥裝飾──集瑞構圖的表現與運用〉。新北市：國立臺北大學民俗藝術研究所碩士論文，2002。

8. 蘇怡玫，〈建築磚雕藝術研究──以淡水河流域之古建築為例〉。新北市：國立臺北大學民俗藝術研究所碩士論文，2008。

七、資料庫

1. 臺灣文獻叢刊。
2. 日治時期圖書影像系統（臺灣圖書館）。
3. 日治時期期刊影像系統（臺灣圖書館）。
4. 地圖資料庫（臺灣圖書館）。
5. 館藏南方資料影像系統（臺灣圖書館）。
6. 臺灣研究古籍資料庫（中央研究院臺灣史研究所）。
7. 國史館臺灣文獻館典藏系統。
8. 臺灣日治時期統計資料庫（臺灣大學臺灣法實證研究資料庫）。
9. 海關進出口統計（財政部關務署）。
10. 臺灣百年歷史地圖（中研院地理資訊科學研究專題中心）。
11. 宜蘭縣史館宜蘭人文知識數位資料庫。

八、網路資料

1. 行政院農業委員會農業主題館──柑橘主題館：https://kmweb.coa.gov.tw/subject/index.php?id=3。
2. 行政院農業委員會農業統計資料查詢：https://agrstat.coa.gov.tw/sdweb/public/inquiry/InquireAdvance.aspx。
3. 教育部臺灣閩南語常用詞辭典：https://twblg.dict.edu.tw/holodict_new/。
4. 呆子的什錦果園：https://blog.xuite.net/jsm49804981/twblog/149520676（2021/12/18 點閱）。
5. 雪柑（晚花椪柑），收錄於「阿洲水果行」：https://www.365fruit.com/goods-299-雪柑（晚花椪柑）（8斤）.html（2021/12/18 點閱）。
6. 敕見礁溪協天廟官網──協天廟簡介──活動慶典：https://www.sttemple.org/（2022/11/29 點閱）。
7. 宜蘭傳藝園區──柑仔龜保平安特展：https://www.pxsunmake.org.tw/activity/detail.html?id=d3a0079a-0d3e-3a56-e3b9-4b63de6982fc&cate=news（2022/11/29 點閱）。

8. 林復振南北貨——訂婚禮盒：https://www.linfuzhen.com/product/four-color-sweets（2022/12/1 點閱）。

9. 台灣健康文摘報〈橘紅與化橘紅的區別〉：https://twdnews.com/Hyperspace/1280-1（2022/11/03 點閱）。

10. 福氣安康教你如何做橘餅：https://www.youtube.com/watch?v=W-rEOVZqj1w&t=10s（2022/10/18 點閱）。

11. 三灣柑橘盛產　農會教農民製柑餅消化存量【客家新聞 20200310】：https://www.youtube.com/watch?v=ClFWDEvHvZc（2022/10/18 點閱）。

12. 德合記蜜餞官網——金棗糕 https://www.039383050.com.tw/products/金棗糕-5dba9f3b982b50d3.html（2022/10/23 點閱）。

13. 老增壽蜜餞舖——品牌故事：http://www.laojansow.com.tw/（2022/10/7 點閱）。

14. 高連登蜜餞餅舖——品牌故事：https://www.039323334.com/pages/品牌故事（2022/10/7 點閱）。

15. 宜蘭縣礁溪鄉金棗文化協會——蜜餞緣起與發展：http://www.linmei.org.tw/link7.htm（2022/10/7 點閱）。

16. 橘之鄉官網——蜜餞商品 https://www.agrioz.com.tw/categories/蜜餞（2022/10/24 點閱）。

17. 新竹縣柑桔的故鄉 Facebook 粉絲頁：https://www.facebook.com/profile.php?id=100063861461246（2022/11/7 點閱）。

附錄一　1901～1939 年蜜柑輸出港別之輸出數量

1901～1939 年蜜柑輸出港別之輸出數量（補充表 5-1-3）　　　單位：斤

	基　隆	臺　北	淡　水	安　平	高　雄	其　他
1901	---	---	814	---	---	9,575 1,003 梧棲 8,572 鹿港
1902	---	---	1,429	---	---	14,057 44 梧棲 14,013 鹿港
1903	---	---	3,547	80	---	9,829 171 梧棲 9,658 鹿港
1904	30	---	3,659	37	---	14,170 761 梧棲 13,409 鹿港
1908	---	---	14,628	55	---	4,520 鹿港
1909	---	---	1,811	---	---	180 梧棲 1,486 鹿港 35 其他
1910	---	---	346	---	---	1,736 鹿港
1911	675	---	40	---	---	1,595 鹿港
1912	460	---	74	---	---	164 鹿港
1914	1,320	---	800	---	---	1,462 342 梧棲 1,120 鹿港

1915	60	---	---	---	---	62 鹿港
1916	5,169	---	2,580	---	---	2,218
1917	---	---	---	---	---	
1918	---	---	8,900	---	1,739	1,529
1919	---	---	3,614	---	---	2,358 鹿港
1920	---	---	150	---	85	---
1921	140	---	100	---	25	137 鹿港
1922	24,500	---	100	---	---	35 鹿港
1923	162,342	---	5,090	---	300	620 鹿港
1924	128,483	---	30,876	---	1,040	163 鹿港
1925	1,103,307	---	21,950	---	200	409（舊港200鹿港209）
1926	1,900,660	---	5,202	---	93,555	50 鹿港
1927	985,855	---	4,350	---	324,292	508 鹿港
1928	1,998,471	---	7,030	---	310,530	842（舊港672鹿港170）
1929	2,250,386	---	15,190	---	15,730	5,450 鹿港
1930	1,773,715	---	1,480	---	72,020	---
1931	1,223,786	---	5,740	---	5,440	---
1932	6,878,470	---	1,370	---	35,317	8,000 舊港
1933	8,042,516	---	333	---	188,871	2,700 鹿港
1934	15,156,250	---	1,241	---	445,160	840 鹿港
1935	10,860,532	---	---	---	132,806	---
1936	10,591,540	---	---	---	402,545	---
1937	9,606,200	---	---	---	194,321	---
1938	9,621,986	---	---	---	415,600	---
1939	13,650,770	---	---	---	447,850	---

作者整理。

註：缺 1905～1907、1913 年之資料。

資料來源：《臺灣外國貿易年表‧明治三十四年》～《臺灣外國貿易年表‧明治三十七年》。臺北：臺灣總督府民政部財務局稅務課，1902～1905。

《臺灣外國貿易年表‧明治四十一年》～《臺灣外國貿易年表‧明治四十五年～大正元年》。臺北：臺灣總督府民政部財務局稅務課，1909～1913。

《臺灣外國貿易年表‧大正三年》～《臺灣外國貿易年表‧大正五年》。臺北：臺灣總督府民政部財務局稅務課，1915～1917。

臺灣總督府財務局稅務課編纂，《臺灣貿易年表》，大正九年～昭和十四年。臺北市：臺灣總督府財務局稅務課，1922～1939 年。

附錄二　1902～1939 年蜜柑移出港別之移出數量

1902～1939 年蜜柑移出港別之移出數量（補充表 5-1-6）　　單位：斤

	基　隆	安　平	高　雄	馬　公	其　他
1902	25,054				
1903	14,131	---	---	---	---
1904	950	---	---	---	---
1908	27,930	---	---	---	---
1909	18,800	---	---	---	---
1910	38,300	100	---	---	---
1911	98,700	---	---	---	---
1912	72,830	40	---	---	---
1914	78,026	---	---	---	---
1915	117,183	---	---	---	---
1916	242,665	---			
1917					
1918	660,700	---	---	---	---
1919	445,419	---	2,727	---	---
1920	105,150	---	---	---	---
1921	458,765	---	350	---	---
1922	1,092,825	---	---	---	---
1923	1,107,803	---	18,077	---	---

1924	943,640	---	120,825	---	---
1925	739,260	---	314,670	---	---
1926	638,883	----	262,525	---	---
1927	974,140	---	332,140	---	---
1928	786,922	---	217,770	---	---
1929	1,226,829	---	327,200	---	---
1930	1,381,050	---	647,450	---	---
1931	1,480,365	---	775,750	---	---
1932	2,161,105	---	810,260	---	---
1933	1,820,742	---	1,201,400	---	---
1934	2,477,614	---	1,018,528	---	---
1935	1,792,875	---	1,222,040	---	---
1936	2,329,240	---	1,643,090	---	---
1937	2,195,060	---	873,700	---	---
1938	2,361,800	---	317,220	---	---
1939	2,398,655	---	731,775	---	---

作者整理。

註：缺 1905～1907、1913 年之資料。

資料來源：《臺灣外國貿易年表‧明治三十五年‧附錄‧臺灣內地間貿易年表》（臺北：臺灣總督府民政部財務局稅務課，1903），頁 3。

《臺灣外國貿易年表‧明治三十六年》～《臺灣外國貿易年表‧明治三十七年》。臺北：臺灣總督府民政部財務局稅務課，1904～1905。

《臺灣外國貿易年表‧明治四十一年‧附錄‧臺灣內地間貿易年表》～《臺灣外國貿易年表‧明治四十五年～大正元年‧附錄‧臺灣內地間貿易年表》。臺北：臺灣總督府民政部財務局稅務課，1909～1913。

《臺灣外國貿易年表‧大正三年‧附錄‧臺灣內地間貿易年表》～《臺灣外國貿易年表‧大正五年‧附錄‧臺灣內地間貿易年表》。臺北：臺灣總督府民政部財務局稅務課，1915～1917。

《臺灣外國貿易年表‧大正七年‧附錄‧臺灣內地間貿易年表》。臺北：臺灣總督府民政部財務局稅務課，1919。

臺灣總督府財務局稅務課編纂，《臺灣貿易年表》，大正九年～昭和十四年。臺北市：臺灣總督府財務局稅務課，1922～1939 年。

附錄三 1910～1942 年北臺灣蜜餞產量

1910～1942 年北臺灣蜜餞產量（補充表 5-1-9） 單位：斤

	臺北州範圍	新竹州範圍	全臺總計	北臺灣占比
1910	36,300	8,960	206,562	21.91%
1911	13,100	4,680	162,956	10.91%
1912	14,690	5,830	147,220	13.94%
1913	18,430	12,985	91,213	34.44%
1914	83,730	18,210	169,570	60.12%
1915	89,065	25,330	196,248	58.29%
1916	144,230	22,795	275,954	60.53%
1917	145,170	19,920	373,140	44.24%
1918	126,065	22,220	448,725	33.05%
1919	140,992	32,690	496,550	34.98%
1920	130,430	59,964	453,749	41.96%
1921	197,650	13,995	467,984	45.22%
1922	208,925	15,979	439,389	51.19%
1923	233,200	21,339	507,586	50.15%
1924	233,910	38,560	558,651	48.77%
1925	232,221	38,315	606,156	44.63%
1926	245,223	47,695	663,151	44.17%
1927	277,000	43,820	669,154	47.94%

1928	247,284	55,210	778,304	38.87%
1929	208,123	60,578	788,740	34.07%
1930	190,902	63,850	744,006	34.24%
1931	158,615	65,330	845,802	26.48%
1932	196,098	43,212	852,030	28.09%
1933	218,157	44,788	907,226	28.98%
1934	174,359	53,926	842,446	27.10%
1935	187,068	44,267	880,739	26.27%
1936	139,525	37,893	643,037	27.59%
1937	138,813	36,183	602,444	29.05%
1938	98,640	20,254	556,327	21.37%
1939	87,793	16,679	574,656	18.18%
1940	265,840	49,207	1,691,242	18.63%
1941	227,337	26,425	1,227,025	20.68%
1942	327,105	72,442	1,834,406	21.78%

作者整理。

資料來源：《臺灣總督府第十四統計書‧明治 43 年》～《臺灣總督府第四十四統計書‧昭和 15 年》（1912～1942）、《臺灣總督府第四十六統計書‧昭和 17 年》（1944）。

《臺北廳第二統計書‧大正 3 年》～《臺北廳第四統計書‧大正 7 年》（1915～1920）。

《宜蘭廳第六統計書‧大正 1 年》～《宜蘭廳第八統計書‧大正 4 年》（1914～1917）。

《臺北州第一統計書‧大正 13 年》（1926）。

《臺北州統計書‧大正 14 年》～《臺北州統計書‧昭和 16 年》（1927～1943）。

《新竹廳第四統計摘要‧明治四 44 年》～《新竹廳第十一統計摘要‧大正 7 年》（1912 ～1919）。

《新竹州第一統計書‧大正 10 年》～《新竹州第二十統計書‧昭和 15 年》（1923～1942）。

《臺中州統計書‧昭和 12 年》（臺中：臺中州，1939）。

《臺南州第十九統計書‧昭和 12 年》（臺南：臺南州，1939）。

《高雄州統計書‧昭和 11 年》～《高雄州統計書‧昭和 12 年》（高雄：高雄州 1938 ～1939）。

《花蓮港廳第二十二統計書‧昭和 12 年》（花蓮：花蓮港廳，1939）。

《臺灣商工統計》（臺北：臺灣總督府殖產局商工課，1921、1926）。

《臺灣商工統計‧第三次》（1924）。

《臺灣商工統計‧大正 14 年》～《臺灣商工統計‧第二十次‧昭和 15 年》（1926～1942）。

《臺灣工業統計‧第二十一次‧昭和 16 年》（臺北：臺灣總督府殖產局，1943）。

附錄四　日治時期北臺灣柑類產業大事記

日治時期北臺灣柑類產業大事記

年　份	事　件	內容簡要
1896	農事試驗場位址選定（總督府直轄）	農事調查、農產改良試驗、技術及知識推廣
1899	蜜柑最早輸出記錄	鳳梨 1897、芭蕉實 1907
	基隆港開始築港工程（至 1943 年，共四期工程）	採軍商港合一的築港政策，進行基隆港濬渫、港口海陸連結設備、擴充碼頭倉庫、修築外港及防坡堤等
1900's 初	移出至日本的途徑開啟	柑橘在日本市場聲價不錯
1900	三角湧農會創立	最早創立的農會，但官至改正後消失
1901	農事試驗場改由殖產局管理	
	新竹、和尚洲農會創立	和尚洲農會於官至改正後消失
1902	蜜柑最早移出記錄	鳳梨 1907、芭蕉實 1907
1903	北中南三農事試驗場合併，遷址並分部門	
	開始方放補助金扶植栽培者	栽培面積迅速擴張
	臺北、桃仔園、深坑廳農會創立	
1904	宜蘭農會創立	

1906	苗栗農會創立	
	民政部對害蟲驅除給予部分補助	
	新竹廳柑苗養成計畫開始	每年無償分發 3 萬 5 千株經過燻蒸消毒處理過的苗木,期望種植面積的增加延長實施至 1916 年
	由警察督促農民進行害蟲的驅除預防	
1908	園藝試驗場設立	針對園藝作物的調查及試驗,初期主要以柑橘類作為試驗對象
	發布「臺灣農會規則」及「臺灣農會規則施行規則」	使農會成為臺灣農政上的助長機關
	新竹附屬柑橘園創設	當地農民的栽培模範
	聘請廣東的蜜餞製造師開辦講習會	
	發布「臺灣害蟲驅除豫防規則」、「臺灣害蟲驅除豫防規則施行規則」	首要處理稻作上螟蟲、鐵甲蟲及苞蟲的危害
1909	新竹廳農會果實品評會	對柑橘類進行調查
	開始分發柑橘種苗	9,000 株
	委託留清之農商務者海外實業練習生縣莊吉傳習蜜餞製造之法	
	名古屋關西各府縣聯合共進會特設臺灣館	臺北廳余傳爐出品的冬瓜、薑、金桔蜜餞獲得三等賞,臺南廳藤谷源兵衛出品的蜜餞獲二等賞
	群馬縣主辦的關東東北一府十四縣聯合共進會	余傳爐出品之蜜餞獲二等賞銀牌
1911	基隆港成為北臺灣主要輸出口岸	
	進行簡單的柑橘類果實貯藏試驗	部分試驗受到老鼠破壞而無結果,計畫於 1912 年設置果物貯藏庫進行試驗
1912	停止補助金發放,改分發種苗	因種苗好壞及供給問題,補助金改作園藝試驗費,進行優良種苗養成與分發
1913	發布「臺灣產業組合規則」、「臺灣產業組合規則施行規則」	促進產業和經濟的發達、組合員的福利保護及生活穩定
	果實的包裝容器及包裹物試驗	
	日本農務省告示「輸出植物檢疫證明規程」	輸出至美國的植物需要依此告示獲得檢疫證明

1914	制定「臺灣重要物產同業組合規則」	組織生產者銷售團體及輸移出業者成立同業組合，企圖以此方式減少貿易上的損失
	日本發布「輸出入植物取締法」	設置植物檢查所對輸出入的植物進行檢查 臺灣柑橘需經檢查才可入境日本
	京都舉辦全國食料品博覽會	老增壽店主朱婦黎所製的金柑漬獲得金牌的賞狀
	使用試驗成果運送御用果物至日本	
1916	第一回柑橘園品評會	果農互相學習，以獎勵方式讓果農了解施肥及害蟲驅除預防的重要性
	新竹廳柑苗養成計畫超過預定種植面積的 1,000 甲	
1917	殖產局設置模範園	由產地農會選定柑橘園給予補助，施以合理的肥培方法及病蟲害驅除預防，作為果農模範
1920	臺灣開始施行植物檢查	計畫設置基隆、臺北、新竹、員林、高雄等五個檢查所
1921	日本禁止了臺灣柑橘類的移入	
	公布「臺灣輸出入植物取締規則」、「臺灣輸出入植物取締規則施行規則」	臺灣所有要移出至日本的柑橘果實都需附有植物檢查所的檢查證明，才可獲得日本國內先檢查、後移入的申請資格 繁複檢查手續影響臺灣柑橘移出
	原附屬於民政部殖產局的園藝試驗場劃入中央研究所農業部管轄下的士林園藝試驗支所	
1924	臺灣青果株式會社成立	香蕉、柑橘類及其他青果物產運送至全臺及日本販賣的處理多為該株式會社管理
1927	新竹州農會首先於附屬柑橘園設置貯藏倉庫	
1928	十二箇年柑橘獎勵計畫	種苗養成分發、新植獎勵及模範柑橘園的經營
	臺中、臺南及高雄各州的青果同業組合組織臺灣青果同業組合聯合會	掌香蕉支運送監督，柑橘類及一般青果物的運送、船會社、其他運送契約的簽訂劃歸聯合會所管

1930	計畫在鷺洲庄建設一棟貯藏倉庫	
	檢查所增至 6 所	
	臺灣青果株式會社開始發展輸出至支那的事業	
1931	新竹州開始補助貯藏倉庫	以每年 5 棟貯藏倉庫的補助，促成新竹州在 1935 年已有 20 棟的貯藏倉庫
	新竹州柑橘販賣聯合會創立	新竹州的販賣代表機關
	香蕉以外青果物由臺灣青果株式會社接手	開始經營臺灣全島的青果物輸送事業
1932	滿州國建立，臺滿直航航線開通	使臺灣對北支那的輸出量激增
1933	蜜柑移出突破 300 萬斤（3,022,142 斤）、267,841 円	
	新竹州柑橘販賣聯合會按「產業組合法」改組為新竹州物產購買販賣利用組合	
	新竹州公布「柑橘檢查規則」	規定凡是要搬出州外的柑橘類都需先經過柑橘同業組合及產業組合的檢查
	新竹州推行新竹州產業五箇年計畫	柑橘方面針對病蟲害驅除預防與結果樹數調查，然產量不如預期 至 1937 年結束
1934	新竹州柑橘同業組合成立	調節出貨及包裝上的改善
	蜜柑輸出突破千萬斤（15,603,491 斤）、746,066 円	
1935	臺北州柑橘同業組合成立	臺北及新竹州桶柑增產，為了讓生產品由同一地輸出，於 1934 年發起柑橘同業組合的設置
1939	十二箇年柑橘獎勵計畫結束	
	蜜柑輸出價額達 1,142,217 円、移出價額達 490,238 円	
1940	開啟特種柑橘增產獎勵五年計畫	
1941	臺北、新竹兩州收穫量 37,823,071 斤、生產價額 4,048,364 円	1903 年臺北、新竹兩州收穫量 708,581 斤、生產價額 27,522 円

作者整理。